孙 朦◎编著

当场打动面试官的60个职场小智慧

中国商业出版社

图书在版编目(CIP)数据

当场打动面试官的60个职场小智慧 / 孙朦编著.—北京:中国商业出版社,2011.4

ISBN 978-7-5044-6985-4

Ⅰ.①当… Ⅱ.①孙… Ⅲ.①职业选择—基本知识 Ⅳ.①C913.2

中国版本图书馆 CIP 数据核字(2011)第 029321 号

责任编辑:常 勇

中国商业出版社出版发行

010-63180647 www.c-cbook.com

(100053 北京广安门内报国寺 1 号)

新华书店总店北京发行所经销

北京德龙公防防伪印刷厂印刷

*

787×1092mm 1/16 20.5 印张 220 千字

2011年6月第1版 2011年6月第1次印刷

定价:35.00 元

前言

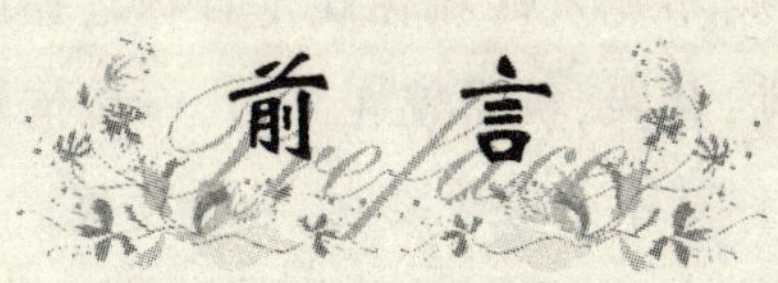

人人都有脱颖而出的渴望,这是因为这种渴望包含着成功的激情。

在这个世界上最多的激情应该是什么呢?毫无疑问,那就是每个人为自己的成功目标努力时表现出来的激情,它像火山爆发时的岩浆在每个人的心中涌动,由此可见每天有那么多忙碌的身影。其实,这一股股激情都是为了达到一个目标——脱颖而出。

面试是一种经过组织者精心设计,在特定场景下,以考官对考生的面对面交谈与观察为主要手段,由表及里测评考生的知识、能力、经验等有关素质的一种考试活动。面试是公司挑选职工的一种重要方法。面试给公司和应招者提供了进行双向交流的机会,能使公司和应招者之间相互了解,从而双方都可更准确做出聘用与否、受聘与否的决定。

为什么你想获得这份工作?为什么我要聘用你?为什么你要辞去当前的工作?对于这些问题,你是否准备了充足而有说服力的答案?

读读下面这个小故事,也许你会找到你所需要的答案。

从前,有个渔夫每次打鱼前都会立下誓言。

有一次,他听说市面上墨鱼的价格最高,便立誓专捕墨鱼,好大赚一笔,但捕到的都是螃蟹,他只好空手而归。上岸后他才知道,其实螃蟹的价格比墨鱼还高。于是,第二次出海,他决定只捕螃蟹,但结果捕到的全是墨鱼。空手而归的他似乎意识到自己的失误,发誓今后要把螃蟹和墨鱼一起捕回来,但第三次他捕到的却全是马鲛鱼……还没等到第四次出海,他已在饥寒交迫中死去。

渔夫每一次确立自己的工作目标，都是立足于眼前实践经验的总结。应当说，他的奋斗目标都没有错。问题在于，他不知道在确立目标之后如何去实践，不能在探索中不断发现新的问题、总结新的经验，不能妥善处理各种突发问题，不能及时抓住既定目标之外的各种机遇。人们也总是会抱怨机遇难觅，其实，机遇就在身边，一切信息、问题的出现，都可视为机遇，关键在于你是不是善于发现，善于发掘。

不仅如此，他还不知道眼前工作和长远目标的辩证关系，一味地简单地否定眼前工作，轻易抛弃已有的奋斗果实。频繁变换目标的结果，自然是彻底地迷失前进的方向，失败接踵而至。

有时候，你会有非常强烈的感觉："那天我很想说，可是我没有，但我的想法的确很精彩！""那个晚会上，我要是毛遂自荐登台表演的话，一定赢得个满堂彩！"……可是这些你都没有去做！仅仅是事后追悔而已。伯乐固然有，但是伯乐不常有，你为何自甘落后呢？

其实，命运就掌握在自己手中，有才能固然重要，但仅仅有才能还不够，还要懂得去亮出自己，去主动寻找伯乐。否则，即使有经天纬地之才，也只能落得英雄无用武之地，毕竟，自己不去主动亮出自己，谁也不知道你肚子里有多少货。面对好酒也怕巷子深的处境，没有充分的自我表现，也许茅台酒也仅能当酸奶卖。

找一份好工作是一个充满竞争的过程，而最后的答案是基于你在面试中的表现。

但是，只要你稍作准备，本书将会帮助你渡过难关，使你表现出色。本书所囊括的面试问题及其回答方法将会带给你应对面试问题的灵感。

你如何对待权威？你的个性有什么缺陷？当你作过测试之后再回头看答案，就会觉得答案如此简单，对吗？现在，就让《当场打动面试官的60个职场小智慧》来告诉你怎样应对面试难题，给出最精彩的回答。

本书关注个人潜能的巨大作用，希望你能根据本书的提示，找到激发潜能的办法，然后能爆发出强大的力量，去兑现自己心中的目标！这是我们的期待，当然也是你的期待！

目录

第一部分 了解自己，推销自己

Chapter 1 第一印象
——非语言行为告诉面试官你是什么样的人

Chapter 2 机智沉着过面试

Chapter 3 轻松应对面试官

——知己知彼,百战不殆

Chapter 4 积累闯关资本全攻略

压力面试下的自我调控

最终的通关秘籍

Chapter 1 关于面试的杀手锏

第一部分

了解自己，推销自己

Chapter 1

第一印象——非语言行为告诉面试官你是什么样的人

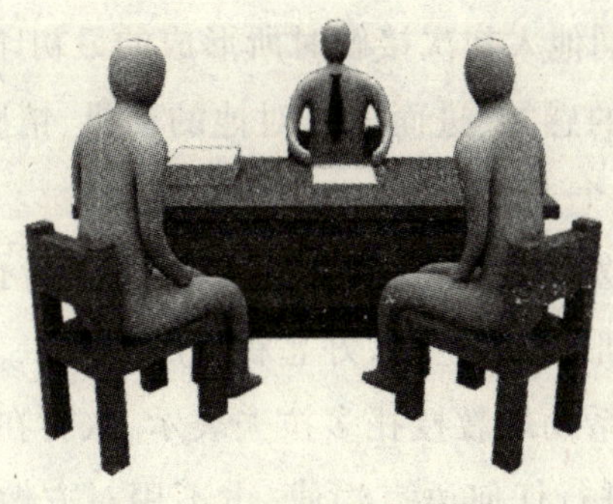

第一眼的重要性

一位心理学家曾做过这样一个实验：

他让两个学生都做完30道题中的一半，但是让学生A做正确的题目尽量出现在前15题，而让学生B做正确的题目尽量出现在后15道题，然后让一些被试者对两个学生进行评价：两相比较，谁更聪明一些？结果发现，多数被试者都认为学生A更聪明。

这就是第一印象不同导致的差别！虽然学生A和学生B都正确地完成了15道题目，但是人们会根据认知时间的先后认为学生A更加聪明。

第一印象是指一个人同他人初次接触时所形成的最初印象。它是一个人通过对他人外部特征的感知，进而取得对他的动机、情感、意图等方面的认识，最终形成关于这个人的印象。

而美国的最新研究也发现，当某人看到一张陌生的面孔时，他的大脑在1/10秒的时间内就能形成对陌生人好恶程度的判断。

普林斯顿大学心理学系助理教授托多拉夫表示，人类在看到一张陌生的面孔时，不用与对方进行任何语言沟通，也不用对方做出什么表情或动作，大脑就会在极短的时间内对陌生人诸多方面的素质、品行作出判断。

在研究中，托多拉夫和他的同事们将一些陌生人的照片分发给200名志愿者，要求他们作出对陌生人喜爱程度、做事能力、性格特点甚至是危险性的判断。研究结果表明，人们能在 1/10 秒内闪电般地形成对陌生人上述内容的判断。而且不管是用 1/10 秒时间浏览照片，还是用半秒或 1 秒时间浏览照片，同一志愿者对同一陌生人作出的判断是一样的。托多拉夫说："我们发现给志愿者看陌生人照片的时间越长，他的大脑就越会肯定最初刹那间对这位陌生人形成的判断结果。"

由此可见，这种由第一印象形成的认知效应是人类生存中永恒的现象。从古到今，有多少英雄好汉因为第一印象经营不善而碌碌无为备受压抑，又有多少才子佳人因为第一印象不良而折戟沉沙黯淡一生。

第一印象到底有多重要呢？科学表明，第一印象一旦形成，就等于给这个人贴上了一个标签。我们以后再看他(她)的时候，就不会同第一次看见他的时候那样不带任何偏见，而是有了一定的倾向性，这种倾向性根深蒂固，很难改变。如果留给别人的第一印象不好，则需要花费数倍甚至几十倍的时间和精力去改变。

在典型的面试中，有些心理会让人误入歧途，具有破坏性，会阻止与他人进行坦诚的交流。参加面试的人容易把负责面试的人当作具有最终决定权的人。这种感觉随着你对工作的需求按比例增长。

这些想法不但错误，而且参加面试的人会怀疑他自己失业或找工作这件事将被用人单位当作缺点或不足。毕竟，我们经常认为失业或另找工作是见不得人的，会受到指责，找工作的人也容易受到伤害。

这是一种典型的内疚的迷幻感受。

这些影响令人感到恐惧。"我究竟怎样在短短的几分钟内向如此优秀的陌生人展示我的聪明才智、我的技能和我的知识水平呢？"

更糟糕的是，面试负责人的态度、做事风格和面试方法通常使这些影响加重。参加面试的人的紧张程度增加，令他难以忍受。

事实上，感到绝望(更糟的是，表现出了绝望)的应聘者会无意中把这些忧虑夸大成萦绕心头的强烈恐惧感。

1.绝望而孤注一掷的心态总会在眼神中体现出来。

2.整个身体都会泄漏一种不安全感和恐惧感。

3.脸和手会把希望避免的所有信号都发送出来。

4.声音颤栗而颤抖。痛苦的想法是不利于对付身边的面试的。

经营美好的第一印象主动掌握自己的命运

第一印象是客观存在的,第一印象效应也是不以人的主观意志为转移的。人际交往的第一印象会决定一个人的“命运”,因此我们每一个人都应当尽可能地给别人留下一个美好的第一印象。

准时守信

准时守信代表着一个人的修养。不准时的人,会让人感觉没有责任感。如果是因为堵车或者其他特殊原因不能按时赴约,应该立即与对方取得联系,主动求得对方的理解。

仪表整洁

仪表整洁应该是一个同样重要的问题。一般情况下,一个人的体态、姿势、谈吐、衣着打扮等都在一定程度上反映出这个人的内在素养和他的个性特征。

举止得体

站有站相,坐有坐相,这是最起码的要求。一个举止得体的人,往往是一个内在修养比较良好的人。

沟通融洽

不论你的学识和专业技术水平如何,在与人交往的过程中始终保持沟通融洽是非常重要的。因为在现代社会中,有效沟通是最好的管理方式。如果一个团队中的沟通出现问题,会极大地影响团队的效率。

面带微笑

我们要善于利用微笑的价值,因为微笑在人际交往中能发挥极大的效果。无论在家里、在办公室甚至在途中遇见朋友,只要不吝惜微笑,立刻就会显示出你意想不到的良好效果来。

记住姓名

不论身处何种场合，当他人将对方介绍给你时，你就必须马上记住。这样在再次交谈时你适时称呼对方姓名，就会显得非常的亲切，立刻就缩短了与对方的距离。

引起共鸣

在与人交往的过程中要尽快发现对方关心、注意的事，这对你的交往非常重要。不管交往对象是谁，只要你能找出适当的话题，抓住对方的注意力，就能引起共鸣、找到共同的兴奋点。

赞美对方

每个人都希望获得别人肯定并据以确认自己的重要性。各种层次的人内心都非常渴望他人的赞赏。所以在交往中适当地赞美对方，往往会收到意想不到的效果。

参加面试第一印象很重要，要给人自信、亲和、谦逊的形体语言。

小测试:你留给别人的第一印象如何?

要想知道你自己给人的第一印象如何,请先做下面的测试,选择每题中最适合你的答案。

1.当你第一次见到某个人,你的表情是:

A.热情诚恳、自然大方　　B.大大咧咧、漫不经心

C.紧张局促、羞怯不安

2.你与他人谈话时的坐姿通常是:

A.两膝靠拢　　B.两腿叉开

C.跷起"二郎腿"

3.你选择的交谈话题是:

A.两人都喜欢的　　B.对方感兴趣的

C.自己热衷的

4.与人初次会面,经过一番交谈后,你能对他(她)的谈吐举止、知识能力等方面做出积极、准确的评价吗?

A.不能　　B.很难说

C.我想可以

5.你说话时姿态是否丰富?

A.偶尔做些手势　　B.从不指手画脚

C.我常用姿势补充言语表达

6.若别人谈到了你兴味索然的话题,你将:

A.打断别人,另起一题　　B.显得沉默、忍耐

C.仍然认真听,从中寻找乐趣

7.你是否在寒暄之后，很快就能找到双方共同感兴趣的话题？

A.是的，对此我很敏锐　　B.我觉得这很难

C.必须经过较长一段时间才能找到

8.你和别人告别时，下次相会的时间地点是：

A.对方提出的　　B.谁也没有提这事

C.我提议的

9.你讲话的速度怎么样？

A.频率相当高　　B.十分缓慢

C.节律适中

10.你同他(她)谈话时，眼睛望着何处？

A.直视对方眼睛　　B.看着其他的东西或人

C.盯着自己的纽扣不停地玩弄

11.会面时你说话的音量总是：

A.很低，以致别人听得较困难　　B.柔和而低沉

C.声音高亢热情

12.通常第一次交谈，你们分别所占用的时间是：

A.差不多　　B.他多我少

C.我多于他

计分标准：

题号	1	2	3	4	5	6	7	8	9	10	11	12
选项	ABC	ABC	ABC	ABC	ABC	ABC	ABC	ABC	ABC	ABC	ABC	ABC
得分	513	513	351	135	35l	135	513	315	135	513	351	351

测试结果：

12~22分：第一印象差

也许你会感到吃惊，因为很可能你只是依着自己的习惯行事而已。也许你本来很愿意给别人留下一个美好的印象，可是你的不经心或缺乏体贴、或言语无趣，无形中却让来人做出关于你的错误的勾勒。你必须记住交往是种艺术，而艺术是不能不修边幅的。

23~46分：第一印象一般

你的表现中存在着某些令人愉快的成分，但同时又偶有不够精彩之处，这使得别人不会对你印象恶劣，却也不会产生很强的吸引力。如果你希望提高自己的魅力，首先必须从心理上重视，努力在“交锋”的第一回合中显示出自己的最佳形象。

47~60分：第一印象好

你的适度、温和、合作给第一次见到你的人留下了深刻的印象。无论对方是你工作范围抑或私人生活中的接触者，他们无疑都有与你进一步接触的愿望。你的问题只在于注意那些单向的对你“一见钟情”者。

衣帽交际所代表的诚意

心理学家曾做过这样一个试验：

分别让一位戴金丝眼镜、手持文件夹的青年学者，一位打扮入时的漂亮女郎，一位挎着菜篮子、脸色疲惫的中年妇女，一位留着怪异头发、穿着邋遢的男青年在公路边搭车。结果显示：漂亮女郎、青年学者的搭车成功率很高，中年妇女稍微困难一些，那个男青年就很难搭到车。

这个故事说明：不同的仪表代表了不同的人，随之就会有不同的际遇，这不仅仅是以貌取人的问题。你的外表是否清爽整齐，你的着装是否让人看着舒心，这是让身边的人决定你是否可信的重要条件，也是别人决定如何对待你的首要条件。如果说人的天生长相、身材长短难以变更，那么请首先从改变你的着装开始!

精心着装未必赢，草率着装一定输

俗话说“人靠衣服马靠鞍”并不是不无道理的，商业心理学的研究告诉我们，人与人之间的沟通所产生的影响力和信任度，是来自语言、语调和形象三个方面。但它们的重要性所占的比例是：语言只占 7%；语调占 38%；视觉(即形象)占 55%，由此可见形象的重要性。

也就是说，在社交中，人们总是根据对方身上较为明显的标识或者符号来认知对方，而服饰是非常明显的标识。服饰整齐干净的人和服饰邋遢肮脏的人，他们给人的感觉是完全不同的。着装是一种无声的语言，它显示着一个人的个性、身份、角色、涵养、阅历及其心理状态等多种信息。在当今激烈竞争的社会中，一个人的着装是否成功远比人们想像的更为重要。

作为刚刚步入职场的青年人，尤其要注意面试着装的正确与成功。有研究表明，同事对新人的感觉只有8%是看能力表现，另外37%是看身体语言所表达的信息，而高达55%是根据外表和着装，可见着装的重要性。

成功着装是一种重要的生存能力

成功的着装是现代社会每个人自我包装、融入社会的必备技能，已经成为一种重要的生存能力。不懂得成功着装的人，将会在现实社会中处处碰壁、寸步难行!

成功着装有三大原则：

1.注意穿着协调

所谓穿着协调，是指一个人的穿着要与个人的年龄、体形、职业和所处的场合吻合，表现出一种和谐，这种和谐能给人以美感。首先，穿着要和年龄相协调；其次，穿着要与体形相协调；再次，穿着要和职业相协调；最后，穿着要和环境相协调。

2.注意穿着色彩

色彩，是服装留给人们记忆最深的印象之一，而且在很大程度上也是服装穿着成败的关键所在。色彩对他人的刺激最快速、最强烈、最深刻，所以被称为“服装之第一可视物”。人们在穿着服装时，在色彩的选择上既要考虑个性、爱好、季节，又要兼顾他人的观感和所处的场合。春服宜清、夏服宜爽、秋服宜雅、冬服宜艳；见客宜重装，远行宜淡服。

对一般人而言，在服装的色彩上要想获得成功，最重要的是掌握色彩对搭配和对正装色彩的选择这两个方面。正装的色彩总体上要求以少为宜，最好将其控制在三种色彩之内。这种有助于正装总体风格显得简洁、和谐。

3.注意场合

英国女王伊丽莎白二世访问中国期间，走出机舱门第一次亮相，穿的是正黄色西服套裙，戴正黄色帽子。这位女王本来喜欢红色和天蓝色，很少穿黄衣服。但在中国几千年的历史上，黄色是皇帝的专用色。女王来中国访问穿正黄色，既表示她尊重中国的传统习俗，又显示了她作为一国君主的高贵身份。

职业着装是一种专门的学问

职业着装即工作装，是人们在工作时所穿着的服装。职业着装代表着一个公司的形象，体现了一个公司的纪律和文化，因此，职业着装已经超越了个人穿戴的层次，成为工作的重要组成内容。所以，不管男士还是女士在面试的时候一定要选择西装这种正装，切不可选择休闲、懒散的装扮。

下面我们就先来谈谈男士西装的选择与搭配。

1.西装的选择

西装，服饰中的舶来品，它已成为商务人士特别是男士们商务活动中的首选着装。面对市场上五花八门的西装品种，掌握对它的选择技巧十分必要。

(1)面料的选择。鉴于西装在商务活动中往往充当正装或礼服之用，故而，其面料的选择应力求高档。在一般情况下，毛料应为西装首选的面料。

(2)色彩的选择。商界男士在穿西装时，往往将其视作自己在商务活动中所穿的制服。因此，西装的色彩必须显得庄重、正统，而不能过于轻浮和随便。根据此项要求，适合于男士在商务交往中所穿的西装的色彩，理当首推藏蓝色。在世界各地，藏蓝色的西装往往是每一位商界男士首先必备的。除此之外，还可以选择灰色或棕色的西装。黑色的西装亦可予以考虑，不过它更适于在庄严而肃穆的礼仪性活动时穿着。按照惯例，商界男士在正式场合不宜穿色彩过于鲜艳或发光发亮的西装。朦胧色、过渡色的西装，通常也不宜选择。越是正规的场合,越应讲究穿单色的西装。

(3)图案的选择。商界男士所推崇的是成熟、稳重,所以其西装一般以无图案为好。用“格子呢”缝制的西装,一般是难登大雅之堂的,只有在非正式场合里,商界男士才可以穿它。

(4)款式的选择。通常,西装套装又有两件套与三件套之分。两件套西装套装包括一衣和一裤,三件套西装套装则包括一衣、一裤和一背心。三件套西装比起两件套西装来,要显得更加正规一些。商界男士在参加高层次的商务活动时,以穿三件套的西装套装为好。

(5)造型的选择。西装的造型,也就是西装的版型。目前,世界上的西装主要有欧式、英式、美式、日式四种主要的造型。

欧式西装的主要特征是:欧式西装洒脱大气。上衣呈倒梯形,多为双排两粒扣式或双排六粒扣式,而且纽扣的位置较低。它的衣领较宽,强调肩部与后摆,不甚重视腰部,垫肩与袖笼较高,腰身中等,后摆无开衩。其代表品牌有“杰尼亚”、“阿玛尼”、“费雷”、“伊夫圣洛朗”、“瓦伦蒂诺”、“皮尔·卡丹”等。

英式西装的主要特征是:剪裁得体,不刻意强调肩宽,而讲究穿在身上自然、贴身。它多为单排扣式,衣领是“V”型,并且较窄。它腰部略收,垫肩较薄,后摆两侧开衩。“登喜路”牌西装就是典型的英式西装。

美式西装主要特征是:宽大飘逸,外观上方方正正,宽松舒适,较欧式西装稍短一些。肩部不加衬垫,其领型为宽度适中的“V”型,腰部宽大,后摆中间开衩,多为单排扣式。美式西装的知名品牌有“麦克斯”等。

日式西装的主要特征是:日式西装贴身凝重。上衣的外观呈现为“H”型,不过分强调肩部与腰部。垫肩不高,领子较短、较窄,不过分地收腰,后摆也不开衩,多为单排扣式。国内常见的日式西装的品牌有“顺美”。

一般来说,欧式西装要求穿着者高大魁梧,美式西装穿起来稍显散漫,中国人在选择时宜慎重。比较而言,英式西装与日式西装似乎更适合中国人穿着。

2.西装的穿着

西装的穿着不能随心所欲，要有一定的讲究。如果穿西装时过于随意，不但会影响社交形象，还会贻笑大方。

根据西装礼仪的基本要求，商界男士在穿西装时要特别注意以下几个方面的问题：

(1)拆除衣袖上的商标。在西装上衣左边袖子上的袖口处，通常会缝有一块商标。有时，那里还同时缝有一块纯羊毛标志。在正式穿西装之前，一定将它们先行拆除。

(2)熨烫平整。欲使一套西装穿在自己身上看上去美观而大方，就要使其显得平整而挺括，线条笔直。要做到这点，除了要定期对西装进行干洗外，还要在每次正式穿着前，对其进行认真的熨烫。

(3)系好纽扣。穿西装时，上衣、背心与裤子的纽扣，都有一定的系法。在三者之中，又以上衣纽扣的系法讲究最多。一般而言，站立之时，特别是在大庭广众之前起身站立时，西装上衣的纽扣应当系上，以示郑重。就座之后，西装上衣的纽扣则要解开，以防其走样。惟独在内穿背心或羊毛衫，外穿单排扣上衣时，才允许站立之际不系上衣的纽扣。通常，系单排两粒扣式的西装上衣的纽扣时，讲究"扣上不扣下"，即只系上边那粒纽扣。系单排三粒扣式的西装上衣的纽扣时，正确的做法则有二：要么只系中间那粒纽扣，要么系上面那两粒纽扣。而系双排扣的西装上衣的纽扣时，则要求可以系上的纽扣一律都要系上。穿西装背心，不论是将其单独穿着，还是穿着它同西装上衣配套，都要认真地系上纽扣。

(4)不挽不卷。穿西装时，一定要悉心呵护其原状。在公共场所里，无论如何，都不可以将西装上衣的衣袖挽上去。否则，极易给人以粗俗之感。在一般情况下，随意卷起西裤的裤管，也是一种不符合礼仪的表现。

(5)口袋内少装东西。为保证西装在外观上不走样，就应当在西装的口袋里少装东西，或者不装东西。具体而言，在西装上衣上，左侧的外胸袋除可以插入一块用以装饰的真丝手帕外，不应再放其他任何东西，尤其不应当别钢笔、挂眼镜。内侧的胸袋，可用来别钢笔、放钱夹或名片夹，但不要放过大过厚的东西或无用之物。外侧下方的两只口袋,原则上以不放任何东西为佳。而在西装的裤子上,两只侧面的口袋只能放纸巾、钥匙包或者碎银包。其后侧的两只口袋,则大都不放任何东西。

3.西装的搭配

西装与其他衣饰的搭配,对于成功地穿着西装是很重要的。因此商界男士穿着西装时,必须掌握衬衫、领带、鞋袜和公文包与之进行组合搭配的基本常识和技巧。

(1)衬衫的搭配。

与西装为伍的衬衫应当是正装衬衫。正装衬衫具备下述几个方面的特征:

面料。正装衬衫主要以高支精纺的纯棉、纯毛制品为主。以棉、毛为主要成分的混纺衬衫,亦可酌情选择。

色彩。正装衬衫必须为单一色彩。在正规的商务应酬中,白色衬衫可谓商界男士的惟一选择。除此之外,蓝色、灰色、棕黑色,有时亦可加以考虑。

图案。正装衬衫大体上以无任何图案为佳。较细的竖条衬衫在一般性的商务活动中可以穿着。但是,不能同时穿着竖条纹的西装。

衣领。正装衬衫的领型多为方领、短领和长领。具体进行选择时,须兼顾本人的脸形、脖子长以及领带结的大小,千万不要使它们相互之间反差过大。扣领的衬衫,有时亦可选用。

衣袖。正装衬衫必须为长袖衬衫。

胸袋。正装衬衫以无胸袋者为佳,免得有人在那里乱放东西。即使穿有胸袋的衬衫,也要尽量少往胸袋里塞东西。

另外,穿着正装衬衫与西装相配套,还有四点须注意:

一是衣扣要系上。穿西装的时候,衬衫的所有纽扣都要一一系好。只有在穿西装而不打领带时,才可以解开衬衫的领扣。

二是袖长要适度。穿西装时,衬衫的袖长最好长短适度。最美观的做法,是衬衫的袖口恰好露出来1厘米左右。

三是摆要放好。穿长袖衬衫时，不论是否穿外衣，均须将其下摆均匀而认真地掖进裤腰之内。

四是大小要合身。除休闲衬衫之外，衬衫既不宜过于短小紧身，也不应当过分地宽松肥大、松松垮垮。选择正装衬衫时，务必要使之大小合身。特别要注意：其衣领与胸围要松紧适度，其下摆不宜过短。

(2)领带的搭配

领带是商界男士穿西装时最重要的饰物。在欧美各国，领带则与手表和装饰性袖扣并列称为“成年男子的三大饰品”。一般情况下，商界男士在挑选领带时，要重视以下几点：

面料。最好的领带，应当是用真丝或羊毛制作而成的。以涤丝制成的领带售价较低，有时也可以选用。除此之外，由棉、麻、绒、皮、革、塑料等物制成的领带，在商务活动中均不宜佩戴。

色彩。在交际应酬中，蓝色、灰色、棕色、黑色、紫红色等单色领带都是十分理想的选择。商界男士在正式场合中，切勿使自己佩戴的领带多于三种颜色。同时，也尽量少打浅色或艳色领带。

图案。适用于交际应酬活动之中佩戴的领带，主要是单色无图案的领带，或者是以条纹、圆点、方格等规则的几何形状为主要图案的领带。

款式。领带的款式往往受到时尚的左右，因此商务人士主要应注意以下几点：一是领带有箭头与平头之分。下端为箭头的领带，显得比较传统、正规；下端为平头的领带，则显得时髦、随意一些。二是领带有宽窄之别。除了要尽量与流行保持同步以外，根据常规，领带的宽窄最好与本人的胸围与西装上衣的衣领成正比。三是简约式的领带不适合正式的商务活动。如“一拉得”领带、“一挂得”领带等，均不适合在正式的商务活动中使用。

质量。一条好的领带，必须具有良好的质量。其主要特征为：外形美观、平整，无跳丝、无疵点、无线头，衬里不变形，悬垂挺括，较为厚重。宁肯不打领带，也不要以次充好。

佩戴。佩戴领带要注意以下事项：

①注意场合。一般来讲，在上班、办公、开会或走访等执行公务的场

合，以打领带为好；在参加宴会、舞会、音乐会时，为表示尊重主人，亦可打领带；在休闲场合，通常是不必打领带的。

②注意位置。穿西装上衣与衬衫时，应将其置于两者之间，并使其自然下垂。在西装上衣与衬衫之间加穿西装背心与羊毛衫、羊绒衫时，应将领带置于西装背心、羊毛衫、羊绒衫与衬衫之间。

③注意结法。打领带结的基本要求是，要令其挺括、端正，并且在外观上呈倒三角形。领带结的具体大小，最好与衬衫衣领的大小成正比。在正式场合露面时，务必要提前收紧领带结。

④注意长度。最标准的长度，是领带打好之后，下端的大箭头正好抵达皮带扣的上端。

⑤注意配饰。依照惯例，打领带时可不用任何领带的配饰。即使使用领带夹，也不宜令其处于外人视野之内。应当强调的一点是，使用领带的配饰，数量上应以一件为限。

(3)鞋袜的搭配

穿西装时，商界男士所穿的鞋子与袜子均应符合统一的要求，应与之配套。选择与西装配套的鞋子，只能选择皮鞋。配套的皮鞋，应当是真皮制品而非仿皮。一般来说，牛皮鞋与西装最般配，羊皮鞋、猪皮鞋都不太合适。需要说明的是，磨砂皮鞋、翻毛皮鞋大都属于休闲皮鞋，也不太适合与西装相配套。

与西装配套的皮鞋，按照惯例应为深色、单色。最适于同西装套装配套的皮鞋，只有黑色一种。就连棕色皮鞋，往往也会大受排斥。穿西装、皮鞋时所穿的袜子，以深色、单色为宜，并且最好是黑色、白色。

(4)公文包的搭配

公文包，被称为商界男士的“移动式办公桌”，一般外出都不可离身。商界男士所选择的公文包，有许多特定的讲究。它的面料以真皮为宜，并以牛皮、羊皮制品为最佳。

在常规情况下，黑色、棕色的公文包，是最正统的选择。若是从色彩搭配的角度来说，公文包的色彩若与皮鞋的色彩相一致，则看上去十分完美而和谐。除商标之外，商界男士所用的公文包在外表上不宜再带有任何图案文字，否则是有失自己身份的。最标准的公文包，是手提式的长方形公文包。箱式、夹式、挎式、背式等其他类型的皮包，均不可充当公文包之用。

对于商界女士和职业女性来说，套裙是正式场合的正装，对它的选择如同商界男士们对西装的选择一样，也要遵循一定的礼仪规范。

(1)面料的选择

套裙面料的选择最好既是纯天然质地、质料上乘的面料；上衣、裙子以及背心等，应当选用一种面科。外观上讲究的是匀称、平整、滑润、光洁、丰厚、柔软、悬垂、挺括。一般情况下，可以选择薄花呢、女士呢、华达呢、凡立丁、法兰绒等纯毛面料，高档的府绸、丝绸、亚麻、麻纱、毛涤以及一些化纤面料也可选择。

(2)色彩的选择

套裙的色彩应以冷色调为主，体现出着装者的典雅、端庄与稳重。一般情况下，各种加入了一定灰色的色彩，如藏青、炭黑、烟灰、雪青、茶褐、土黄、紫红等稍冷一些的色彩，都可以作为商界女士考虑的范围。套裙的上衣与裙子可以是一色，也可以采用上浅下深或上深下浅等两种并不相同的色彩，使之形成鲜明的对比，前者显得庄重而正统，后者则显得富有活力与动感。

(3)图案的选择

按照常规，商界女士在正式场合穿着的套裙，可以不带任何图案。如果本人喜欢，以或宽或窄的格子、或大或小的圆点、或明或暗的条纹为主要图案的套裙，大都可以一试。其中，采用以方格为主体图案的格子呢所制成的套裙，显得静中有动，充满活力。

(4)套裙的尺寸

传统观点认为，裙短不雅，裙长无神。裙子的下摆恰好抵达着装者小腿肚子的最为丰满之处，乃是最为标准、最为理想的裙长。一般情况下，商界女士所穿着的超短裙，裙长应以不短于膝盖以上15厘米为限。套裙之中的上衣分为紧身式与松身式两种,一般认为紧身式上衣显得较为正统,紧身式上衣的肩部平直、挺拔,腰部收紧或束腰,其长不过臀,整体上呈倒梯形,线条硬朗而鲜明。

(5)套裙的款式

套裙中上衣的变化,主要表现在衣领方面。常见的衣领有平驳领、枪驳领、一字领、圆状领、"V"字领和"U"字领,也可采用青果领、披肩领、燕翼领、蟹钳领、束带领等。上衣的衣扣方面,有无扣式、单排式和双排式之分,有明扣式和暗扣式之分,还有单粒扣和多粒扣之分。裙子式样方面,常见的有西装裙、一步裙、围裹裙、筒式裙等,款式端庄线条优美;也可采用百褶裙、旗袍裙、开衩裙、"A"字裙、喇叭裙等,显得飘逸潇洒、高雅漂亮。

4.套裙的穿着

选择套裙后,不仅要注意符合常规要求,更重要的是要穿着得法。一般来说,在穿着套裙时,套裙的具体穿着与搭配的方法多有讲究,大体上需要注意以下五个方面:

(1)大小适度。通常认为,套裙中的上衣最短可以齐腰,最长可以达到小腿的中部。上衣的袖长以恰恰盖住着装者的手腕为好。另外,还应注意上衣或裙子均不可过于肥大或包身。

(2)穿着到位。在穿套裙时,上衣的领子要完全翻好,衣袋的盖子要拉出来盖住衣袋,衣扣一律全部系上。不能"敞开自己的胸怀",更不能当众将上衣脱下来。

(3)考虑场合。商务礼仪要求:商界女士在各种正式的商务交往中,一般以穿着套裙为好。在涉外商务活动中,这一点尤其重要。

(4)协调妆饰。在穿着套裙时,商界女士必须具有全局意识,将其与化妆、佩饰一并考虑。商界女士化妆的基本守则是:既不可以不化妆,也不可以化浓妆。商界女士佩饰的基本要求是:以少为宜,合乎身份。在工作岗位上可以不佩戴任何首饰。如果需要佩戴,则不应超过三种,每种不宜多于两件。

(5)注意举止。穿上套裙之后,穿着者要站得又稳又正,不可以双腿叉开或是翘起一条腿。由于裙摆所限，穿着套裙走路时不能大步流星地奔向前去，而只宜以小碎步疾行，行进之中步子要稳、轻。

5.套裙的搭配

套裙的穿着能否体现出商界女性的端庄文雅的气质，还要关注它与衬衫、内衣、衬裙、鞋袜的搭配是否得当。

(1)衬衫的搭配。衬衫面料要求轻薄而柔软，可采用真丝、麻纱、府绸、罗布、花瑶、涤棉等。衬衫色彩要求雅致而端庄，不能过于鲜艳，常见的是白色。另外，最好选用无任何图案的衬衫，款式上不必过于精美。

(2)内衣的搭配。内衣是商界女士"贴身的关怀"。一套内衣由胸罩、内裤、吊带袜、连体衣等组成。内衣应当柔软贴身，起到支撑和烘托女性线条的作用。选择内衣时，最关键的是使之大小适当。内衣所用的面料，以纯棉、真丝等为佳。内衣色彩常见的是白色、肉色，也可以是粉色、红色、紫色、棕色、蓝色、黑色等。内衣的图案和款式可以根据个人爱好加以选择。

(3)衬裙的搭配。一般而言，商界女士穿套裙时，是非穿衬裙不可的。衬裙的面料以透气、吸湿、单薄、柔软者为佳。衬裙的色彩宜为单色，如白色、肉色等，并与外面的套裙色彩相互协调。衬裙的款式也要与套裙相配套，不能过于肥大。

(4)鞋袜的搭配。鞋袜是商界女士的"腿部景致"。商界女士所穿的鞋子，宜为皮鞋，且以牛皮鞋为上品。同时所穿的袜子，可以是尼龙丝袜或羊毛袜。与套裙配套的皮鞋以黑色最为正统，袜子可以是肉色、黑色、浅灰色或浅棕色等，多色袜、彩色袜、白色袜等都是不宜的。

另外，值得注意的是，不少求职者有过这样的经历：千挑万选的求职面试新衣第一次穿上"沙场"，却觉得浑身不舒适，影响了自己的发挥。千万别让新衣服与自己显得格格不入，即便是在特殊的求职面试时刻，也要将着装的舒适程度排在前列。

虽然求职面试时着装不能随意，但也不能完全丧失自己的风格，尤其是在比较重视艺术品位的行业中，遵循行规，凭借保护色护身固然不会出错，但其负面作用却是让你淹没在人群里，寂寂无闻。以众人认同的和谐、合拍为前提，以符合个人特殊气质的风格画龙点睛，让老板、同事、客户认同之余略带"惊艳"，那么你的着装水准就上升到了一个新境界。

面试应该准备个人的基本资料，有条不紊、整齐地摆放在面前。翻阅时不要凌乱，要表现自己良好的工作习惯。

面试妆容别忽略

化妆对于女士来讲是必不可少的，但应该以淡妆为主，淡到与人的肤色相接近方可，过浓则易给人以“妖艳”感，眼线、口红都不可深，否则让人看了很不自在。用粉也不能太多，粉太多会往下掉，让人感觉较差。对男生来讲，化妆可有可无，但是，胡须必须刮净，鼻毛不能长到鼻孔外面来。无论男生女生，对香水的使用也应把握一个淡字，让人感觉自然。

对于女性来说，中高跟皮鞋使你步履坚定从容，带给你一分职业女性的气质，很适合在求职面试时穿着。相比之下，穿高跟鞋显得步态不稳，穿平跟鞋显得步态拖拉。如穿中、高统靴子，裙摆下沿应盖住靴口，以保持形体垂直线条的流畅。同样，裙摆应盖过长统丝袜袜口。总体说来，全身的饰物不要超过三件，否则会使人觉得太沉重，珠光宝气压倒了你职业女性的气质。你的耳环是否增加了你耳朵和脸蛋的神韵？项链是否使你显得修长而丰满？戒指是否使你的手指显得修长纤细？如果你的饰物达不到增添光彩的目的，那么就没有必要画蛇添足，以免适得其反。

对于各种饰物，女生像耳环、耳坠、项链、戒指、手镯等饰品最好不戴，即使戴也只能取其中一两件。男生有人喜欢在胸前挂上玉坠，也有人喜欢戴一个戒指，应都取下来为好。

当你经过刻意修饰之后，来到用人单位，在面试前的几分钟里，不妨再最后检查一遍，力争不出差错。无论是服饰还是仪表的打扮，都应本着一个原则，即不要将自己打扮成一个完全社会上的“久经沙场，老于世故”的形象，而应该保持大学生的那么一种气质，那么一点纯真，让考官感觉出你的学生气息，这一点是非常重要的。曾经有一位女大学生，在面试前为了显示自己漂亮的形象，遂倾其所有，备上一套高档黑色套裙，又在美容厅做了一次美容，整个人越发显得高贵美艳。她的形象确实是很高雅的，但在面试现场，她的这一番用心良苦的打扮反而给她带来了不利。考官在欣赏她的美丽时，心中便开始对她有不好的判断：“好高档的衣服，但这是学生模样吗？”“太喜欢打扮了，能安稳地工作吗？”“看来她的经济条件不错，是不是娇生惯养的大小姐呢？这样能适应国家公务员这一清苦的职业吗？”而更老练的考官一眼便看穿了她刻意打扮的背后内涵——“心情很迫切”，“这个样子还不是装出来的”，“还不够成熟，不够稳重啊！”所以在打扮时，要对自己的学生身份有一个清晰的定位，而且要意识到你是在参加应聘面试，而不是去与男朋友约会。

最后，手是人体中活动最多的部分之一，也常常是人们目光的焦点。这并不是说面试前要对手进行化妆，但把你的双手洗得干干净净，指甲修剪得整整齐齐，这是很有必要的。指甲一般与指尖等长，要刷净其中的油污。职业女士，一般不宜留长指甲，以影响正常地操作办公室的设备。

面试过程中，当服务员为你倒水时，不要视若无睹。礼貌地说声“谢谢”会给你的面试加分。

别让“小动作”毁了你的工作

手势语

手势语是指通过手的动作表现出来的一种体态语，是典型的动作语。在多数情况下，手势语作为一种伴随语言，伴随有声语言而出现，使有声语言行为化或重点强调，或辅助口头表达。

手势语的构成很复杂，可以从不同的角度划分。如果从手的部位来分类，主要包括手指语、手掌语、握手语和挥手语。如果按性质、意义和作用来分类，主要包括情意性手势语、指示性手势语、象形性手势语和象征性手势语。

在揭示人的内心活动方面，手势语极富表现力。如双手相绞，显得人精神十分紧张；十指交叉，叠放在一起，常给人一种漫不经心的感觉；若叠放的位置很高，则表示一种对抗的情绪；摇手表示反对，拍手表示喜悦，用食指指着别人表示质问等。手势语在交谈中使用频率很高，求职者要善于使用手势语。

要明确各种手势语的含义

由于各地区、各民族风俗习惯的差异，所以，有时相同的手势所表达的意思是不相同的,甚至大相径庭。如在我国跷起大拇指,是称赞对方,在英国、澳大利亚等国,这种手势表示想要搭车,而在希腊,急速地翘起大拇指,则是要对方快快“滚开”的侮辱语。因此,求职者运用手势语时,必须明确各区域各民族的各种手势所表示的意思,否则运用不当,造成误解、笑话和不必要的麻烦。

要得体、协调

手势语毕竟是辅助语言、伴随语言,它不能喧宾夺主,代替有声语言。因此,手势语并非多多益善,要适量,当用则用,不当用则不用,尽量简练。有些求职者对此注意不够,在谈话中往往采用过多的手势,比如边说话边挥舞,以示说话有力,并且有些动作幅度过大,姿势粗俗欠优雅。因此,手势语使用的频率、摆动的幅度以及手指的姿态等都要讲究,应和谐地配合有声语言传递信息。过多、过杂而不注意姿势的手势动作,则给人以张牙舞爪和缺乏修养之感。

手势语能弥补有声语言之不足,辅助表达,但前提是要同有声语言一致,而且还要同其他体态语和思想感情一致,否则只会适得其反,让人觉得装腔作势。

纠正不良的习惯性动作

求职者在日常生活和工作中可能不自觉地形成了一些不良的动作,在求职面试中有时会无意识地表现出来,如在倾听对方谈话时用食指杵到面颊上,说话时抚手背,用手指敲桌子,用手抓耳朵,用手支撑头部等,这些无意识的动作,既很不雅观,又是失礼的表现。特别是有些手势动作,表达的是一种消极的不礼貌的信息,尽管你是无意的,但对方却不能不在意,以为你是有意的,以致造成误解,有碍交流,并对你产生不良的印象。如双手插在衣兜里,两拇指暴露在外,表示狂傲自大;十指交叉表示漫不经心或对抗情绪;背手表示自信和权威;捂嘴和摸鼻子表示不信任和猜疑。这些动作求职者在面试时是不能使用的,一定要理智,时时提醒自己，避免习惯性动作的出现。

体姿语

体姿语是指通过身体的姿势、动作来表达情感、传递信息的体态语，主要包括坐姿、站姿和行姿三种。

俗话说："站有站相，坐有坐相"，又说："坐如钟、站如松、行如风"，这些都是对人的坐姿、站姿和行姿的基本要求，同样也是对求职者的要求，而且，求职作为一种庄重的社交活动，这种要求更为严格和规范。就求职活动而言，坐姿更普遍、更重要。因为，面试基本上是在室内进行的，以坐为主，时间较长，因此求职者应当掌握坐姿语的基本知识和礼仪，这里我们就坐姿语做一重点介绍。

要了解各种坐姿语的特定含义

不同的坐姿表达的含义是不同的。如身体靠在沙发背上，两手置于沙发扶手上，两腿自然落地、叉开，表示谈话轻松、自如、自信；身子稍向前倾，两腿并拢，两手放于膝上，侧身倾听，说明很尊重对方；身坐椅子前沿，身子向前，倚靠于桌上，头微微倾斜，表示对交谈内容非常感兴趣、喜悦和重视；坐在椅子上交谈，微微欠身，表示谦恭有礼；身体后仰，甚至转来转去，则是一种轻慢、失礼行为；整个身子侧转于一方，表示嫌弃与轻蔑；背朝谈话者，是不予理睬的表现。

总的要求是坐姿要端庄，如果座位已指定，那么，具体坐法是：走到座位前，背向椅子，使腿靠近椅子，上体正直，轻缓落座。女求职者若着裙装，落座时应用手理一下裙边，把裙子后片向前拢一下。坐下后，应双脚并齐，挺胸立腰略收腹，手放在膝上或椅子扶手上，掌心向下，双膝并拢或微微分开，双腿正放或视情况向一侧倾斜。

如果对方没有明确告诉你你的座位，由你自己选择座位或亲自搬动椅子就座时，如何就座是很讲究的，这就涉及到位置和距离两个问题。由于座位有上下尊微之分，所以你选择什么位置就座，往往就显示出了你的态度和倾向。相对于主考官，求职者应显得谦恭一些，因此，应该选择在对方的下座或者比对方座位低一些的位置处。

所谓距离是指求职者与主考官之间的空间距离，在社交场合，距离也是一种空间语言，是可以表情达意的，不能随意选择。美国西北大学人类学家和心理学家爱华·霍尔博士认为，人在文明社会中与他人交际而产生的关系的远近、亲疏是可以用界限或距离的大小来衡量的。霍尔博士将人类平时所能意识到的空间范围划分为四个界域。一是亲密距离(0~45cm)，这是夫妻、母子、好友(女性)之间做出抚爱、安慰、保护等动作所必须的距离。二是私人距离(45~120cm)，是指用自己的手就可触到对方或可以相互能够接触到手指的距离。三是礼貌距离(120~360cm)，亦称社交距离，通常用在处理个人事务或在正式社交和业务往来中使用。四是公众距离(360cm 以上)，这种距离常用在教师讲课时与学生间、演员与观众间。由此可见，求职面试的空间距离应选择礼貌(社交)距离。需要说明的是，求职者在站立和行走时与对方也要保持这种距离。

要克服和纠正不礼貌的坐姿

为了保证坐姿的正确和优美，应注意以下禁忌：一是落座后，两腿不要分得太开，若女性坐时，两腿分得太开尤为不雅。二是当两腿交叠而坐时，悬空的脚尖要向下，切忌脚尖向上，并上下抖动。三是交谈时勿将上身向前倾并以手支撑着下巴。四是落座后不要左右晃动，扭来扭去，给人一种不安分的感觉。五是如果座位是椅子，不可前俯后仰，更不能把腿架在椅子或沙发扶手上、茶几上。六是入座要轻柔和缓，直坐要端正稳重，不可猛起猛坐，弄得座椅乱响，造成紧张气氛。七是背部要挺直，不要弯胸曲背，像驼背一样。

除了要注意坐姿外，站姿和行姿也不可忽视，因为它们是体姿语的有机组成部分，在求职面试中同样能反映求职者的外在形象和礼貌修养。

站姿的要求是正直。方法是挺胸、收腹、略为收臀、平肩、直颈、两眼平视、精神饱满、面带微笑，这样给人一种自信的感觉。站立时，两手自然地垂直于身体两侧，不要两手叉腰，也不能双手插入口袋或把双手交握在背后，否则会给对方一种轻佻之感。还要注意站向，交谈时站立的方向应该是正面对着对方，以表示尊重。

行姿的要求是，轻而稳，胸要挺，头抬起，两眼平视，步频和步幅要适度，符合标准。如果是与对方考官或工作人员同行时，要注意速度，不能超前，只能平行或略微靠后，否则是失礼行为。

上述分析启示我们，面试中的考官的注意力应主要放在体态语与声音的辨别、接受与转释上。实际上，由于每个人对信息的接受、确认与转释的能力有着某种特定性与限制性，不可能100%地全部理解被试者所发出的全部信息量。因此，应试者必须注意和运用自己发出的非语言信息帮助自己获得成功。

坦率地承认不足比硬撑着不服软好，因为没有人完美无缺。硬撑着，只能说明你不虚心，重要的是认识自己的不足，而后努力地改善和提高。

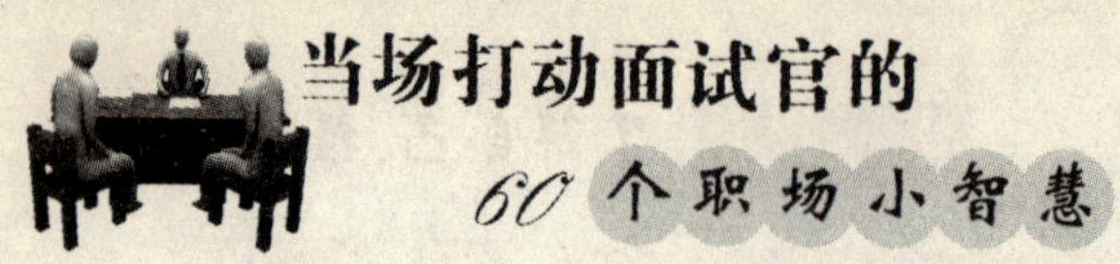

让你的眼睛会说话

我们也常说:“眼睛是心灵的窗户”。在人们的相互交往中,眼睛是会讲话的“神灵”,它与有声语言相协调,可以表达万千变化的思想感情。眼睛凝视时间的长短、眼睑睁开的大小、瞳孔放大的程度以及眼睛的其他一些变化,都能传递最微妙的信息。

同微笑一样,目光眼神也是最富于感染力的表情语言。如正视表示庄重,斜视表示轻蔑,仰视表示思索,俯视表示羞涩等。在面试中,聚精会神地注视对方,表示对对方谈话内容有浓厚的兴趣。为了避免过多地注视而令考官不安,可适度运用“散点柔视”,把目光放在脸部两眼至额头中部的上三角区。

美国心理学家保罗·埃克曼指出:“我们用声带交谈,但我们是用面部表情、声调乃至整个身体去表示和传递感情的。”得体的举止在面试中确实能取得极其微妙的效果。

如某家跨国公司要招聘一名新职员,应聘人员踊跃。为数不少的人在面试后,都未被录用,而田文先生没有说一句话,主考的人事部经理就决定录用他了。旁人颇感蹊跷,经理解释道:“田文的举止体态已经交了一份最好的答卷。他进门后沉着地向大家举手打招呼,说明他有很好的修养;选择了最前排的中间座位就座,表明他希望别人注意自己,善于自我推销,充满自信,有较强的优越感;并且他就座的地方人最多,说明他与人合群,善于交际;就座后,他的坐姿极佳,很坦然地坐在椅子上,臀部占据了椅子的大部分,并且上身挺直,两手自然地放在膝盖上,不左顾右盼,双眼一直注视着我们,表明他稳重、沉着、冷静、大度、办事专心认真,对人尊重。田文先生是一名难得的人才,非常适合我们所要他做的工作。”

一般来说,每一种眼神都有其特定的含义。例如,视线频频乱转,给人的印象是心不在焉或心虚；视线向下，则表示害羞、胆怯、伤感或悔恨；视线向上，是沉思、高傲的反映。在交谈时，目光自下而上注视对方，一般有“询问”的意味，表示“我愿意听你讲下一句”；目光自上而下注视对方，一般表示“我在注意听你讲话”；头部微微倾斜，目光注视对方，一般表示“哦，原来是这样”；眼睛光彩熠熠，一般表示充满兴趣；每隔几秒偷看一下手表，表示催促、不耐烦的意思，是希望对方结束谈话的暗示。

应聘者若能懂得目光语的含义，那么在面试中就能巧妙地利用目光语辅助言谈。

眼睛注视用得多的有三种：

(1)凝视

集中目光看对方，如果是公事，目光限制于前额到双眼，使人感觉你很诚恳认真；如果是社交，就看双眼到嘴三角区；如果是关系非常亲密的朋友，就看双眼到胸。

(2)环视

眼睛向前然后有目的地扫一下，好处是使所有听你讲话的人都注意了你，不觉得你在和他(个人)交流，能较全面地了解听众的心理反映。而且可根据你的环视随时调整说话的节奏、内容、语调，把说话的主动权控制住。即不能只注视其中某一位考官，而要兼顾到在座的所有考官，让每个人都感到你在注视他。具体方法是，以正视主考官为主，并适时地把视线从左至右，又从右至左(甚至从前至后，又从后至前)地移动，达到与所有考官同时交流的效果，避免冷落某一位考官，这样就能获得他们的一致好感。

(3)虚视

就是似视非视，演讲就需要这种虚与实的目光交替，“实”看某一部分人，“非”看大家，演讲要做到“目中无人，心中有人”。

应聘者在面试时，与主考官的关系构成有两种情况，一是只有一位主考官，这叫“一对一”的关系；二是有多位主考官，这叫“一对多”的关系，在这两种情况下，求职者目光语的运用是不尽相同的。

在“一对一”的情况下，应聘者目光运用的要求是：

第一，注视对方，目光要自然、柔和、亲切、真诚，不要死盯着对方的眼睛，否则，会使对方极不自在，同时，也不要在某一局部区域内上下翻飞，否则会使对方感到莫名其妙。不要东张西望、左顾右盼，显得心不在焉；不要含胸埋头，显得胆小萎缩或者对谈话不感兴趣；不要高高昂起头，两眼望天，显得傲慢；否则都是失礼和缺乏教养的表现。

第二，注视对方时要注意眨眼的次数，一般情况下，每分钟眨眼6~8次为正常，若眨眼次数过多，表示在怀疑对方所说内容的真实性，而眨眼时间超过一秒钟就成了闭眼，表示厌恶、不感兴趣。

第三，在交谈过程中的目光对视。若双方目光相遇，相对视，不应慌忙移开，应当顺其自然地对视1~3秒钟，然后才缓缓移开，这样显得心地坦荡，容易取得对方的信任，一遇到对方的目光就躲闪的人，容易引起对方的猜疑，或被认为是胆怯的表现。

在"一对多"的情况下，应聘者的目光语运用除了要符合"一对一"的要求外，还要注意使用环视法。即不能只注视其中某一位考官，而要兼顾到在座的所有考官，让每个人都感到你在注视他。具体方法是，以正视主考官为主，并适时地把视线从左至右，又从右至左(甚至从前至后，又从后至前)地移动，达到与所有考官同时交流的效果，避免冷落某一位考官，这样就能获得他们的一致好感。

面试官给你的忠告

有的应聘者往往忽略自己的弱点，用一些看似聪明的回答应付，比如说"我的缺点就是做事太追求完美"，或者说"我的不足就是没有工作经验"，其实这种回答恰恰反映了应聘者不具备自我认知能力。所以，正视自己的不足，举例说明自己如何克服自己的弱点，反而会表现出应聘者的发展潜力。

面试，三分钟定乾坤

有人说“面试，前三分钟定乾坤”。可能有很多人不相信，孰不知，在这短短的三分钟里，面试者的礼仪如何往往左右着面试官对面试者的第一印象。很多应届毕业生以为穿着正式套装就万事大吉了，其实还有很多细节问题会影响到你的面试分。

面试的过程对于一个人能否被录用起着至关重要的作用，如果礼仪得当，理所当然就可以为自己的整体形象加分。相反地，如果忽视了礼仪或是礼仪不当，即使水平和实力再强，也有可能与自己心仪的工作失之交臂！作者从多位考生的面试案例中总结出以下四个方面为公务员面试中的禁忌，请考生结合自身情况引以为戒！

一忌不良表现

1.迟到失约

迟到失约是面试中的大忌。这不但会表现出应试者没有时间观念和责任感，更会令主考官觉得应试者对这份工作没有热忱，印象分自然大减。守时不但是美德，更是面试时必须做到的事。因此，应提前10~15分钟或准时到达。另外，匆匆忙忙到达，心情还未平静便要进行面试，面试表现也会大失水准。

2.准备不足

无论你学历多高,资历多深,工作经验多丰富,当面试的主考官发现应试者对申请的职位知之不多,甚至连最基本的问题也回答不好时,印象分自然大打折扣。主考官不但会觉得应试者准备不足,甚至会认为他们根本无志于在此方面发展。所以,面试前应做好充分的准备工作。

3.欠缺目标

面试时,千万不要给主考官留下没有明确目标的印象。虽然一些应试者的其他条件不错,但工作没有目标就会缺少主动性和创造性,给单位带来损失。主考官倒情愿聘用一个各方面表现虽较逊色,但有远大目标和热忱的应试者。

4.耍小聪明

有的应试者一入面试考场,便无拘无束,神采飞扬,处处显示高人一筹。不管主考官愿不愿意,主动上前与他们一一握手,然后四平八稳地就座;对主考官所提出的各种问题,均表现出不在话下的样子,回答问题总喜欢用"我以为"、"我主张"这一类字眼开头,不管对错,均夸夸其谈。本来有些问题自己确实答不上来,但自作聪明,东拉西扯地乱讲一遍,宁可答跑了题,也不愿做个老实人。这样便只能造成贻笑大方的结局而收场。

二忌不良用语

1.急问待遇

"你们的待遇怎么样?"工作还没干,就先提条件,何况还没被录用呢!谈论报酬待遇无可厚非,只是要看准时机,一般在双方已有初步意向时,再委婉地提出。

2.报有熟人

"我认识你们单位的××","我和××是同学,关系很不错",等等,这种话主考官听了会反感,如果主考官与你所说的那个人关系不怎么好,甚至有矛盾,那么你这话引起的结果就会更糟。

3.不合逻辑

考官问："请你告诉我一次失败的经历。""我想不起我曾经失败过。"如果这样说，在逻辑上讲不通。又如："你有何优缺点？""我可以胜任一切工作。"这也不符合实际。

4.本末倒置

例如，一次面试快要结束时，主考官问应试者："请问你有什么问题要问我们吗？"这位应试者欠了欠身，开始了他的发问："请问你们的单位有多大？请问你们在单位担当什么职务？你们会是我的上司吗？"参加面试，一定要把自己的位置摆正，像这位应试者，就是没有把自己的位置摆正，提出的问题已经超出了应当提问的范围，会使主考官产生反感。

三忌不良态度

凡参加面试的人，不管你素质如何，水平高低，一定不要忘记自己是在接受用人单位的挑选，以下态度应当注意：

1.目空一切、盛气凌人

有的应试者笔试成绩名列前茅，各方面条件也较优越，于是就恃才傲物，目空一切。面试中态度傲慢，说话咄咄逼人。一是主考官对自己的回答不够满意或进行善意引导时，常强词夺理、拼命狡辩、拒不承认错误；二是总想占据面试的主动地位，经常反问主考官一些与面试内容无关的问题，如用人单位住房条件如何等，好像用人单位已决定了录用自己，面试仅仅是在谈条件。

2.孤芳自赏、态度冷漠

有的应试者平时性格孤僻，对人冷淡，心事较重，并把这种个性带进了面试考场，面试中表情冷漠，不能积极与主考官配合，缺乏必要的热情和亲切感。岂知所有用人单位的领导都希望自己的工作人员能够在工作中和睦相处、与人为善、团结互助、使人感到轻松愉快，这样才能提高工作效率。即使应试者平时性格孤僻，在面试的过程中，也要加以克服，否则气氛一定很沉闷，回答机械呆板，很难说你有面试成功的希望。

四忌不良习惯

面试时，个别应试者由于某些不拘小节的不良习惯，破坏了自己的形象，使面试的效果大打折扣，导致失败。

眼：或惊慌失措，或躲躲闪闪，该正视时，却目光游移不定，给人缺乏自信或者隐藏不可告人的秘密的印象，容易使考官反感；另外，死盯着考官，又难免给人压迫感，招致不满。

脸：或呆滞死板，或冷漠无生气等，如此僵尸般的表情怎么能打动人？得快快改掉，拥有一张活泼动人的脸很重要。

手：这个部位最易出毛病。如双手总是不安稳，忙个不停，做些玩弄领带、挖鼻、抚弄头发、掰关节等动作。

脚：神经质般不停地晃动、前伸、翘起等，不仅人为地制造紧张气氛，而且显得心不在焉，相当不礼貌。

行：其动作手足无措，慌里慌张，明显缺乏自信；反应迟钝，不知所措，不仅会自贬身价，而且考官会将你看“扁”。

总之，面试时，这些坏习惯一定要改掉，并自始至终保持斯文有礼、不卑不亢、大方得体、生动活泼的言谈举止。这不仅可大大地提升自身的形象，而且往往使成功机会大增。

另外，面试时，一些不起眼的小细节往往能给你带来意想不到的面试结果。现在我们就来看看哪些是你曾经忽略的呢？

女生篇

画龙点睛的装饰品

一条丝巾，一枚胸花，一条项链，就能恰到好处地体现你的气质和神韵。应避免佩戴过多、过于夸张或有碍工作的饰物，让饰品真正有画龙点睛之妙。否则，容易分散考官的注意力，有时也会给考官留下不成熟的印象。

皮包大大方方背在肩上，不要过于精美，太珠光宝气，但也不要太破旧，有脏点。仪表大方青春靓丽最好。

妆容

女生可以适当地化点淡妆，使你更显亮丽。用薄而透明的粉底营造健康的肤色，用浅色口红增加自然美感，用棕色眉笔调整眉形，用睫毛膏让眼睛更加有神。但不能浓妆艳抹，香气扑鼻，不符合大学生的形象与身份。

发型

不管长发还是短发，一定洗得干净、梳得整齐，增添青春的活力。发型可根据衣服正确搭配，要善于利用视觉错觉来改变脸形，如脸型过长的人，可留较长的前刘海，并且尽量使两侧头发蓬松，这样长脸看起来不太明显；脖颈过短的人，则可选择干净利落的短发来拉长脖子的视觉长度；脸型太圆或者太方的人，一般不适合留齐耳的发型，也不适合中分头路，应该适当增加头顶的发量，使额头部分显得饱满，在视觉上减弱下半部分脸型的宽度；根据应聘的不同职业，发型也应有所差异。

男生篇

选择简单款的皮带

皮带的颜色以黑色为最好，皮带头不宜过大、过亮，也不要有很多的花纹和图案。

皮鞋黑而不脏、亮而不新

皮鞋的颜色要选黑色，这与白衬衣、深色西装一样属于最稳重、保险的色调。要注意经常擦鞋，保持鞋面的清洁光亮。有的同学尽管买的皮鞋很好，但不注意擦拭，面试的时候皮鞋看上去灰头土脸的，与上面笔挺的西装很不协调，这会让招聘经理觉得应聘者粗心大意。另外还需要注意的是，千万不要把新皮鞋留到面试那天才穿，因为新皮鞋第一次穿会很不合脚，走起路来一瘸一拐的，让人误认为你有腿疾。

公文包

男生随身携带不装电脑的电脑包是再合适不过的了，但是注意电脑包不要过大。如不使用电脑也不必把电脑放到包里一起带着，背着沉重的电脑，整个人都会显得不灵活，不精干。

多年前曾经时兴一种四角长方的公文皮箱，现在这种皮箱已经过时，不要再用了。同样不要用那种非常正式的公文包，那种公文包一般都是老板、经理们使用的，面试的同学使用会显得过于“少年早熟”，不合身份。

事实上，面试是一场交流，在你未开口时，交流就开始了。几十年的研究表明，在任何一次交流中，至少有65%~85%的信息不是靠语言来传达的。反复的研究表明，听众对说话人的面部表情、姿态和手势比对语言的反应更强烈。

如何走进房间能够有力地说明你的身份以及你如何看待自己。要想给人留下一个很好的第一印象很难，但是那样做总比努力消除一个不好的印象容易得多。实际上，你甚至可能再也没有机会消除不良的第一印象。

自我介绍要实事求是，要正确地评价自我，坦诚表达自己的职业生涯发展的目标。

其实考官更愿意听到和看到的是你对此有什么样的疑问和担心，自己设想将在未来怎样面对和适应切实的设想与打算，因为你毕竟是个新手，你并不确切地了解这个岗位到底要求的是什么。

白领面试礼仪全攻略

面试是如愿走上心仪工作岗位的必经关卡。面试时，除努力展现自身的能力、素质外，得体的穿着、温和的谈吐、大方的举止，也能为人加分不少。而这些，就属于面试礼仪的范畴了。

面试之前

服饰

男士得穿上整洁的服装，但不必刻意打扮。女士应穿得整洁、明亮，叮当作响的珠宝饰物、过浓的香水、没拉直的丝袜、未修过的指甲或是蓬松的头发等，都足以抵消求职信给予考官的良好印象。

选择服装的关键是看职位要求。应聘银行、政府部门，穿着偏向传统正规；应聘公关、时尚杂志等，则可以适当地在服装上加些流行元素。除了应聘娱乐影视广告这类行业外，最好不要选择太过突兀的穿着。应届毕业生允许有一些学生气的装扮，可以穿休闲类套装。此外应聘时不宜佩戴太多的饰物，这容易分散考官的注意力。

守时

守时是职业道德的基本要求，提前10~15分钟到达面试地点效果最佳。提前半小时以上到达会被视为没有时间观念，但在面试时迟到或是匆匆忙忙赶到却是致命的。不管你有什么理由,迟到也会被视为缺乏自我管理和约束能力。

如果路程较远,宁可早点出门,但早到后不宜立刻进入办公室,可在附近的咖啡厅等候。

面试之中

肢体语言

眼神:交流中目光要注视对方,但万万不可死盯着别人看。如果不止一个人在场,要经常用目光扫视一下其他人,以示尊重和平等。

握手:当面试官的手朝你伸过来之后,握住它,握手应该坚实有力,双眼要直视对方。不要太使劲,不要使劲摇晃;不要用两只手,用这种方式握手在西方公司看来不够专业。手应当是干燥、温暖的。如果你刚刚赶到面试现场,用凉水冲冲手,使自己保持冷静。如果手心发凉,就用热水焐一下。

坐姿:不要紧贴着椅背坐,不要坐满,坐下后身体要略向前倾。一般以坐满椅子的三分之二为宜。这既可以让你腾出精力轻松应对考官的提问,也不至让你过于放松。

小动作:在面试时不可以做小动作,比如折纸、转笔,这样会显得很不严肃,分散对方的注意力。不要乱摸头发、胡子、耳朵,这可能被理解为你在面试前没有做好个人卫生。用手捂嘴说话是一种紧张的表现,应尽量避免。

谈吐

语言是求职者的第二张名片,它客观反映了一个人的文化素质和内涵修养。面试时对所提出的问题要对答如流,恰到好处,又不夸夸其谈,夸大其词。谈吐上应把握以下几个要点:首先,要突出个人的优点和特长,并有相当的可信度。语言要概括、简洁、有力,不要拖泥带水,轻重不分。

其次，要展示个性，使个人形象鲜明，可以适当地引用别人的言论，如用老师、朋友的评论来支持自己的描述。第三，坚持以事实说话，少用虚词、感叹词。第四，要注意语言逻辑，介绍时层次分明、重点突出。最后，尽量不要用简称、方言、土语和口头语，以免对方难以听懂。当不能回答某一问题时，应如实告诉对方，含糊其辞和胡吹乱侃会导致失败。

面试之后

致谢

为了加深招聘人员的印象，增加求职成功的可能性，面试后的两三天内，求职者最好给招聘人员写封信表示感谢。感谢信要简洁，最好不超过一页纸。信的开头应提及自己的姓名、简单情况以及面试的时间，并对招聘人员表示感谢。感谢信的中间部分要重申对公司、应聘职位的兴趣。信的结尾可以表示对自己的信心，以及为公司的发展壮大做贡献的决心。

[illegible]

面试之后

导读

[illegible]

第一部分

了解自己，推销自己

Chapter 2 机智沉着过面试

自我介绍要会说

在我国，人们也逐渐认识到：说话、演讲的能力已成为现代人必须具备的重要能力，更是创造型、开拓型人才的必备素质。口才这门学问的重要性愈来愈明晰地呈现在人们的面前，从而也促使人们加深了对它的研究。

但是，有些人却认为，不论有无口才，只要自己有其他才干，同样可以达到成功。可是，才干被人认识，需要有一个过程，特别是双方接触时间不长，相互还不了解的情况下，怎样才能向对方显示自己的能力呢？这就必须借助于口才了。

现在社会招聘的广告越来越多了，表明社会对人才越来越重视了，同时，现代人不再是坐待“伯乐”的谦谦君子，“毛遂自荐”不再受到世人非议。为了使自己的才智和潜能得到最佳的发挥，人们往往需要自我推荐。招标的答辩、招聘的面试、求职的自荐，都需要恰当的言辞、充分地展现自我而求得认同。

一位风华正茂的大学生张某去面见一位企业家，试图通过面谈向这位总经理推销自己——到该企业任职。由于这位经理见多识广，根本没把这个乳臭未干的小伙子放在眼里。没搭上几句话，总经理便以不容商量的口吻说：“我们这里没有适合你做的工作。”这位机灵的小伙子若无其事地说：“总经理的意思是，贵公司人才济济，已完全可以使公司得以成功，外人纵有天大本事，似乎也无需加以聘用；再说像我这种涉世不深的大学毕业生能否有成就还是个未知数，与其冒险使用，不如拒之千于里之外，是吗？”

他说到这里突然故意中断，微笑着直视总经理。沉默了一会儿，总经理终于开口说：“你能将你的经历、想法和计划告诉我吗？”小伙子又将了他一军：“噢！抱歉，抱歉，刚才我太冒昧了，请多包涵。不过，像我这样的人还值得谈吗？”说完，小伙子又沉默了。

总经理反而急切而坦诚地说：“请不要客气。”

于是，小伙子将自己的经历、学历及对该企业的看法作了较系统的阐述。总经理听后，很快改变了态度。当即对这位大学生说：“你讲得很不错，我决定聘用你了，明天就来公司报到。你的言谈显示了你的潜力，在我这里是会有用武之地的。”

许多应征求职的青年，见了经理就滔滔不绝地诉说自己的学历、经历或有些什么才能等等。然而，十个应征者中会有九个说这些同样的话，经理对哪一位也不会给予特别的注意。

下面，我们为大家介绍一个一分钟的自我介绍，让你被牢牢地印在面试官的脑子里。

一分钟总是在人们的生命中转瞬即逝，一分钟自我介绍也如流星般划过。怎样通过这个一分钟个性自我介绍给大家留下美好的回忆和记忆呢？请看以下的个性自我介绍范文。

一分钟自我介绍范文一：我是某某大学公共关系专业的应届毕业生，本人性格开朗、大方，掌握良好的礼仪知识和接待工作经验，头脑灵活、反应敏捷，能够灵活处理工作中的突发事件。我认为，前台接待工作代表着公司的形象，岗位虽然平凡但却十分重要，因此要做好前台接待工作需要具备极强的责任心。我愿意和公司一起努力，共同托起明天的辉煌！

一分钟自我介绍范文二：我是来自山东的李春雨，大家所看到的我的内在就像我的外表一样，敦厚和实在是我对自己最好的概括。我不飘，不浮，不躁，不懒。我内心充实，物质享乐和精神刺激都不是我的嗜好。我待人诚实，从没有花言巧语，但真诚和厚道使我总能赢得朋友的信赖。我专业扎实，看书是我最大的享受，钻研电脑让我感觉其乐无穷。我做事踏实，再小的事情我也要一丝不苟地完成。我会修电脑，能管网络，网络经营和网上销售也没问题。重要的是，我有一种执著钻研的精神，一种不弄明白绝不罢休的劲头。我叫春雨，春天的雨润物细无声，我希望我能默默无闻地、悄无声息地给我的团队带来一点点绿色。给我一个机会,我会给您一个惊喜。

我国自古以来就有讲求日常说话方式的传统,对口才的作用有较高的评价。孔子说过,一个人说一句话可以表现出他的聪明但也可以表现出他的愚蠢。他说,君子对于自己说的话,是从来不马马虎虎对待的。经常说有益有用的话,人就变为万物之灵;而经常说无用有害的话,人就变成万物之怪。口才能力的提高就是要使人能够接近万物之灵,而远离万物之怪,走向高层次的文明,作为现代文明社会的一分子,非常有必要重视和训练口才。

在西方有位哲人还说过:"世间有一种成就可以使人很快完成伟业并获得世人的认识,那就是讲话令人喜悦的能力。"人才或许不是有口才的人,但有口才的人必定是人才。口才是现代智能型人才的基本素质,思维敏捷、能言善辩是事业成功的保证。

所以说:口才是学识的标志,有口才的人一定是一位人才。

小张就是用这样一种方法取得胜利的。

他在电视上看到了一段广告,得知一家公司需要有特殊才能和经验的人,于是就去应试。

他在去应试之前,先搜集了这位经理的有关资料。见了经理他就说:"我很愿意在这里工作,我觉得能为你做事是最大的光荣,因为你是一位发展大事业成功的人物,我知道你 18 年前创办公司的时候,只有一张桌子、一位职员和一部电话机。你经过不断的筹划,努力奋斗,才能有今日这样大的事业,你这种精神令我钦佩,值得后生效仿。"

尽量展示自己与众不同的地方。被面试者要能回答面试者心中最大的问题:"我为什么要雇你而不是其他的候选人?"

紧张之余别忘了保持微笑

面试对大部分刚踏出校门的社会新鲜人而言是相当陌生的，但它却是求职过程中极重要的一关。虽然个人的条件及能力才是决定性因素，但是知己知彼才能百战百胜，事先有越多的准备，临阵必定有最佳的表现。

许多人不知道，其实95%的面试官都比较注重考察应聘者的心理素质与抗压能力；82%的面试者会出现抿嘴、挠头、眼光闪烁等压力"微表情"；86%的大学生希望了解缓解面试压力的方法……这是中国大学生心理咨询专业委员会日前在京发布的大学生面试压力调查所显示的。

每个人都有面部表情，脸上的每个细胞、每个皱纹、每个神经都表达某种意愿、某种感情、某种倾向。面部表情是最准确的、最微妙的人的"晴雨表"。面部表情表现得体，可以为面试锦上添花，反之则会弄巧成拙。这时就显示出微笑的重要性了。

人的面部表情贵在四个字：自然，真挚。面部是思想的"荧光屏"，应试者的面部表情一般要带微笑。

微笑是一个人能力和品行的最好体现，它能使别人感到信任和依靠。

俗话说："面带三分笑，礼数已先到。"微笑是一种无言的答语，起着很微妙的作用。可以说：微笑是自我推荐的润滑剂，礼貌之花，友谊之桥。面对陌生的考官，微笑可以缩短双方的距离，创造良好的面谈气氛。应试者不仅要面带微笑，而且要谦和热情。谦和是对他人的敬重。

微笑贯穿面试的全过程。在跟对方见面时要带着微笑;在跟对方交谈时要面带微笑;在跟对方打招呼时要点头微笑;在跟对方握手告别时要微笑。总之,决不能吝啬你的微笑。

微微是航空学校一名二年级学生,第一眼看到她,并没有让人惊艳的美丽,但是与她聊天就能开心无比,一种暖意融入心中。怪不得她能成为一名合格的空姐。让她说说当初面试成功的心得,她直言:"当初我们那一组面试人中,我并不是最漂亮的。"

可老师考完后对我说,是我笑容里的真诚打动了考官。真的,微笑很重要的。微笑是一种令人感觉愉快的面部表情,它可以缩短人与人之间的心理距离,为深入沟通与交往创造温馨和谐的气氛。

顺着微微的娓娓道来,我们了解,她把微笑看作发自内心的爱,比作人际交往的润滑剂。由此展现的微笑最自然大方、最真情友善。她说,在面试中,保持微笑,就会增加成功的把握。

总结自己的微笑"经验",微微认为有四大优点:

(1)表现心情良好。面露平和欢愉的微笑,说明心理愉快,充实满足,乐观向上,善待人生,这样的人才会产生吸引别人的魅力。

(2)充满自信。面带微笑,表明对自己的能力有充分的信心,以不卑不亢的态度与人交往,使人产生信任感,容易被人接受。

(3)表现真诚友善。微笑反映自己的心底坦荡,善良友好,待人真心实意,而非虚情假意,使人在与其交往中自然轻松,不知不觉地缩短了心理距离。

(4)表现乐业敬业。主考官会认为你在工作岗位上保持微笑说明你热爱本职工作,恪尽职守。微笑能够创造和谐融洽的气氛,让服务对象备感愉快和温馨。

总之,真正的微笑是发自内心的,表里如一的。笑容是所有身体语言中最直接的一种,应好好利用。

记得有位哲人说过:微笑是一个人最美的神态,长得再丑的人,只要一露出真诚的笑容,就会一下子变得漂亮起来。微笑被人誉为"解语之花，忘忧之草"。

有一个小有名气的演讲者，在一次讲话中回忆了自己的第一次演讲。面对数百名听众，她确实有点心慌。在几乎是背完了演讲稿的开头一段后，她突然忘了下面的内容。这一下，她更紧张了。就在紧张四顾时，她发现了台下前面几排的中间坐着她的老师，老师微笑地看着她。她从微笑中得到了鼓励与自信，终于想起了要讲的内容。而且自此以后她镇定多了，终于顺利地结束了演讲，赢得了掌声。

微笑，帮助一个演讲者成功地迈出了第一步。如果通常意义上的语言也能起到上述作用的话，那么，在很多时候，微笑竟然具有四两拨千斤的决定作用。

微笑是人对于客观社会生活现象的一种主观情绪反映，笑在本质上是一种社会现象。一般而言，笑是欢乐和满足的表现，是属于肯定性的情绪，这正体现出笑的社会性。微笑是一种特殊的欢迎方式，代替语言上的欢迎并且表现的情感更深刻、细腻；微笑是一种礼节，见面时点头微笑，人们会意识到这是尊重和欢喜的表示。人们交往中的微笑是对人的尊重、理解和奉献，可以融洽主客关系，成为增进友谊的纽带。微笑有时犹如润滑剂，可以化解一切、升华一切。微笑可以有效地缩短双方距离，创造良好的心理气氛，只有用真诚的笑脸和热情的话语才能消除这种隔阂，化解双方的矛盾。

微笑是一种奇妙的表情，它是一种健康的文明举止，不仅是形象的外在表现，也是内在精神的反映，要微笑得好，必须发自内心，亲切自然。一个善于通过目光和笑容表达美好感情的人，可以使自己富于魅力，也会给他人以更多的美感。人际间多一些敬重，多一些宽容和理解，表情就可以更美，交际形象也会更美和更有风度。

微笑是一种灵性的语言。在微笑中，人的心灵得到了沟通；在微笑中，人的情感得到了升华。微笑，表明了理解，传递了友谊，代表了赞美、祝愿。微笑是一件合身的衣服，穿上它，人们会发现你更美丽；微笑是最好的礼物，拿着它，谁也无法拒绝；微笑是双温柔的手臂，伸展它，能驱散阴云抹掉误解；微笑是首抒情的歌曲，唱着它，编导出人间一幕幕喜剧；微笑是一瓶芬芳的化妆品，用上它，会更添自信与魅力。一句话：带上微笑，你会非常富有。

培根有句名言："含蓄的微笑往往比口若悬河更为可贵。"在人与人相处中，大家都有着一种共同的期待：希望看到笑脸。对那些个性孤僻、表情冷漠之人，则总是避而远之。因此，经常保持微笑的人拥有良好的人际关系，具有广阔的社交资源，总是在众人之中保持着良好的个人口碑，自然他们会拥有成功的人生。朋友，如果你想拥有成功的人生，那么，请从保持微笑开始！

面试官给你的忠告

不要夸夸其谈，针对问题，简单明了，先做出结论，然后再讲一个故事说明。针对个人的特长和以往成功的案例，准备简短的描述。在合适的时候表达和证明自己已具备的能力和以往的成就。

面试的语言艺术

在众多的社交手段中，交谈是最基本、最灵活、最有弹性、最有学问的交际方式。微笑、握手、着装等只是社交的辅助性手段，深入地社交必须依靠语言的表达。人们需要交流信息、传递情感、表达思想，最基本的手段就是交谈。交谈的水平不同，效果也就不同。有人因言语不周引来麻烦，也有人因为话语得体而左右逢源。

著名的寓言作家伊索，年轻时曾经当过奴隶。有一天他的主人要他准备最好的酒菜来款待一些哲学家。当菜都端上来时，主人发现满桌都是各种动物的舌头，简直就是一桌舌头宴。全桌客人议论纷纷，气急败坏的主人将伊索叫了进来，问道："我不是叫你准备一桌最好的菜吗？"

只见伊索谦恭有礼地回答："在座的贵客都是知识渊博的哲学家，需要靠舌头来讲述他们高深的学问。对于他们来说，我实在想不出还有什么比舌头更好的东西了。"哲学家们听了他的陈述都开怀大笑。

第二天，主人又要伊索准备一桌最不好的菜，招待别的客人。宴会开始后，没想到端上来的还是一桌舌头。主人不禁火冒三丈，气冲冲地跑进厨房质问伊索："你昨天不是说舌头是最好的菜，怎么这会儿又变成了最不好的菜了？"

伊索镇静地回答："祸从口出，舌头会为我们带来不幸，所以它也是最不好的东西。"

这个故事告诉我们，舌头既能表达高深的学问，也能使人大祸临头，高明的人能够借交谈获得成功,而愚笨的人常因交谈不当引祸上身。事业的成功和失败,往往决定于某一次谈话,这绝不是过分的夸张。

常言道:“工欲善其事,必先利其器。”要想会说话,说好话,首先必须充实知识,掌握这一利器。因为知识是口才的基础,没有知识就肯定没有口才。要想把话说好,必须有丰富的知识。只有具备了多方面的知识,才能在说话时得心应手,上下几千年,纵横数万里,古今中外,天南海北,旁征博引,滔滔不绝。

面试答辩中的口才艺术

面试答辩离不开语言,因为答辩必须用语言来回答试题或考官提出的问题。答辩语言运用的好坏,直接关系到面试的成败。因此,掌握面试答辩的语言艺术,对于答辩有着十分重要的作用。谈话时若无特殊情况不可随便打断别人的讲话。即使是有某种原因,也要以适当的方式。在面试时,不可有太多的手势语或口头禅,让人看了或听了不舒服。普通话应力求标准,不可讲错字或念错字音,方言最好不用。若是外企单位,还应做好用外语面试交谈的准备。不可以自负的方式、语气说话,即话不能说得太满,当然也不必太谦虚。

1.准确地选用词语

词语是造句的基本单位。词语选用得好,句子就会造得严谨而优美。因此,在面试答辩中要特别讲究词语的运用,词语运用得好,就会增强答辩的表达效果。

2.恰当地运用语句

面试怎样才能恰当地运用语句呢?面试答辩者在答辩中除了恰当地选用词语外,更要恰当地运用语句。因为答辩者要针对试题或者提问答辩,必须运用一系列的语句,才能切中题旨,阐明自己的思想。如果语句运用不好,那么就很难取得令人满意的答辩效果。

(1)根据答辩内容需要,适当选用短句

所谓短句是指用少量词语组成的句子。这种语句的特点是简单精练，言简意赅，富有力量，同时又易于使人接受。在答辩中根据内容的需要，适当地选用短句，必然能收到理想的答辩效果。

(2)根据答辩内容需要，交错运用长短句

面试答辩中要回答一些复杂的问题，而要回答这些复杂的问题，单纯地选择短句，难以完整地表达思想。因此，答辩者可以根据答辩内容的需要适当地选用一些长句，与短句交错使用，同样可以收到好的答辩效果。

(3)根据答辩内容需要，适当运用假设复句

面试答辩者往往运用假设复句阐明自己对事物的认识和表达自己的立场。前一分句提出一种假设情况，后一分句说明在这种情况下产生的结果，这种复句叫假设复句。假设复句常用的关联词语是"如果……那么"，"只要……就"，"即使……也"，等等。这种假设复句的特点是，两个分句之间具有制约关系，如前一分句是后一分句结果出现的条件，只要前一分句存在，后一分句的结果也会存在；后一分句的结果不存在，前一分句的条件也不存在。正是这种假设复句的两个分句之间存在这种制约关系，因此，这种复句既可以阐明事物之间的因果联系，也可以表达对事物某种规律性的预见；既可以提示深刻的哲理，也可以表达坚定的立场。由于假设复句具有这些作用，因而已在答辩中被广泛使用。

诚然，在答辩中使用假设复句，必须注意两个分句之间必须具有制约关系，即前一分句出现的事物情况必然是后一分句产生的结果的充分条件；后一分句的结果不可能产生，那么前一分句的情况也不可能出现。如果不具有这种制约关系，那么这个假设复句就不符合实际，如果在答辩中使用，就会削弱答辩的力量，甚至还有可能使答辩成为无效的答辩。

(4)根据答辩内容需要，适当地运用修辞手法

面试答辩者在答辩中所运用的是议论的表达方式，这是因为答辩这种形式决定了必须运用这种表达方法。一般来说，语言的表达方法不如叙述、描写等表达方法那样生动形象。但是为了增强答辩的表达效果，根据答辩的内容，适当地运用修辞手法，也是必要的。

良好的语言习惯

求职面试同其他社会交往一样,是以语言表达思维、互相沟通的社会行为。虽然面试等应聘环节对语言没有特别的标准和要求,但社会所认可的良好的语言习惯,也是求职面试应达到的水准。当然形成个人良好的语言习惯,决非一蹴而就之举,但了解什么是良好的语言习惯,并在应聘中有意识地加以注意,对提高应聘成功率还是有一定好处的。

1.良好的语言习惯

不仅指不犯语法错误,表达流利,用词得当,言之有物,同样重要的还有说话方式,例如:发音清晰,语调得体,声音自然,音量适中等。说话时俚语不断,口头禅满篇,这和病句、破句一样,都是语言修养不高的表现。

2.发音清晰

发音清晰,咬字准确,对一般人来说不是十分困难。有些人由于发音器官的缺陷,个别音素发音不准,如果严重影响人们的理解,或影响讲话的整体质量,应少用或不用含有这个音素的字或词。当然,如果有办法矫正的应该努力矫正,不要采取消极的方法。古希腊演说家德摩斯梯尼口含鹅卵石练出一副伶俐口齿的故事,可能会使你得到一些启示。

3.语调得体

无论是哪一种语言对于各种句式都有语调规范。有些同样的句子,用不同的语调处理,可表达不同的感情,收到不同的效果。若有人说:“我刚丢了一份工作。”使用同样的反问句:“是吗?”作答,可以表达吃惊、烦恼、怀疑、嘲讽等各种意思。

得体的语调应该是起伏而不夸张,自然而不做作。但是富于感情变化的抑扬顿挫总比生冷平板的语调感人。

4.声音自然

用真嗓门说话,声调不高不低,不失自我,不仅听起来真切自然,而且有利于缓解紧张情绪。

5.音量适中

音量以保持听者能听清为宜。适当放低声音总比高嗓门顺耳有礼。喃喃低语是没有自信的表现，而嗓门太亮，既骚扰环境，又有咄咄逼人之势。

6.语速适宜

适宜的语速并不是从头到尾一成不变的速度和节奏，而是要根据内容的重要性、难易度、语调的高低及对方注意力情况调节语速和节奏。说话节奏适宜地减缓比急迫的机关枪式的节奏更容易使人接受。

除了上述六点，还要警惕一个很容易破坏语言意境的现象——过分使用语气词、口头语。例如，老是用“那么”、“就是说”、“嗯”等引起下文，或者，在英语的表达中使用太多的：“well”，“and”，“you know”，“ok”及故作姿态的“yeah”等，不仅有碍于人们的连贯，还容易引人生厌。

最后很值得一提的是掌握母语，也就是说中国话的能力问题。许多人在学习外语时很舍得花工夫模仿所谓标准语音，却忽视了本国语的重要性，不会说像样的普通话，或者在中文的表达中夹进一串英语单词，还意识不到这是语言缺陷的一种。且看外国人怎样评论这个问题。一位英国文化官员告诫我国国内一些希望在外资企业求职的青年们说：“请务须牢记，要让你们外国上司或同事的得力助手知道，作为当地人，你们所具有的关于中国、国家、人民和语言的知识，是最不可放弃的优势。”大多数人对自己的说话在习惯、语音语调方面都只有纯自我的感觉，这种感觉常发生失误。如果把自己日常生活中的语言录下来再放出来听，往往很容易找到不尽如人意之处，这是自我检查和调节的很适宜的办法。

1.回答问题应条理清晰、脉络分明，给人精明强干的印象

我们知道，一个人工作是否有计划、有组织、有步骤，其思维的条理性、逻辑性是否强，这是反映其办事效率高低、工作能力大小的一个重要方面，而这些是可以从你的语言中反映出来的。因此，在回答问题时，应将你的答案归纳成几条几点。也许你的思维不是太敏捷，而且答案也许需要你边回答边思考，不断进行完善，你一时还不能马上反应出你将回答几条，这不要紧，你可以说下面将从以下几个方面来回答提问。在你阐述第一点的过程中,你可以想到其他很多相关的事情,这样你的头脑中就会出现第二条、第三条……最后,你再总结说:“关于这个问题,我认为是以上几点,不知妥否”等等。这样即使你回答的内容不是很明确、很规范,但条理性很强,也会使主试者感觉到你的思路比较清晰、办事条理分明、作风严谨踏实,只是口头表达能力略逊罢了。

2.措辞得当、口齿清晰、用语规范、表达准确

参加面试,语言是大有讲究的,特别是如今讲究商务沟通的时代,沟通方式成为面试成功的至关重要的因素。在面试中尽量让应聘人员多讲话是许多考官采用的一种策略,这样就能在其中发现应聘人在书面材料中没有反映的一些情况。有趣的是,为了推销自己,在较短的时间内让招聘方多了解自己,许多应聘者在面试时也常常会采取同样的多讲话的策略。如果应聘人真的有很大的潜能或有很强的说话技巧,相互配合也未尝不可。问题是对于大多数人来讲,采取这种多讲策略是不明智的,结果吃亏的往往是应聘者自己。应聘者在面试时应该管好自己的嘴巴,如果认为已经回答完了,就不要再讲了。该讲的讲,不该讲的决不要多讲,更不要采取主动出击的办法,以免无事生非。

口才不是人生来就具有的,是需要经过后天的努力培养出来的。进行口才素质培养,提高语言表达能力,不仅对面试成功,而且对开展工作,甚至人的一生都有重要的意义。良好的口才是取得面试成功的重要因素之一,也是每个人都应具备的素质。

不要为自己缺乏工作经验而自卑,事实上,关键在于你是否有分析问题和解决问题的能力和经验。与其说“给我时间,我会好好学习”,不如讲讲可被证明的自己具备的学习能力。

千变万化的体态语

在面试过程中，除通过有声语言表达思想能力，与考官进行交流，还必须重视通过无声的语言，主要是体态语言来表达自己的情感。

实践证明，体态语言往往比有声语言更具感染力，运用得当会起到“无声胜有声”的效果，从而给考官留下深刻的印象，也为应聘成功助一臂之力。如果一个人的身体语言与他的话语相矛盾，人们宁愿相信他所看到的情况，而不是他所听到的。

体态语对内在素质的揭示还具有直观性。语言对内在素质的揭示具有某种抽象性与间接性，而体态语对内在素质的揭示是以形象实在的动作直接流露与表现的。有些行为是下意识的。假如一个人一边回答上司说“完成某种任务毫无问题”，一边下意识地用手抓后脑勺，并流露了一丝疑虑的目光。那么这无疑表明这个人的回答并无绝对把握，可能具有胆大、好强、虚浮等品德特征，需要结合其他测评信息进行综合判断。此外，此举也无声胜有声地说明了体态语揭示内在素质的直观性特点。

体态语的确定性（习惯性、天生性）与失控性（不知不觉、情不自禁、生理反应、瞳孔变化、心跳、出汗、生物电反应等），使体态语对素质的揭示具有某种必然性。

例如，嘲笑他人会“嗤之以鼻”；得意忘形会“趾高气扬”；自身反省会“抚躬自问”与“扪心自问”；愤怒急躁会“颐指怒目”；心藏无名火会“横眉紧锁”、“牙关紧咬”；心里非常高兴会“喜笑颜开”、“手舞足蹈”；人在安详或激动时,总爱叼上一支烟。这些现象表明,内在情感和素质存在着体态语表现的必然性。

下面,再来介绍一下面试过程中考官是如何考查被试者的非语言行为的,以使应试者达到知己知彼的目的。

考官对被试者的非语言行为的观察和分析,主要包括以下两个方面的内容:

面部表情的观察

人的面部表情是最为丰富的,有人统计出人脸所能做出的动作表情多达25万种之多。据有关专家研究认为,在求职面试中,从求职者面部表情中获得的信息量可达50%以上。在面试过程中,被试者的面部表情会有许多变换,主试必须能够体察到这种表情的变换,并分析判断其内在心理。如面试中自信不足、心情紧张的被试者往往会面部涨得通红,鼻尖出汗,目光不敢与主试对视,当主试提出某些突然性的问题时,被试者的目光也可能久久地盯着自己的双手或双脚,虽然未做任何语言反应,但这可能反映了其内心的斗争与思考过程。当主试提出某一难以回答或窘迫的问题时,应试者可能目光黯淡,双眉紧锁,带着明显的苦恼、焦虑或压抑的神色。此外,嘴也是整个面部又一表情丰富之处,许多表情与面部整体的肌肉活动有关,但嘴还有些特殊性,有时微笑,嘴角肌肉的微小活动可以反映出一个人的心理活动的内容,如轻视、思索、自信、下决心等。面试者借助于对应试者面部表情的观察与分析,可以判断应试者的情绪、态度、自信心、反应力、思维的敏捷性、性格特征、人际交往能力、诚实性等素质特征。

身体动作的观察

在面试过程中,人的身体、四肢的运动在信息交流过程中也起着重要作用。非语言交流的躯体表现包括手势和身体姿势，按照某些行为科学研究者的看法，手势具有说明、强调、解释或指出某一问题、插入谈话等作用，是很难与口头的言语表达分开的。手势在人际交往中，往往是经过推敲而运用的。手势的运用是与身体姿势相关连的。借助手势与身体姿势人们可以表达惊奇、苦恼、愤怒、焦虑、快乐、自信、灰心等各种内在心理活动。在相同的文化背景中人们的这些表现往往是很相似的。有时言语表现得不够用了，身体姿势与手势的运用就是必须的了。在面试过程中，具有不同心理素质的人，其身体动作的表现形式是不同的。一个情绪压抑郁闷的人除了目光黯淡、双眉紧锁之外，他可能两肩微垂，双手连续地做着某个单调的动作，身体移动的速度相对较慢，似乎要经过很大的努力才行。而一个心情急躁、焦虑的应试者，常常会有无休止的快速手足运动，双手可能在不断颤抖。一个行为退缩、缺乏自信和创新精神的人，会始终使自己的双手处于与身体紧密接触的部位(如双手紧插在衣兜里等)，头部下垂。一个人处于紧张或烦躁不安时，往往出现这样一些身体动作，身体坐不稳，仿佛坐椅使之感到不舒服，膝盖或脚尖有节奏地抖动，手指不停地转动手里的东西，相互磨擦，摆弄衣服，乱摸头发等，这些动作往往是人的感情的自然流露，是无声的表白。此外，身体姿势的改变也是身体语言中最有用的一种形式。因此，在面试中观察这种改变可以得到从对方言语交流中得不到的东西。比如，面试时被试者开始可能用某种自然的姿势坐在椅子上，但是没有任何明显的原因，他就改变了姿势，双手交叉在腋下，向后靠在椅背上，或跷起一条腿等等。有的这些貌似无关的变动，可能反映了应试者内心的冲突和斗争。此时，他嘴上说的和心里所想的往往不是一回事。

清楚了面试考官通常是根据什么来观察和怎样观察应试者的非语言行为以后，应试者也就可以清楚自己该怎样做了，非语言行为的表现是个长期习惯形成的行为特征，一时恐怕难以改变，但只要你开始关注自己的非语言行为，在面试时有意识地加以调节和控制，还是可以取得良好效果的。在面试过程中，各个应试者对考官问题的回答往往大同小异，而各人表现出的非语言行为却千差万别，因此为了区分应试人水平的优劣高下，考官也越来越重视对非语言行为的观察、分析和判断了。一个素质稍差而非语言行为得体的应试者，相比素质较高但非语言行为欠佳的应试者，往往会获得考官更高的评价。

要避免消极的身体语言

面试考官试图通过你对一些问题的回答观察你在压力下的反应，所以应避免面试过程中的以下消极动作。

(1)经常摸嘴。

(2)回答问题前假声咳嗽。

(3)咬嘴唇。

(4)笑容僵硬。

(5)抖动腿、脚。

(6)交叉胳膊。

(7)无精打采。

(8)回避目光接触。

尽管说“佛要金装、人要衣装”，但不论你穿戴得多么整齐，如果在别人面前做出掏鼻孔的动作，面试人员一定觉得恶心。也许以掏鼻子为例是极端了一点，但事实上，有此行为者不计其数。也许只是习惯性或下意识的动作，但终究是不干净而且不雅观的动作，实难予人以好印象。因此，绝不可有此失礼的行为。

关于这方面，平日就应该做好清除鼻孔、耳朵之类的工作，以后就不会在人前出丑了。万一鼻孔痒，极需抓痒时，也应先说声对不起后，拿出手帕遮住鼻子，迅速地用手揉捏的方法解决。如果耳朵痒，也要先说声：“对不起，我的耳朵里好像有虫爬进去了。”然后，用手指迅速压挤的办法来解决。这样，当可取得面试人员的谅解，认为你懂礼貌，也不致产生反感。总之任何动作都必须合乎礼仪。

此外，面试时必须保持沉着，不可浮躁，也不可将手动来动去，这些都是无礼的动作。又如，用手去整饰头发或将双臂交叉等，都要避免。还有一点要注意的，嘴要闭住，嘴巴张开不仅难看，而且仿佛还可以从口中看穿你的心似的。但也不能抿得太紧，否则缺乏亲切感。总之，过与不及，都不是好现象，这点切要加以注意。

回答问题时，不要主观认定回答问题的正面影响或负面影响，先入为主，言不由衷。这种倾向尤其是在回答一些有关自我评价和性格特征类的问题时在应试者中表现得十分普遍。

面试中姿势语言的表达

俗话说："站有站相，坐有坐相"，不同的场合有不同的身体姿势。人们通过身体的坐卧立行等姿态表现出来的情感、意向、态度等各种信息的综合就是姿势语言。潇洒、自然、大方、得体的身姿总是令人赏心悦目，而矫揉造作、扭捏作态的身姿最让人厌烦。因而应聘者要树立良好的个人形象，顺利开展工作，更好地表达自己的意旨，就必须注意所运用的姿势语。

演讲站姿方法

看过哑剧表演的人都知道人类无声的动作具有巨大的包容性。德国表演大师吉布·佩森有一次谈演出体会时说："我就靠我的动作、姿态向人们昭示我的内心世界，昭示我的所思所想，昭示我的喜怒哀乐。"

应聘者都会遇到演讲这一关。演讲时首先要注意自己的站姿，争取给人留下一种精神饱满、胸有成竹的好印象。

著名演讲家曲啸曾在介绍演讲经验时说："演讲者的体态、风貌、举止、表情都应给听众以协调的平衡的至美的感受，要想从语言、气质、神态、感情、意志、气魄等方面充分地表现出演讲者的特点，也只有在站立的情况下才有可能。"

演讲者站姿规范如下：

(1)脊椎、后背挺直，胸略向前上方挺起。

(2)两肩放松，重心主要支撑在脚掌脚弓上。

(3)挺胸，收腹，精神饱满，气息下沉。

(4)脚应绷直，稳定重心位置。

演讲站姿有以下几种：

(1)前进式：这种姿势是演讲者用得最多，使用最灵活的一种站姿。右脚在前，左脚在后，前脚脚尖指向正前方或稍向外侧斜，两脚延长线的夹角成45度左右，脚跟距离在15厘米左右。这种姿势重心没有固定，可以随着上身前倾与后移的变化而分别定在前脚跟与后脚上，不会因时间长身体无变化而不美观。另外，前进式能使手势动作灵活多变，由于上身可前可后，可左可右，还可转动，这样能保证手做出不同的姿势，表达出不同的感情。

(2)稍息式：一脚自然站立，另一只脚向前迈出半步，两脚跟之间相距约12厘米左右，两脚之间形成75度夹角。运用这种姿势，形象比较单一，重心总是落在后脚上。一般适应于长时间站着演讲中的短期更换姿势，使身体在短时间里松弛，得到休息，一般不长时间单独使用，因为它给人一种不严肃之感。

(3)自然式：两脚自然分开，平行相距与肩同宽，约20厘米为宜。此外还有立正式、丁字式等。

面试姿势规范

坐和站的姿势有时是一种处于静止和无声状态的非言语表达，因为这是身体本身在用不同的方式“说话”。中国古代就有“危坐”、“端坐”、“斜坐”、“跪坐”和“盘坐”之分，分别用于不同的社会联结关系和语言环境。现代人自然不必一味模仿古人，拘泥于旧习，但也还是要讲究“站有站相，坐有坐相”。因为这些虽属小节，然而毕竟是人的思想感情和文化修养的外现，人们可以通过这些姿势来表现个人的风雅，也常常通过观察别人的无声静姿去衡量人家的文明价值，甚至据此会在与对方开口交谈之前就形成极为肯定或极为否定的印象。

(1)立姿。双脚对齐，脚尖适度分开，上身挺直，双臂自然下垂，头部摆正，嘴巴闭起，眼睛正视前方。

(2)坐姿。椅子尽量坐深一点，双脚对齐，脚尖适度分开，上身挺直，双手置于膝上，同样头部要摆正，嘴巴闭起，眼睛正视前方。

此时，双手也可适度交叉，但双臂则绝对不可交叉。因为双臂交叉和跷腿一样，是非常不礼貌的行为。经常在电视上看到演员交叉着双臂的姿态，相信你也觉得很不雅观而且不礼貌。总之，绝不能使自身的表现欠缺教养。否则，将降低录取的机会。

(3)正确的立姿行礼。先保持正确的立正姿势，眼睛注视着正前方，上身稍向前倾，双手自然垂直，庄重地点头行礼，然后恢复到原来的姿势。这时要注意的是，颈不可偏，膝不能曲。

(4)正确而自然的姿势。姿势固然必须正确，但也要使身体尽量轻松。平时，纠正自己姿势时，短时间内较易做到，但如果要长时间保持正确的姿势，则是相当困难的。所以在保持正确的姿势时，我们要尽可能让自己保持舒服的姿势。

所谓舒服的姿势，也就是我们平常的姿势。问题是，我们不能因为想使身体舒服，就随意改变身体的姿势，尤其在重要场合，身体的姿势最好保持端正。

(5)正确而自然的立姿。在特别场合时的站立姿势，采取双脚对齐伸直，脚跟并拢，脚尖略微分开，上身自然挺直，不必刻意挺胸或抬肩。双臂自然下垂，五指微微并拢伸直，头垂直，下腭往后收，注意不能倾向前后左右任何一边。嘴巴应闭起，眼睛正视前方。

正确而自然的立姿，和前述的姿势大同小异，只是上身不必刻意挺胸，有时双手可于身前做适度的交叉。

站立时的自然姿势，可以交替用单脚支持体重，以便另一只脚获得暂时的休息。双手自然垂下，或在身前适度交叉，不过还需注意，不要任意改变姿势。

(6)正确而自然的坐姿。坐的姿势，尤其身处特殊的场合时，必须尽量坐深一点，双脚对齐脚跟分开，双膝保持 10~13cm 的距离(男性)，脚尖视各人体格适度地打开。上身只要保持腰部挺直即可。不必刻意挺胸、抬肩。双手置于腿上，五指伸直轻轻并拢。头必须垂直、收缩下腭，不要朝向左右任何一边，嘴巴闭起，眼睛注视正前方。

(7)起立的动作。起立时的动作，最重要的是稳重、安静、自然，绝不能发出声音，要保持宁静。坐椅子通常由左边进入座位，起立时亦由左边退出。坐椅子时，除有上座的专门规定外，通常是由左边开始坐，站立时也要站在椅子的左边，注意不能发出其他声音。

(8)走路姿势。走路时，上身应保持正确的姿势，双手不要过分摆动，双膝不要太弯曲；脚不要过于分开，也不可用拖拉的方式走路，脚步声不要太重；不要东张西望，小心不要踩到或碰到东西，也不要任意跨越放置物。

(9)开门与关门。进入面试场前，绝不能忘记敲门，不先敲门就进入，是最不礼貌的行为。敲门通常为连续二三次，等门内有了回音，再推门进去。至于开门的方法，用靠近门的一只手握住门把，边打开门边进入房间，而后，转过身来，换另一只手将门轻轻关上。

那么，我们应该如何正确运用体态语呢？

体态语虽然是一种无声语言，但它同有声语言一样也具有明确的含义和表达功能，有时连有声语言也达不到其效果，这就是所谓的“此时无声胜有声”。据专家研究，在人际交往中，有 65%的信息是通过体态语交流的。

不少单位在面试过程中，不仅要看应聘者的言谈表达，而且还很注重其举止行为，诸如举手投足、坐、立、行的姿态。美国通用汽车公司招收新雇员的做法可谓独具匠心，尤为典型。该公司招聘的最后一道程序是面试，但面试方法和内容与其他公司却不相同。面试房间很大，应试者需要走过长长一段距离才能来到主考官面前。而一排 6 个主考官拿着应试者的情况介绍表并不提任何问题，只是注视一分钟后即示意应试者出去，面试就结束了。应试者们都被弄得丈二和尚摸不着头脑，觉得十分诧异，怎么没有提问题就结束了呢？其实，根本用不着提问题，一切尽在不言中。主考官从应试者进门伊始的走路姿态、神态以及在主考官前的坐姿、举止，到注视之下的表情、心理变化直到最终出门时的速度、动作，就可以完完全全断定出这个人的气质、性格、自信心、创造性，难道还需要再问什么问题吗？

应聘者在面试过程中若能正确运用体态语，有利于树立自身的良好形象，给人以富有教养、风度翩翩的印象，并有助于交谈的顺利进行，因此，应聘者不仅要掌握有声语言的运用技巧，还应掌握无声语言——体态语的运用技巧。

你的答案是否有你自己的根据，有自己对答案合理的逻辑分析、解释和判断，而非人云亦云，迎合雇主和考官。

如何在面试时脱颖而出

简历投递出去了，人力资源部的面试通知也接到了，是不是就数着日子，等着去面试了呢？当然不是。求职时，最沮丧的事莫过于面试被刷，一切都安排得妥妥当当，结果"临门一脚"出界了。面试的成败与否，并不完全取决于现场的表现，前期的准备是否充足，是否有针对性，才是确保面试成功的关键。

首先要避免面试时紧张。很多人面试时会出现紧张，紧张的原因是多方面的，最关键的因素就在于你不自信，关键在于你顾虑重重，你不知道面试官会问你什么问题，你也不知道自己会不会回答得体，你不知道你前后的应聘者会不会表现得比你更优秀……确实，对于刚接到面试通知的你来说，一切都是未知数。但是，记住一点，把你所能够掌控的准备到最充足，那么和其他的面试者相比，你就有了更多的胜算，你也就会更自信。机会是给有准备的人的，这句话永远也不会错。

接下来的问题就涉及到你要准备什么，准备的内容包括以下几个方面：

其一，答题准备。一般来说，你的初试是由人力资源部来进行的，他们会就你的学历、个性、能力、价值观和过去的成绩等问一些常规问题，以帮助他们判断是否要向你未来的主管推荐。所以，你不妨对着镜子对某些必考题进行自问自答。在这个过程中，不妨设想你正在面对公司的HR，这样可以帮助你确立自信，使临场回答时更游刃有余。问答的内容可以是对你的经历做一个简单的介绍；对自己做一个简要的评价；你最感到自豪的事情是什么；你觉得你最大的缺点是什么；你最大的成就是什么；你为什么认为你适合这个职位等等。

在准备问题的时候，切记千万不要长篇大论，要抓住面试官感兴趣的内容——这就是你的背景是否适合这份工作。无论回答对方的什么问题，无论是传统的自我介绍型，还是闻所未闻的刁钻古怪型，记住，将自己的特长与对方的需要相结合，无论成功还是失败的经历，都要导出积极向上的一面。所以，在准备这些回答的时候，要紧紧抓住他们的职位描述和企业文化。可以登陆该公司的网站，对该公司的文化、产品和发展历程进行深入的了解；也不妨通过其他渠道，去做更加确切的认识。把握了这两点，你的准备也就会更充分了。平时要多积累自己的成功案例库，以便面试时备用，对于自己的缺点无需回避，这也表现了你诚实的态度和品质，但要让他们看到你的改进，并且不会对完成工作造成负面影响。

其二，问题准备。这也是非常重要的，因为并不仅仅是公司在单方面选择你，你同样在选择合格的公司，这是一个双向的过程。所以，对于公司的发展趋势、市场开拓情况、为什么要招聘这个职位、公司的用人标准、管理风格等你觉得对你的发展有影响的实际情况，也不妨进行询问，帮助你进行判断。

不要问薪水，这一点一定要牢记。而更多地侧重于职位的职责和目标、怎样衡量目标的达成、公司的市场发展策略等实际的问题。

成功面试的注意事项：

1.要摸清交通线路。这是很多人都会忽略的一个问题，往往随便看地图，大致了解一下路线，面试的时候就匆匆地上路了。而这个往往会出现预估失误，而导致迟到的发生，而面试中迟到是一件非常不礼貌的事情，会给招聘单位留下不好的印象，还会打乱他们原定的招聘安排。也可以在面试时多提前一个小时出门，这样既可以避免迟到，也可以给自己留下充足的时间，在到达公司后，平定一下自己的心情，缓解路途中的劳累，在面试时以更好的状态充分展示自己的能力。

2.服装准备不可忽视。正装，这是永远也不变的主题，不管是去严谨的德国公司，还是随意的广告公司，正装永远都是对别人的一种尊重。不论是新衣还是旧装，最好提前几天在家装扮完毕，先在镜子中看一下效果。万一出现大小或是其他方面的问题，还可以有时间做调整，以防面试当天发现问题，影响情绪和面试效果。

3.在面试时，除了你的外表和语言外，肢体和语音语调都在面试的成败中起到非常重要的作用。要知道，面谈中肢体语言和语音语调最能令人印象深刻。所以怎样把握，要做到心中有数！

4.现场面试结束，并不代表整个面试的结束。结束以后的感谢信和必要的电话询问都是面试的后续动作。同时，也不要患得患失，而要立即重新投入新的战斗，准备、准备、再准备！只有做了充分的准备，了解了公司需求和自身发展的契合度，并使自己成为他们不可或缺的人，才是职业成功的关键。

另外，在最近一期的英国《心理月刊》中，职业规划师瑞贝卡·芬瑟姆传授了6招最能打动考官的面试技巧。

1.反复调研。首先要从各个渠道收集该公司的信息。或浏览他们的网页，或阅读有关的报道，对其企业文化、经营哲学、财务状况等做到心中有数，并知晓该公司最近有何热点话题。其次还要争取对面试官姓甚名谁、在公司的职位和角色有所了解。如果面试当天你能熟练地称呼考官，并恰当地透露你对公司的了解和看法，想必会给面试官留下深刻的印象。

2.恰当着装。穿职业装就万无一失吗？No。不妨先了解他们的企业文化。不要背着背包去面试，可以考虑提一个公文包，公文包中再多备几份简历，并带好笔和记事本。这样，你就会既显得亲近，又不失职业风范。

3.准时到达。面试当天早点动身。若去早了，还可以浏览一下你之前做过的笔记，做一做深呼吸等等。千万不要迟到，也不要匆匆忙忙冲进面试房间。否则，人家对你的评价就是——计划性很差。

4.准备答案。以下问题在面试中常会遇到，你不妨提前备好答案：你怎么自我介绍？为什么对这个职位感兴趣？你的职业目标是什么？你的优点和缺点是什么？为什么你觉得自己能胜任这个工作？以前的同事是如何评价你的？为什么要辞去上一份工作？

5.运用肢体。握手要坚实有力，手掌不要带汗；要流露出对对方办公环境的欣赏；坐直并保持目光接触，面试官讲话时要点头或说“嗯”以表示认同；始终微笑；不要打断面试官；回答问题时面部表情要生动并富有激情；面试最后可以问面试官几个问题，比如，能否介绍一下每天的工作内容？此番面试之后贵公司有何安排？

6.利用材料。前不久，有新闻报道女大学生给面试官呈上漂亮的写真集，这种做法虽不可取，但一本能代表你以往业绩的作品集，能让你的能力显得有根有据。最后，面试结束之后，别忘了给面试官发一封电子邮件，以致谢意。

应聘某企业不仅要了解它的行业背景、主要产品等基本情况，更重要的是要了解这个企业的企业文化，了解其核心价值观。要思考我是否能认同这个企业的文化，是否能融入这个企业，给考官一个接受你的理由。

求职者必知的八种面试官

俗话说："知己知彼，百战不殆。"一般来讲，面试官分为以下几种表现形式：

1.性格外向型。充满活力；善谈；肢体语言丰富；赋有感染力；表里如一，想到什么就说什么。

2.性格内向型。外表冷峻，不喜形于色；不善言谈；几乎无任何肢体语言；喜欢沉思默想，而后出言表达。

3.性格感应型。语言简洁精炼，直述其意；无想像力，求实际，重事实。

4.性格直觉型。谈话高深莫测；喜用修辞和成语；无论其谈吐或表情都给人以模糊、含混的感觉。

5.貌如思想家型。富有严密的逻辑思维能力；善用分析和推理；性格敦厚。

6.敏感试探型。友好，温和；善解人意，富有同情心；善用外交手腕，处事圆滑。

7.貌如审判官型。非常严肃和冷静；具有决定性和组织的权威之感；凌驾于你的 IQ 和 EQ 之上，任意判断，独断专行。

8.貌如观察家型。喜顽皮，善用游戏等方式测试候选人；好奇心强；想法随意，大有天马行空之势。

你也可以有以下八种招式晓之以情，还之以礼：

1.顺从倾听式（针对第一种性格外向型）

随他们去说，你只要做个好听众，面带微笑，频频点头，心领神会；时而温和平静，时而大笑，时而作惊讶状，时而作陶醉状，一言以蔽之要变化多端。

2.温和提问式（针对第二种性格内向型）

时而提问，时而倾听；不要打断他的谈话，要有耐心，给他时间去沉思默想。

3.直截了当式(针对第三种性格感应型)

直接切入正题，问一句答一句，有理有据，不要夸夸其谈；直接阐述你的实际工作经验，最好引述一两例成功案例。

4.假装领悟式(针对第四种性格直觉型)

尽力保持谈话不要间断，亦可以引用成语和典故；要表现出你的创造性和古灵精怪的思维；强调你已经领悟了他高深莫测的寓意。

5.以毒攻毒式(针对第五种貌如思想家型)

回答问题时，你也要逻辑严密；与他的观点和立身之道保持一致；表现出你也是公正无私、敦厚之人。

6.善解人意式(针对第六种敏感试探型)

要温和，平稳；表现出你的热情助人行为，以及你的通情达理和为他人着想的美德；表现出你是如何协调组织和善于沟通不同人之间关系的能力。

7.被驯服式(针对第七种貌如审判官型)

要有充分准备，作乖乖状且随机应变；谦虚谨慎，多向他征求意见；服从组织安排，要有“党叫干啥就干啥”的工作态度。

8.期待响应式(针对第八种貌如观察家型)

要热情响应他的任何提议，积极参与协助对你的各种测试；时刻期待着回答他对你提出的各种问题，但要有选择性地回答；不要勉强做出评价和表达自己的意思。

提前确认面试地点，并最好提前15分钟到达。万一不慎迟到，应第一时间致电，并诚恳地解释原因。这种行为将考验你的职业素质与应变能力。

第一部分

了解自己，推销自己

Chapter 3

轻松应对面试官——知己知彼，百战不殆

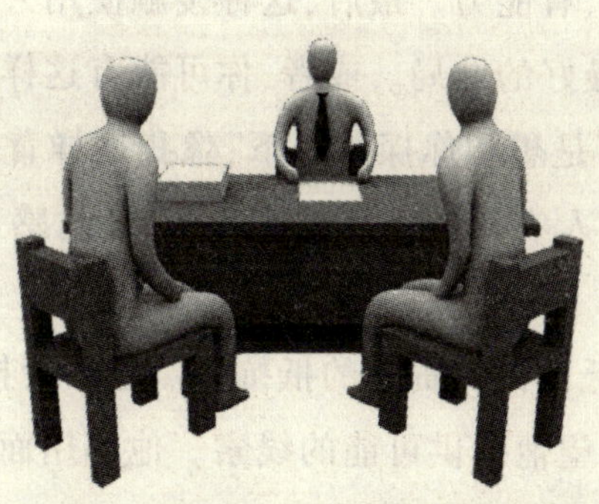

正确认识面试

面试是测查和评价人员能力的一种考试活动。日常的观察、考察,虽然也少不了面对面的观察与交谈,但那是在自然场景下进行的。“面对面地观察、交谈等双向沟通方式”,不但突出了面试“问”、“听”、“察”、“析”、“判”的综合性特色,而且使面试与一般的口试、笔试、操作演示、背景调查等人员素质测评的形式也区别开来了。

面试一般存在两种形式:普通面试和特别面试。

普通面试意在建立和发展一个良好的开端。在某种情况下,你想让某人知道你能干、有水平、有能力。最后,这种接触使用人单位对你产生兴趣,雇用了你,这将是最好的结局。或者,你可能有这样的态度:“我不希望你给我提供工作,而是想和你探讨一下,像我这样背景和技能的人可能对你们行业中的某人有用或者对你认识的对此感兴趣的某人有用。”

这种态度会立刻降低面试负责人的抵抗力。他不会把你拒之门外,你只是向他征求建议,希望他提供可能的线索。他不用面对拒绝雇用另一个优秀人才的问题。

这种面试可能有两种结果:这成为一次真正的工作面试(他发现吸引你加入到他的队伍中是一件非常妙的事);这也可能成为其他面试的一个良好开端。当然还有第三种可能:无疾而终,但那可能是你自己的过错。

在这里,催促获取其他线索可能会使你避免产生内疚,避免浪费时间。“你认为我要和谁谈才会在我的领域中搜集到其他的可能机会？”应该尽可能获得这个人的名字、头衔和其他信息，但是不会显得太过积极。最理想的莫过于你给面试负责人留下了足够深刻的印象，他自愿代表你给他的关系户打电话，让他们知道他们将会收到你的求职信。

如果不是主动提出要求，这种把你介绍给其他人的方式是你衷心希望的。你的联系人不可能只对他的朋友或同事谈到你这个人而不谈你的强项。你的最终目标就是建立一个关系网，其中的每一个人都了解你的能力，对你和你获得的证书留有深刻印象，知道你会对他们有帮助。请记住，更多的好工作是通过关系网得到的，而不是通过广告获得。朋友，或朋友的朋友，会是一份合适工作的宝贵开端。

如果普通面试成为工作面试，这意味着你已经做得很好，能够改变目前的状况了。通常，工作面试具有可以想像的结构规则。

1.你叙述自己的背景和技能。

2.面试负责人描述这份工作。

3.把自己的技能和经验与这份工作联系起来。

4.如果面试负责人对你感兴趣，就轮到你与他（或她）详细面谈这份工作了。尽你所能地弄清职责、权限、机会、工作描述和灵活性、预算、上司、员工和同事、公司标准和期望值、资源、工序、个性、未来的前景和其他与你有关的事情。

5.你和面试负责人讨论工资、利益、补贴和其他细节。

6.中途休息。很少有能够当场提供工作或接受工作的，双方需要额外的时间来思考这件事。面试负责人要查阅你的证明材料。你要浏览公司的资料或出版物。在这段休息时间里，你通常会参加其他面试，面试负责人也会接待其他应聘者。

7.提供工作和接受工作。需要更多的讨论和信息交换。任何需要继续谈判的事情（如薪水、奖金和假期等）都要统统提出来，由双方共同做决定。

虽然环境可能稍有不同，但是工作面试和许多讲话场合一样，在本质上都是交流，是你在展示你自己和你的思想，是你的听众（在这种情况中，是你的面试负责人）在感受你和你的思想。因此很自然，相同的技巧和策略在这些场合中都适用。

如果你已经掌握了使用自己的表情、手势以及声音，如果你已经做好了充分的准备而且信心十足，并且你在自己的眼神和言语中显示出获胜的强烈欲望，那么你就能够把握住任何来到你面前的工作面试机会。

工作面试会是（也通常是）一次小规模对抗。面试负责人像个富有挑战性的记者，他可能会问你一些难以回答的问题。但是，你一定要把消极的问题转化为积极的回答。

稍停一下，看着面试负责人，然后给出诚实、积极的回答，应该尽最大可能让这些回答表现出你的才华。

工作面试是一对一的场合。当面试负责人根据你的信号对你做出评价时，你也可以通过仔细观察他的信号来评估这个公司。他是否坦率、体贴别人而且彬彬有礼？或者他是否保守、没有兴趣、刻薄，甚至怀有敌意？你很快就可以弄明白这一点。如果是后者，你最好不要为他所代表的这家公司工作。事实上，他也许很快就要失去他的工作了。

面试是一个平等的双向选择的过程，保持不卑不亢、自信、客观评价自我的姿态非常重要，所谓的“面试宝典”看看有益，但不要生搬硬套，要做最真实的自我。

面试前的准备工作和注意事项

面试前的准备是面试能否成功的一个基本条件，面试前的准备包括对应聘单位的了解、个人的修饰打扮、自己的心理调节、对面试问题的准备等多个方面。可以说，面试前准备充分不一定面试就能成功，但面试前准备不充分，则很可能不会成功。因为即便是一些细节上的疏忽也往往会给你带来机会的丧失。以下我们将介绍面试前的有关准备工作和注意事项。

对于求职者来说，搜集想要从事的行业以及想要加入的公司信息，可以使自己的求职历程事半功倍。那么，如果缺乏心理准备，求职面试者就会表现得不在状态，主要有如下表现：

1.前言不搭后语。

2.回答问题声音发颤。

3.神态不振，坐立不安。

4.额头出汗。

5.浑身不自在。

6.长时间回答不出问题。

为什么会出现这种情况呢？是因为求职面试者把面试的结果看得太重要，对面试缺乏足够的信心和准备。

面试前的心理准备就是一句话：在战略上藐视敌人，在战术上重视敌人。

什么是在战略上藐视敌人呢？

其实面试能不能成功并不全是求职面试者一方的事。也就是说，并不全由求职面试者的能力所决定。

面试是双方的事，求职面试者不成功主要还是不符合用人单位的岗位要求。

也许求职面试者不适应这个单位，而适应其他单位。总之，求职面试者不要把面试的结果看得太重。

如果求职面试者把结果看得太重，只能加重面试的负担，影响面试结果。也就是说，求职面试者在面试时，一定不要有这样的思想负担。

不要这样想，“面试时我一定要表现好，一定要通过，如果通不过我可怎么办？”等等，如果有了这种思想，面试时就会不在状态。

准备简历内容

求职面试者在面试前一定要将自己的个人简历内容重新熟悉，准确掌握。

可是很多求职面试者对自己的简历并不熟悉。在回答简历中的问题时支支吾吾。这样面试官通常会认为求职面试者在说谎。

造成这样的结果有多种原因，其中一个重要的原因是求职面试者有很长时间没有阅读自己的求职简历，渐渐地将简历内容淡忘或记得不清楚。

这个道理很简单，就像我们阅读一部小说一样，刚阅读完时，我们会把书里的内容记得很清楚，过了一段时间以后，当别人向我们问起书的内容时我们却想不起来，记忆模糊。而我们的的确确读过这部小说。

简历内容也一样，求职面试者如果长时间不翻看就会出现上述问题。

所以，求职面试者在面试前一定要重新阅读自己的简历，熟悉简历内容。

有些单位在外语、身高、能力各方面都有比较严格的限制，所以事先要核查一下自己的资格是否符合条件，千万不要存在碰碰运气的念头。如果你觉得自己符合应聘条件，还得确定自己可以胜任哪种职位，然后要准备好自己的专业资格任职证书、获奖证书等材料。去面试时，应把这些资料有条不紊地放在一个公文包里随身带去，以便主考官随时查看。准备一个井然有序的公文包会使你看上去办事得体大方，值得信赖。公文包里除了放置上述个人资料外，还可以装一些有关工作或有助于谈话的资料，说不定这些资料会对你的面试产生启发。

另外，你还可以准备一本书或杂志放在公文包里。通常面试前总有一段时间要等候，如果应试人数较多，而你又被安排在后面，那么你等待的时间就较长。等候使人心情烦躁，无端生些猜测，打乱早已准备好的步骤。遇到此种情况，你便可以把书或杂志拿出来看。看书可以让人安静镇定。如果主考官迟到了，你手上有书或杂志，正好可以全神贯注地看，显出丝毫没注意的样子。如果主考官有意凉晒你，让你久等，以便显示威风，你正好可以借着看书，表示你视若无睹，这样就避免了和主考官的正面冲突。和主考官发生哪怕是细微的不愉快的冲突，对你的录用都将是不利的。

形象、仪表的准备

保持良好的形象会增加求职面试者在面试中的自信心。曾有人说，当你想通过电话给对方留个好印象时，你最好整整齐齐地穿戴起来。为什么呢？因为当你外表良好时感觉也良好。你心里踏实，充满了自信，说话也就有底气，所以这种感觉可以通过电缆传到几里甚至几千里之外的另一头。日常生活中，我们也会遇到这样的情形：在某些场合，突然感到自己的穿着很别扭，与周围的人或环境格格不入，于是乎举手投足不无窘态，只盼着早早散会离去。在面试的时候，你的心情免不了紧张，对类似的心理障碍更应防患于未然。尽管面试主要考察应考者的内在素质，但实践证明，应考者以什么样的形象亮相往往会带来不同的效果。再者，在人际交往中，仪态端庄，衣冠整洁体现了对他人、对社会的尊重，表现出一个人的精神状态和文明程度，在面试时当然也成为衡量人品的标准之一。所以,在你的外观达到最佳水平之前,请一定不要善罢甘休。

1.卫生的准备

这一点很重要,尤其是在夏天,更要保持好个人卫生。

2.穿着

求职面试者在面试时,不一定要穿名牌服装。

在应届大学毕业生中,有这样一个误区,很多人认为在面试中一定要穿名牌服装,似乎只有穿上名牌服装,面试官才会看得起自己。这种观点是错误的。

一般来讲,求职面试者在面试时的着装与岗位有关,除非求职面试者应聘的岗位有极强的对外性,穿着可以讲究一些。其他的岗位还是要随便一些,但也不能太随便。只要整洁大方就可以了,千成不要标新立异,穿奇装异服。

3.乘车计划

根据交通路线制定乘车计划,这一点在大城市非常重要。在大城市里,经常会发生交通堵塞现象,所以必须制定乘车计划。求职面试者只有制定完备的乘车计划,才能避免在赶路的过程中心里发慌。

如果没有充分的准备,乘车时经常会出现各种各样的问题,错过面试的开始时间,因为迟到是面试的一大忌。

如果迟到了,就会在面试中感到不自在,心里发慌,这种心理会严重影响正常水平的发挥。

4.其他物品的准备

相关的文件证书如毕业证、身份证、技术证等,所有标明和有利于求职面试者身份的文件与证书都要随身携带,以备所需。

同时,还要准备些获得这些证书的小故事,这样可以更好地宣传自己。面试官就会感觉求职面试者不是夸夸其谈了,而是有理有据地宣传自己,表现自己。

5.笔记本、擦布、手帕、餐巾纸

擦布主要是为了擦鞋用的,餐巾纸和手帕用以应付突发事件。

6.要准备一定的现金

不怕一万，就怕万一。万一出现什么特殊情况，打的、找人帮忙，都需要现金。

收集主考官的有关情况

公务员面试的考官多为用人部门的领导，应聘者倒不一定要打听主考官的姓名，但应尽可能了解用人部门的领导一般是一些什么样的人，包括其可能的教育背景、工作作风以及兴趣爱好等等。然后你还可以考虑他们需要或喜欢录用什么类型的人员，等等。只有对主考官的情况有一定的了解，你才能在面试时易守易攻，自始至终立于不败之地。从另一方面来说，这些人可能成为你未来的主管，增进对他们的了解，对于日后你更好、更快地适应新环境的工作也是大有裨益的。

尽量了解未来的雇主和他的日常工作

登录该公司的网站。尽你所能地了解这家公司的问题、优势、计划、经营、目标、曾取得的成功和遭遇的失败。甚至该公司的招聘原则也可能存在有用的信息。这将有利于你的陈述直接针对公司的需要，并证实你所做的准备，让你清楚自己所言。

下面三点是面试的主要目的。不管面试负责人想谈什么，你都要让这个人听到你能做什么、你做得如何好（或者在过去做得如何好）、你的技能和经验与该公司如何有关以及如何为公司带来好处。

请不要让任何问题、评论、不切题的谈话或战争故事分散你描述这几点的注意力。即使面试负责人提出的问题不对，你也要给出正确的答案。

我必须强调这一点是因为大部分面试负责人不善于面试。你不会总是有按照自己的计划讲述自己故事的机会，所以你可能不得不创造这种机会。这通常不是面试负责人的恶意行为，而是他们不擅长面试。

我的建议是在你还没有表现出自己最优秀的一面之前，一定不要放弃这次面试，当然，除非你已经失去了对这份工作的兴趣。

运用你所能动用的全部策略、热情和敏锐来把握面试，也使面试负责人感觉到你在运用技术控制着面试进度。你必须不停地转移到这些话题：你能做什么、做得如何好以及如何满足面试负责人的要求。不要在泛泛的话题上浪费时间！把大家的注意力集中在面试的客体——“你”上。

但也不要忘记做一位精力集中的好听众。

总之，求职面试者在准备岗位情况时，越清楚越好。

只有清楚地了解岗位的要求，才能将自己的个人能力紧紧靠近应聘岗位。求职面试者的能力越靠近应聘岗位的目标，面试就越容易成功。

另外，求职面试者一定要注意第一印象的作用。下面这几点面试者要注意：

不要夸夸其谈

面试活动是一个双向沟通的过程，但同时也是面试官占主导位置、求职面试者配合其工作的一个过程。

在面试过程中，求职面试者千万不可用气势压倒面试官，夸夸其谈就是其中的一种现象。

夸夸其谈具体有如下表现：

1.说话速度快。

2.说的话太多，目标太大，只说大不说小。

3.没有具体实例和细节描述。

4.空话连篇，给人以云山雾罩的感觉。

因此，求职面试者在面试过程中，要注意回答问题时的语言速度；要给面试官有板有眼的感觉，要把一个问题分成几点来谈。

这样给人的感觉是有条有理，不夸夸其谈，是一个谈话水平较高的健谈者。

不要指责他人

求职面试者在面试过程中，千万不要指责他人。

包括以前的雇主、以前的同事等，所有与求职面试者有关系的人。

因为面试官相信，求职面试者能在这里指责他人，以后也会到其他地方指责别人，这样的人最好不要，以免造成麻烦。所以，求职面试者在面试过程中，千万不要指责他人。需要对别人进行评价时，应尽可能说一些赞赏的话。

不要与面试官争论

求职面试者在面试过程中，有时因对某一个问题的看法不同，而同面试官争论起来，这种行为大错特错。

这样争论的结果，是彼此双方都下不了台，造成大家都没面子，最后吃亏的还是求职面试者。

求职面试者的目的是为了获取面试的成功，不是为了争论，因此万万不能图一时的痛快，而误了自己的大事。

机不可失，时不再来，哪头大，哪头小，一定要分清楚。

面试是一个选择人才的严肃过程。首当其冲。如果你在面试时编造了什么还出了错，面试官会把你的应聘书投进垃圾箱。你只要做的是，集中于自己本身具有的优点上，如果把它们都在面试中陈述出来，这已经就是那个机构喜欢你的那些因素。别浪费时间捏造东西来说。

你的面试官在想些什么

相信大多数的人很讨厌换工作，特别讨厌频繁地跳槽。仅仅从经济原因上讲，那些频繁跳槽的人会损失更多金钱，毕竟总是拿着试用期的工资，往往试用期为1~3月不等。俗话说，女怕嫁错郎，男怕入错行。嫁错了，可以离；入错了，当然可以重新再选。老一辈的人才说，后一个总是赶不上头一个。

应聘技巧的欠缺，使得很多求职者在临门一脚之时，错失机会。这一问题，对于那些缺少相关培训和经验的毕业生而言，尤其突出。

知道面试官是如何看你的吗？了解招聘者的视角对于应聘面试时如何表现非常关键。

招聘者怎么看：面试准备要恰到好处

过度准备。一些学生准备得太好，他们一字不差地背诵准备好的答案，听起来很不自然，让面试官怀疑他们是否会自己独立思考。

事实上，面试的目的并不是想让候选者提供完美答案，因为许多问题都没有所谓正确答案。所以面试者不能记住完美答案，然后转述给面试官听。那么，怎么回答才是合体的呢？

首先，要组织得当。不要东拉西扯，为面试官提供一个可跟上你的线路图，让面试官知道你回答进行到哪里了。

其次，要直接。不要试图回避所问的问题，谈论其他东西。此外，还要真诚、诚实，不要编造经历等。

准备充分。一些学生甚至不清楚应聘公司销售的产品和服务，他们既然不愿意花时间来了解企业，企业又何必费时间了解他们呢？

掌握基本礼仪。需要了解基本的正确礼节，即使你超级聪明，这点也很重要。这包括着装得体和举止得当：不要盯着面试官看，但要保持适当的目光接触，至少停留几秒钟，然后再移开；友好微笑，让人觉得你平易近人，并对此工作很感兴趣；握手要有力；不要坐立不安或懒洋洋的，这样很容易分散注意力等。

招聘者想了解什么：问题背后的潜台词

在招聘过程中，招聘者常常要求职者回答各种各样的问题，其实，这些问题背后，都潜藏着企业希望了解的真正内容。

你了解公司吗？——希望了解你对公司和行业是否进行过足够多的研究？是否了解公司今后大的定位和方向？

你了解这一工作吗？——希望你能对想要应聘的工作和即将承担的责任有一个总的了解。回答的好坏关系着你对此工作是否真的感兴趣；是否具备相关技能或迫切希望开发这些技能。

你能够做好这一工作吗？——需要了解你以往的具体经验，看看你过去如何解决问题。

你具备这些品质吗？——想要衡量你所拥有的无形品质，如创造性、精力、诚实性，而这些东西是从你的简历上了解不到的。以此来了解你是否适合公司，是否适合共事。

你会与我的团队好好合作吗？——许多工作需要团队来实现目标，通过这一问题来确定你是不是一个好的团队合作者，这一点对于面试官很重要。

招聘者想发现什么：不同面试方式的玄机

一般来说，企业面试主要分为行为面试、案例面试、压力面试三种。

不同的方式考察着求职者不同方面的能力。

行为面试:希望展示你在过去处理某些事情时的经验和行为。因为一些企业相信:过去的行为可以说明你在将来遇到类似情况时会如何反应;根据你可能的反应来决定你是否合适这项工作。

案例面试:看你如何解决一个问题,最重要的是思维的过程,而不是找到"正确"的答案。

压力面试:这个人在压力下能够很好地解决问题和完成工作吗?招聘者会通过各种的技巧以此来考量候选者面临不利情况的承受和应对能力。

另外,面试者要注意有些面试官很和蔼,因为面试官很放松。他放松了,你可不能放松,这不是朋友聚会。相对的放松也许会让你更好地发挥,但是过于放松,会让面试官觉得你很毛躁,是办公室的老油子。面对这类型的面试官,要时刻保持警惕,说不定在玩笑中,在彰显你的优势时,暴露你的劣势。往往你的那些不适合工作的姿态、性格或者是为人处世方法会在这放松的谈话中,显露无遗。

短短二三十分钟的面试的结果的确非常偶然,但台上一分钟,台下十年功,平时学习过程中的项目实践、名企实习经历、与技术相关的比赛、优异的成绩甚至课余做过的小东西等都是有价值的,现场带一些资料甚至上网演示都能让自己区别于只带有四、六级证、奖学金证书的同学。面试官也是人,认识是有局限性的,能准确判断一个人的信息是非常少的,你总得给面试官一个让你通过的理由吧?

对面试官不要一味地恭维

在面试中应试者通常应恭敬应对，不可轻易挑战。但是，由于考方的武断使你失去公平机会时，也不妨采取强刺激表达方式，进行有理有节的回应，促使对方改变态度，也许能出现起死回生的效果。

大学毕业的小赵去一家企业求职，接待他的是见多识广的总经理。他们没谈上儿句话，总经理便得出结论，说："不行。"小赵感到再正面请求肯定无济于事，于是直言说道："总经理的意思是，贵公司人才济济，已足以使公司获得成功，敝人纵有天大本事，似也无需加以录用，不如拒之千里之外，是吗？"他微笑着直视总经理，等待他对这一强烈刺激的反应。沉默片刻，总经理终于开口："能将你的经历、想法和计划告诉我吗？"小赵再激一步，说："很抱歉，刚才我太冒昧了，请多包涵，不过像我这样的人还值得一谈吗？"他的进攻反而引起总经理的兴趣，他不想放过一个真正有才华的人，说道："请不要客气。"这样，小赵获得了展示自己的机会，他将自己的经历，对企业经营发展的规划和看法进行了系统的陈述。总经理听完介绍，微笑着说："小伙子，我决定录用你了，明天来上班吧，请你保持过去的热情和毅力努力干吧！"

一般说来，应试者是不应把话说得太强硬的。在这里小赵一反常规，大胆运用激将法挽回了危局。这再一次说明，面试没有固定模式，全看应试者能否审时度势，灵活处理，凭借自己的真才实学和机智应对去赢得成功。

下面就教你几招面试技巧，让胜算更大。

接过石头打人

有的考官有意出你的洋相，借以考验你的涵养、应变反应能力。此时，考生可将计就计，以"接过石头打人"的方式，加以回敬。

如考官问："《资本论》第二章第一页第一句话是什么？"这显然是在难为人。有人回答："我只理解文章内容，很少死记硬背。"这样回答显得软弱无力，缺乏机智因素。有的考生则很机敏，答道："如果您不介意的话，请问，今天参加面试的人员已经有几十个人了，那么第五个考生穿什么颜色的衣服，您记得吗？"考官听了不但没有生气，反而笑了。他顺利通过了考试。

有时，考官故意用不友好的口气或怀疑的眼神，打击你的心理防线，看你的心理承受能力如何。在这种情况下，考生应沉住气，不急不躁，给予适当回敬。如考官对一个研究生说："你的学历对我们来说，太高了。"研究生回答道："你们不是招聘人才吗？如果只看文凭的话，我这儿带了三张文凭，您可以挑选最适合的一张。"

一般说来，在面试中考生不宜对考官进行反驳或与其争辩，但在特定情况下，适度的反驳可以表现一个人的胆量和机智，考官不但不会计较，反而可以赢得他的青睐。当然，反驳考官是有一定冒险性的。当你发起进攻时，要做好不被录用的思想准备。这样你的胆子就大了，语言也就有了锋芒，说不定你的语言机智和锋芒会给你带来意想不到的好结果呢。

长得不好说得好

郑小姐是某财经学院管理系的高材生，但是，因相貌欠佳，找工作时总过不了面试关。经历了一次又一次的打击，郑小姐几乎不相信所有的招聘渠道，她决定主动上门专挑大公司推销自己。她走进一家化妆品公司，面对老总，从一些国际知名化妆品公司的成功之道说到国产品牌的推销妙招，侃侃道来，顺理成章，逻辑缜密。这位老总很兴奋，亲切地说："小姐，恕我直言，化妆品广告很大程度上是美人的广告——外观很重要。"郑小姐毫不自惭，迎着老总的目光大胆进言："美人可以说这张脸是用了你们的面霜的结果，丑女则可以说这张脸是没有用你们的面霜所致，殊途同归，表达效果不是一样吗？"老总默许，写了张纸条递给她："你去人事科报到，先搞推销，试用3个月。"郑小姐十分珍惜来之不易的工作，满腔热情地投入工作中，一个月下来，业绩显著。她现在已是该公司的副总经理。

刁钻问题巧回答

"激怒法"是刁钻的主考官用来淘汰大部分应聘者的惯用手法。在两个人面对面的斗智中，他们往往会用一个明显不友好的发问，或用怀疑、尖锐、单刀直入的眼神，来剥去对方彬彬有礼的外表，使其心理防线大大溃退……当然他们的所为是要找到具有心理承受能力的人。如何防范"激怒法"，这里罗列一些现象，请大家都来琢磨琢磨。

1.你并非毕业于名牌院校？

妙答：比尔·盖茨也未毕业于哈佛大学！

2.你经历太单纯，而我们需要的是社会经验丰富的。

妙答：那么，我确信如我有缘加盟贵公司，我将很快成为社会经验丰富的人，我希望自己有这样一段经历。

3.你的专业怎么与所申请的职位不对口？

妙答：据说，21世纪最抢手的就是复合型人才，而外行的灵感往往超过内行，因为他们没有思维定势、没有条条框框。

4.你的学历对我们来讲太高了。

妙答：我带了三张学历证书，你可从中挑选一张您认为合适的，至于另外两张，就请忘掉它。

5.你是因为与上司有矛盾才转到我们这里来的吗？

妙答：他是一个正直的人，但我们之间性情差异太大，无法成为好朋友。

6.你性格过于内向，这恐怕与我们的职业不合适？

妙答：据说内向的人往往具有专心致志、锲而不舍的品质，另外我善于倾听，因为我感到应把发言机会多多地留给别人……

作为应聘者，面对主考官的咄咄逼人，你还能有什么应战绝招的话，那就是无论如何不要被“激怒”！处于被“宰”位置的你，如果因为主考官某些提问过于尖锐、不友好，或者欺人太甚而激起了你的怒火的话，那么对不起，你已经输掉了！

从一定意义上说，面试的过程是一个智力较量的过程。考方为了求得可用之才，不仅要考察应试者的基本素质和业务能力，对其智力水平、机敏反应能力也是十分关注的，因此常常别出心裁地提出一些富有挑战性的偏题、难题、怪题，有意“刁难”考生，借此做出判断取舍，对于应试者来说，必须敢于迎接挑战，并能针对具体题目，做出出奇的回应，进而赢得考官的赞赏，成功突破面试关。面试中，有时考官可能出真真假假的“题外题”。

机智反问，滴水不漏

某电视台招聘记者，小刘前去应聘。面试中，考官指出：“你说你爱好写作，可是我看了你填的报考表，在‘自我评价’栏中居然出现了三处错误，现在既没有多余的表格，也不准改，你怎么办？”小刘听罢吃了一惊，心想填表时自己是字斟句酌的，怎么会有三处错误呢？但时间不允许自己多想，他当机立断，回答说：“为了弥补失误，我可以在表后附一张更正说明，上面写上：‘某某地方出现了三处错误，实属填表人粗心，特此更正，并向各位致歉。’不过……”他停顿了一下说：“在发出这份更正说明之前，我想知道是哪些错误，因为不能无的放矢，错误地发出一份更正说明，我不愿意犯这种错误。”

他的机智应对令考官们笑了。其实他的报考表并没有错误，这不过是考官设的一个圈套，用以考察他的自信心和反应能力。从表达角度看，他的得分主要在于后半部的补充说明。这一段内容的表达十分完满，滴水不漏，印证了他的灵活机敏，认真仔细，一丝不苟的品格，所以赢得了好评。

谁都渴望成功，但不是人人都能成功，成功的前提就是去亮出你自己，让自己焕发出自身的生命力。而如何亮法，需要一定的技巧。胆小怯弱的人，只能做“弱者”，就是有才能也发挥不出来，只有大胆展示自己，亮出真我的资本的人，才能在人生的长河中，成就伟业。

网投简历时，注意附件尽量减少；应聘时，尽量不要投特别不合适你的职位；求职面试时，请一定保持基本的礼貌仪表。

询问薪酬有绝招

有首歌是这么唱的："爱你在心口难开……"，对待如何问薪酬的问题，相信很多朋友都有这样张不开嘴的时候。即使想说出自己应得的报酬，却怎么也张不开口。

某公司掌管研习部门的主任说，每当需要请名人学者来演讲时，便要为演讲费大伤脑筋，他会询问演讲费应该付多少，对方常回答："由你决定好了。"于是，他只好自行决定演讲费的支付额。然而，事后他却常遭抱怨，实在十分扰人。为避免此种情形经常发生，事先说出演讲费多少即可，但事实上，大多数人都无法亲口说出。

为什么有关金钱的事如此难以启齿呢？原因就是担心会在无意中伤害到自己：如果说得太低，则无异于自贬身价；而对金钱过分斤斤计较，似乎有损学者形象。诚如一般人在欲讨回价款时，便经常假借第三者之手向对方表示："我爸爸乡下房子准备大修，请你是否能方便一下……""我也欠别人的钱……"，运用这种说法或许比说"我自己要用钱"较为安心些。其实，大可不必如此。

每一个求职者在面试过程中都必然要面临薪水问题，采取一个什么样的态度与雇主谈论薪水，对你能否面试成功有着很大的影响。下面的建议或许对你有所帮助：

1.大胆地说出你的待遇期望。一般企业尽管有自己的薪资方案，但为了吸引人才，树立企业形象，原来的薪资方案在一个小范围内还是有一定的变通余地的。如果你不好意思谈薪水，只是草草地说“按企业的规定办”之类的话，表明你对你自己和企业都没有一个清醒的认识，这对你来说并没有什么好处。

你可以大胆地说出你的待遇期望。如果你是刚刚大学毕业或新进公司的人员，一般来讲，公司在这方面都有很明显的制度，由于你的工作能力、表现都无过往记录可证明，因此一般没有谈判空间。在这个阶段的求职者，你的期望应该是“依公司规定办”。

如果你是具有一定工作经验的求职者，你的期望应该是：在你掌握了一些资讯的基础上，提出一个合理行情的范围；如果你不确定自己提出的期望待遇是否恰当，也许你可请教对方“这样的职务通常在贵公司的待遇如何”？

2.做到心中有数。你应该对你将要面临的情况做一个全面的调查，做到心中有数。比如：这家企业的状况如何，现在市场上通行的行业薪金是多少，你最理想的情形是什么，能够接受的条件是什么，在哪些问题上可以做出让步等。

3.让对方感到雇用你是值得的。谈论薪水时你不妨先换位思考：如果你是企业管理者，你希望你的雇员是什么样的？只有先把你和企业之间的关系理顺了，谈起薪水问题才会顺理成章。

你应该从企业的需求出发，展现你自己，让对方认识到你能为企业做些什么，带给他们什么样的利益，你具有什么样的技术知识、潜力和解决问题的能力，等等。总之，你要让对方感到雇用你是值得的。

等对方认定你是最佳人选，这时再争取高薪、福利就不再是很困难的事情了。在提出薪水要求时，不妨只说一个大致范围，为双方都留有一定的余地。比如说，要求薪水在3500~5000元之间。

4.充分了解企业的福利政策。福利是员工收入的一个重要组成部分，通过它可以反映出企业的人情味、凝聚力、对员工的重视程度等，这些对员工来说是非常重要的。所以，在关注薪酬的同时，你也应该充分了解企业的福利政策。在很多大型跨国公司，职员的薪水有时并不很高，但是福利待遇很好,比如高达薪水40%的住房公积金。因此,在这些公司很多雇员可以保持很高的生活水平。

5.问薪水问题要注意方式,把握好时机。货比三家是做买卖的基本原则,人才择业,实际上就是推销自己的过程,从某种意义上说,也是一种“买卖”,也应当货比三家,从而找到最能体现自我价值的发展机会。但是,目前有一种说法,即在择业的过程中,最好不要问自己的薪水,否则可能引起招聘者的反感。于是,这就给应聘者出了一道难题:主动问吧,怕被人看成是斤斤计较,弄不好还要得罪招聘者;“打闷包”吧,心又不甘,况且万一开出个低得自己难以接受的价,岂不是自己给自己吃药?

问题的关键并不在该不该问薪酬,而在于你问这个问题要把握好时机。面试时,在谈到你的工作经历时,招聘者往往会问你现在的收入情况。你可以在回答了对方的问题后,反问一句:这个标准与贵公司相比有多大差距?当然老练的招聘者不会回答准确数字,但是因为有了参照物,他的回答也许会含蓄些,比如“不会低于过去的收入”或“目前我们可能还达不到这个水平,但差距不会很大”之类。通过这些回答,你可以推算出新岗位的大致薪酬水平。即使对方不作正面回答,或对这个问题有反感,但由于这个问题是“承前启后”的,所以也无法过分怪罪于你。

还有一些招聘单位在面试时会主动问:“你期望的薪酬大约是多少?”此时,你可以以退为进提出反问:“我愿意接受贵公司的薪酬标准,不知按规定这个岗位的薪酬标准是多少?”这样,你不但没有露出自己的底,反而可以摸清对方的底。如果你对对方的标准满意的话,那么双方可能一拍即合。

其实企业并不在意你从前有什么成绩,而更看重你日后的发展潜力;求职面试时自我介绍再出色,不懂人情礼数的员工,肯定不受公司青睐。

面试结束也是一门学问

在交谈中，人们普遍重视开头，万事开头难嘛，而对结束谈话，人们往往不以为然。谈话完了，说声“再见”不就结束了吗？

其实，结束谈话并非如此简单。比如，一方没说完话，对方就不愿听了，怎么结束？两人在交谈中争得面红耳赤，又各不相让，如何结束？两个人谈兴正浓，而客观条件又不容许再谈下去，又应该怎样结束？

巧妙掌握面试结束时间

面试结束的时间越短，对求职面试者越不利。

因为时间短，求职面试者就不能完全展示自己的风采。面试时间过长，对求职面试者也不利。时间越长，求职面试者暴露的弱点就越多。

那么，应在什么时间结束面试呢？

一般来讲，面试结束的时间似乎掌握在面试官的手里，但有时候，面试官也会为难，他们不愿意把结束面试当做送客，尤其是对感觉好的求职面试者。

这个时候，知情达理的求职面试者应把面试结束的权力接过来，主动提出结束面试，这样面试官会非常高兴。

一般来讲，面试结束的时间是在高潮话题结束后。

高潮话题分为两类：个人情况和岗位工作情况。

当求职面试者回答完这两方面的问题及细节后，就是面试结束的时间。

在面试结束时间到来之时，如果面试官主动提出结束面试，求职面试者最好跟着感觉走。

如果面试结束时间到来之时，面试官没有主动提出结束，面试求职者首先观察面试官的表情。如果面试官正在谈话的兴头上，求职面试者就不要主动提出结束面试；反之，则应提出结束面试。

面试结束时需要提出的问题：

如果说面试求职者在面试过程中所提的问题是为了配合面试进行的话，这时面试求职者所提的问题，就应该与用人单位所聘的岗位有关系。

那么，求职面试者在面试要结束时应提什么样的问题呢？

求职面试者在面试结束部分所提的问题有两个方面：

1.与求职面试者工作有关系的细节。

2.求职面试者在这个时候，要大胆地提出有关自己的薪水及福利待遇问题。但只能在胸有成竹的情况下，才可以这样做。

如果求职面试者不提这些问题，很多用人单位的面试官就会揣着明白装糊涂，求职面试者在以后的工作中就很有可能遇到麻烦。

总之，在面试结束时，在不超出上述两方面范围的情况下，求职面试者想提什么问题，就提什么问题。另外要注意，提问题时的难度不要太大，问题越具体越好，越清楚越好。

不论面试结果怎样，求职面试者都应在每一次面试结束后，对自己在面试中的表现进行总结。

总结面试有以下几点好处：

1.面试结果好，为下一次面试做准备。

一般来讲，用人单位在录用新人之前，都要对其进行几轮面试，决不会一轮定音。求职面试者及时总结在这一轮的表现，哪些方面表现得好，哪些方面表现得不好，在以后的面试中还要注意哪些问题等，为下一轮的面试打下一个良好的基础。

2.面试结果不好，为以后到别的单位面试积累经验。面试结果不好，不能被用人单位录用，求职面试者也应该对面试活动进行总结。找出这次失败的原因，为以后的面试积累经验。

总之，求职面试者在面试后，一定要及时地全面总结，越详细越好，从中提炼几点注意事项。总结的次数越多，面试的技术就越高，成功的希望也越大。

结束语的重要性

许多求职面试者在面试工作结束以后，都静静地等待用人单位的面试结果。也就是说，如果用人单位通知面试结果，那么对于求职面试者来说是件好事。如果用人单位不通知面试结果，很多求职面试者就不会到用人单位打听面试结果。

什么是面试的最后一招——继续联系呢？

求职面试者在面试结束以后，感觉自己在面试过程中的表现不太理想，但又不想失去这次机会，就应在面试结束以后，采用主动出击的办法。

具体地讲，就是在面试工作结束后第三天，打电话给面试官，重申自己的特点与所聘岗位相符等有利于求职面试者胜出的各种条件或依据，一次不行就多次。

求职面试者这样做，刚一开始面试官可能很反感。但次数多了面试官就与求职面试者熟了，熟了就可能成为朋友。最后，面试官就可能会认真考虑求职面试者的要求。

在机会同等的条件下，面试官会选择这样的求职者。因为这样的求职面试者，很有毅力，又有抗挫折的能力。而人的毅力和抗挫折的能力是做好一切工作的基础。

所以，求职面试者在面试结束以后，在无望的情况下，一定要采用这种办法，一定要遵循“坚持、坚持、再坚持”的原则。

一次好的交谈，欲达到“与君一席话，胜读十年书”的效果，也要有一个很好的结尾。余音绕梁，三日不绝。那么，怎样结束谈话，才能给人留下难忘、美好的印象呢？以下介绍几种结束谈话的技巧：

1.切忌在双方热烈讨论某一问题时，突然将对话结束，这是一种失礼的表现。如果一时出现僵持的局面，应设法把话题改变，一旦气氛缓和就应赶紧收场。

2.不要勉强把话拖长。当发现谈话的内容已渐枯竭时，就应马上道别。否则，会给对方留下言语无味的印象。

3.要小心留意对方的暗示。如果对方对谈话失去兴趣时，可能会利用“身体语言”做出希望结束谈话的暗示。比如，有意地看看手表，或频繁地改变坐姿，或游目四顾、心神不安。遇到这些情况，最好知趣地结束谈话。

4.要把时间掌握得恰到好处。在准备结束谈话之前，先预定一段短时间，以便从容地停止。突然结束，匆匆忙忙地离开，会给人以粗鲁无礼的印象。

5.笑容是结束谈话的最佳句号，因为最后的印象，往往也是最深的印象，可以长期留在双方的脑海之中。

6.在有些交谈结束时，说一些名人格言、富有哲理的话，或是美好祝愿的话，往往会产生很好的效果。

如果面试后渺无音讯怎么办？

如果面试过后好几天还没有音信，着急的你应该采取什么措施呢？假如你有了出色的面试表现，那么面试后应该怎样“锦上添花”呢？

问：面试之后好久都没有音信，怎么办？

答：一般来说面试过后一个星期没有回复是很正常的，因为招聘方挑选人选是需要一定时间的，另外招聘人员也可能要出差、开年会或者有别的事情。如果十天以后仍然没有回音，可以致信招聘公司主持面试的人员询问一下情况。一是提醒一下招聘方，表示自己对这个公司很感兴趣；二是在面试官难以作出判断时，你的信件可能为自己增加入选的机会。在此不推荐打电话询问，一是打电话可能干扰别人的工作；二是如果招聘方感觉不便回答可能陷于尴尬；三是会显得自己太着急。

问：面试过后还做一些什么后续工作？

答：第一次面试后，如果你对这家公司还感兴趣，并且自己也有蛮大的把握进入第二轮面试，那么就应该积极为第二轮面试作准备。要做的准备包括：对公司整体框架和经营状况的了解，对自己要应聘的职位的职责范围和能力要求的了解。

通常情况下，第一轮面试主要由人力资源管理部门主持，主要考察应聘者个人的基本素质、教育背景和个性气质等总体状况与应聘职位的匹配程度。而第二轮面试就主要集中在具体职位上，一般由主管上司来主持，主要考察应聘者与职位相关的实际工作能力、业务水平和实践经验等。如果你觉得还缺乏一些实践经验，必要时可以向已有相关行业背景及有工作经验的人打听了解。

值得重视的是，最好对面试官可能提出的问题打一个腹稿。如果你应聘的是销售职位，那么先把你在实习时的销售或相关的经历包括业绩整理一下，使它能够集中而鲜明地反映你这方面的能力。

问：如果第一次面试没有发挥好，但是又很想得到这个机会，可不可以再争取一次机会？

答：一般来说第一轮面试招聘方看的是整体素质，包括形象、教育背景、沟通能力和相关的实践经验等等。面试发挥不好可能有几种原因，如承受压力能力不强、应变能力不够或对工作性质不熟悉等。面试官都是火眼金睛，这些情况他们都会考虑。因此如果觉得自己发挥不好，可以在给招聘公司的感谢信中提一提，说明一下自己发挥不好的原因，是生病了还是受了别的什么干扰。但不必特意大书特书，这样反而加深了别人对你面试发挥不佳的印象。

面试结束时你的表现可能会改变考官的最后决定。可能面试过程你已很疲惫，情绪很坏，但礼貌地说声“再见”，整理好自己的物品，可能会让考官记住你的名字。

Chapter 4 积累闯关资本全攻略

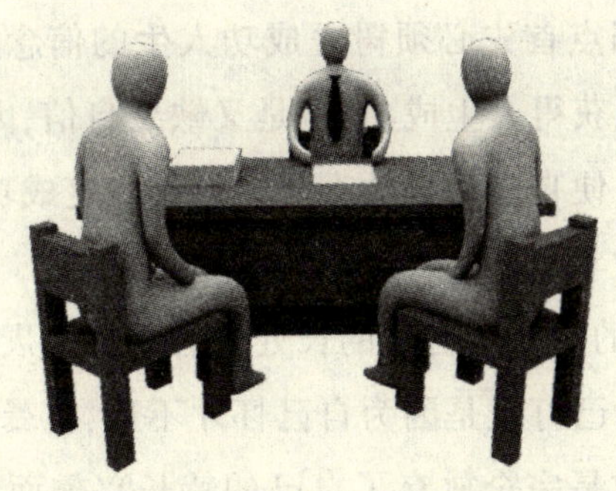

亮出自己是成功的前提

人性中有很多弱点，如贪图享受、容易满足、回避困难、自轻自贱、盲目乐观、懒散傲慢等等。人生要想成功，就必须战胜自己的这些弱点。

陀思妥耶夫斯基说："倘若你想征服全世界，你就得征服自己。"但是自己是最难征服的。

罗曼·罗兰塑造的约翰·克利斯朵夫的形象为我们展示了个人要战胜自己是一个艰难而痛苦的历程。

在物欲横流的社会里，很多人成了物质财富、金钱美女的俘虏，一生的努力毁于一旦，全是因为无法战胜自己内心的敌人——人性的弱点。

要战胜人性的弱点首先必须树立成功人生的信念，这个信念必须坚定不移。很多人都想获得人生成功，但是又缺乏自信，因而这个信念并不坚定，稍遇风吹浪打，便自己动摇放弃了。只有坚定成功人生的信念才能与自己人性的弱点做斗争。

其次，是把社会的需要和自己的长处结合起来发展自己，战胜自己。

很多人最后被自己打败是因为自己怀才不遇，自暴自弃。

还有很多人失败是完全放弃了自己的特长兴趣而跟着社会跑，最后完全丧失了自己。只有把社会趋势与个性特点结合起来发展，才能在顺境中克服自己人性的弱点。

再次，要有顽强的意志。与自己斗争就是对意志力的考验。

人生并不总是顺境。对多数人来说，逆境会使他们自甘沉沦，只有少数具有顽强意志的人能够战胜自己的弱点，顶天立地，像腊梅一样在冰天雪地里傲然开放人生灿烂之花。

一个人能不能创造成功人生，亮出自己完美的色彩，关键要看能不能正确认识自己。

认识别人难，认识自己更难。

要认识自己是一件残酷的事情。

因为你会发现自己长得很丑，没有过人的才能，不会伶牙俐齿，动作笨拙，一无是处。

你也会觉得自己长得很漂亮，老子天下第一，无所不能，傲视群雄，敏捷矫健，完美无缺。

然而，这一切都是自我感觉。说难听一点，错估了自己，不知道自己吃几碗饭，只有正确认识自己，才是真我的本能。

下面我们来看一位大学生求职之后的自我认识与感受：

“大学毕业，找个好工作，对任何人都是件大事，我也不例外。念了十多年书，早就盼望着找到一个施展自己才能的舞台。

“我学的是空调专业，可大学期间我对自己的专业一直没有什么兴趣。五年来，我一直从事着各种不同的业余工作和兼职工作，从工人、服务员、推销员、秘书到夜总会舞台监督、心理咨询员……我觉得自己英语还不错，电脑操作也比较熟练，又有若干兼职工作经验，相貌气质也不太差，于是，我抱着极大的希望，满怀信心地参加了人才招聘会。”

“由于自认为条件不错，我更钟情于外企，于是在场内上千国内公司中，只挑着递出了几份简历，便直奔专门是外企招聘的展馆。”

“这里有不少世界闻名的大公司，广告也几乎全用英文书写，我心想：幸亏我的英语还不错。我一家家展台走过去，看着应聘条件，越看越心凉，因为无论技术人员还是管理人员，最少需要二至三年工作经验。我一边走，一边看着别人怎么求职。几乎每个展台前，人们都在用英语交流，其流利程度，我掂量掂量自己，恐怕差得不是一星半点。原来的张狂已经被我统统收了起来，心也变得越来越虚。

“正当我心灰意冷又不肯服输时，一位小姐把一张宣传材料递到我眼前，上面介绍的是美国B公司。B公司从事的是策略咨询顾问业务，业务遍及世界各地，我不禁又跃跃欲试了。我拿出自己的英文简历，忐忑不安地等待面试。几分钟后，一位面带微笑的男士坐在我的对面，他用英语问我为什么想来B公司，不知是心情紧张，还是对英语有些生疏，我开始没有完全听懂，只好硬着头皮请他重说一遍。他又让我举出一个认为做得最成功的商业案例。天哪，我什么时候做过生意！他又让我谈谈工作中获益最大的事情，没等我说几句，他就很客气地打断了我的话：谢谢，如果聘用你，我们会在两周内与你联系。

“出了展馆，我的心情很复杂，也很伤心，这个结果对一向很自信的我绝对是一个很沉重的打击，同时也不禁对自己产生了怀疑：曾为之自豪的工作经历和英语水平都没有想像中的分量，那么，我的优势究竟在哪儿呢？我不禁对自己的能力和自信产生了怀疑。”

这位大学生终于在现实面前真正认识了自己，这就说明认识自己不仅仅是自我感觉，而是要从多方面来实现的。

社会学给我们指出了认识自己的三个途径：

一是在和别人的比较中认识自我。《邹忌讽齐王纳谏》里，邹忌不断地拿自己与徐公做比较，从不同人的回答中正确地认识了自己，并且悟出了其中的道理，突破了蒙蔽，超越了自我。

通过和他人比较，我们才能认识到自己的长处与短处。如上例中的大学生在和别人的比较中才发现自己的英语水平和别人差得不是一点半点，才突破了原来自我感觉良好的误区。

二是从别人的评价中认识自己。人常说当局者迷，旁观者清。自己的言行相貌，自己难以判断其正误，别人是一面镜子，照得很清楚，别人的评价是综合了更多的比较得出来的，因而在一般情况下是比较公允的，听听别人的评价会有助于认识你自己。

三是从自己的实践中认识自己。在自己的生活中做了哪些事情？长于什么？拙于什么？成功了多少？失败了多少？通过回顾自己走过的人生之路就能正确地认识自己。这是认识自己的最主要的方法和途径。

正确地认识自己，就要面对现实的自己，勇敢地接受自己，承认自己。不能因为自己有那么多的缺陷与不足而自卑、自轻、自贱。

你不能对自己抱过多过好的期望值。

你要放弃对自己的先入之见，因为你在生活中是不断变化、不断发展的。

客观地认识自己，才能更好地亮出自己，朝着成功人生迈进。

有些人不愿意承认自己的不足，没有勇气接受自己的缺陷，极力掩饰或者刻意伪装，这样就会形成病态人格。

有些学生，一想创作，整天只是写呀写，一篇篇小说寄出去，如泥牛入海。结果学业没有学好，创作也没有成功的迹象。

这些都是不能正确认识自己的结果。

当年，傅雷先生的儿子也一心想成为文学家，傅雷及时指出儿子的长处不在创作，而长于研究。儿子听取了父亲的劝告，认识了自己，选择了适合于自己发展的人生道路，最后在研究方面取得了一定的成绩，亮出了自己真我的色彩。

认识自己，就是要认识自己的长处与不足，接受自己并不完美的现实，从实际出发，从自己现有的条件出发，发展自己，超越自己，实现自己的人生目标。

面试时你的方方面面——不仅是你的衣着、你的回答，还有你的身体语言、脸上的表情、姿势、仪态和手势等等都会受到对方的仔细观察。如果你是新手，那就表现出庄重；如果你是老手，那就表现出活力。

机会面前人人平等

“抓住机会女神的头发”，是一则西班牙谚语，源自于罗马神话。在罗马神话里，“机会女神”是一位美女，站在飞轮上，背后有一对翅膀，表示机会稍纵即逝，她的头发只覆盖在前额上，后脑是光秃秃的，要抓住机会女神，就必须抓住她前额的头发。意味着当机会来到面前时我们往往看不到她的脸，当机会走了的时候，才发现是机会，但是你再去抓时却抓不到，因为后脑一根头发也没有。

听说过这样一个故事：村庄发大水，村民都上了大船，但牧师不上，他说：“上帝会来救我的。”大船开走了。水位在涨高，牧师爬上了房顶。又有一艘快艇来搜救遗漏人员，牧师还是不走，仍说：“上帝会来救我的。”快艇也开走了。水位漫过了房顶。又有直升机来接牧师，牧师仍然坚持不走，照旧说：“上帝会来救我的。”无奈，直升机也飞走了，最后的机会丧失了。终于，虔诚的牧师遭到了灭顶之灾，真正见了上帝。他抱怨上帝说：“怎么不来救我？”上帝说：“我先后派了大船、快艇和飞机三种交通工具，可三次机会都被你错过了。”

故事显然是荒诞的，但也说明了一条很重要的哲理，那就是：抓住机会就是抓住了上帝。有些机会，我们是无法选择的，比如我们出生在一个什么样的家庭里，尽管家庭出身对于一个人的成长和成功至关重要。但是，在人生的旅途中，还有大量的机会是可以让我们选择和把握的，这些机会对于我们的成功也是很关键的。

有一句法国谚语说："等待机会，是一种极笨拙的行为。"因此，不要以为机会像是一个到家来的客人，她在你门前敲着门，等待你开门把她迎接进来。恰恰相反，机会是不可捉摸的，无影无形，无声无息，她有时潜伏在你的工作中，有时徘徊在无人注意的角落里，你如果不用苦干的精神，努力去寻求、创造，也许永远得不到她。

俗话说："天下没有白吃的午餐"，"没有耕耘，就没有收获"，机会也不例外。机会的发现、利用是以主体的努力为代价的。法国微生物学家、化学家巴斯德曾说："机遇只偏爱那些有准备的头脑。"法国细菌家尼克尔说："机遇垂青那些懂得怎样追她的人。"不管你等待多久，机会不会自动前来敲门，机会的得来是要靠人们付出艰辛的劳动的。企图等待别人为你制造奇迹或期待明天出现奇迹，是不切实际而且必遭失败的幼稚想法。从这个意义上讲，任何成功包括下级晋升的成功也是主体努力争取的结果。世上没有救世主，只能靠自己。

那么，我们该如何抓住机会呢？机遇有三个方面的要素应该值得我们注意：

一是机遇的偶然性。机遇是难以预测的，是偶然的，尽管它的本意是对主体发展有利的，但未必人人都能在机遇来时的第一时间内就准确地判断出它的有利性，所以有的人能抓住机遇，有的人抓不住机遇。但难以预测并不代表着不是机遇。没抓着的机遇也不能说你没机遇。记得陈先达先生在其《漫步遐思》中说过："偶然不等于机遇，只有当这些偶然被紧紧把握并被充分利用时才成为机遇。"我认为陈先生对机遇的认识有失偏颇。如果说偶然"被紧紧把握并被充分利用时才成为机遇"，那些由于没预测准而导致自己"漏掉机遇"的人，就不必在事后捶胸顿足了。

二是机遇的时效性。应该说，最不容易得到的而又最容易从指缝中溜走的就是机遇。大从一个民族的生命转机，小到一个人的命运攸关的抉择，最要紧的其实也就那么一两步，但机遇里含有时机的元素，成熟的机遇就是把握机遇的最好时机，错过这个时机，机遇可能就再不是机遇了。比如麦当劳教父雷·克洛克潦倒到56岁，借款1万美元盘下了麦氏兄弟的面包店，于是改变了他后来的命运。这正是由于麦氏兄弟的不争气，给雷·克洛克提供了好机遇。如果等麦氏兄弟清醒过来，和雷·克洛克斗起心眼来，或许今天的麦当劳就不是雷·克洛克的了。从历史的眼光看，我们同样也能看到一个国家如果丢失一个机遇将意味着什么。所谓机不可失，时不再来，“失去一次机遇，就落后一个时代”。

三是机遇的隐蔽性。机遇的本体分为“明机遇”和“暗机遇”两种，“明机遇”的表现力是直射式的或直观式的，比如如今中国具备了建设的好平台，这是众人皆知的机遇，所以不存在隐蔽性。但“暗机遇”则不然，“暗机遇”的表现力是回旋式的或迂回式的，如果你不多个心眼，便很难看到一种现象或一种事物后面潜藏着的机遇。打个比方，清王朝国门被洋人洞开，这里就潜藏着东西文化交流与通商的机遇，但清政府看不见这背后的东西，只被“鸦片”战火烧得糊里糊涂，再睁眼一看，连八国联军的国土在地球的什么位置都找不着，又何谈什么机遇呢？然而隐蔽性并不意味着就是看不见的远端。大家都知道爱迪生发明灯泡的经历。他可是历经一万次失败的哟！有多少人能看见他一万次以后能碰上什么奇迹呢？可是他碰上了，与其说是碰上了，不如说他是努力出来了。为什么他不放弃努力呢？因为他已经看到了在别人眼里被遮蔽着的成功的机遇。

要磨砺把握机遇的心智，首先要做到居安思危。这就要求大家平常心里多装些“虽然……但是……”的意识，有了这种意识，你对世事就会表现出超凡的敏感性。毕竟，机遇从来都是垂青于那些心里有所准备的人。满足现状，不思进取，等待观望，畏首畏尾者，对机遇的反应自然迟缓，所以也是不可能抓住机遇发展自己的。

其次是逆境中找机遇。我们必须承认，现在社会上很多人经不起挫折的打击。稍有一些挫折，便唉声叹气，怨声载道，怪自己生不逢时，命运不济，可真是既俗又缺心眼的表现。事实上，你若多个心眼去分析，就不难发现，许多逆境中也潜藏着机遇元素。这不是吹的，当年司马迁忍腐刑之辱写下了《史记》；海伦·凯勒不幸双目失明，但有幸成了拥有世界读者的作家。是什么原因让他们成名成家？当然是把逆境当机遇的大智慧。仔细想想，现在抱怨者中有几个是忍腐刑之辱者？有几个是双目失明者啊？你有什么资格说命运对你不公呢？

有人曾经把机会比喻成小偷，说它来的时候悄无声息，但走的时候却让人损失惨重。机会很难遇到，如果你很幸运地遇到了它，那就一定要把它抓住，否则受伤的会是你自己。有一句俗语：机不可失，时不再来，可见机会弥足珍贵。

从某种意义上说，处处有机会，机会对每个人都是均等的。只有懂得珍惜它的人才能知道它的价值，只有持之以恒地追求它的人才能受到它的青睐。你付出的愈多，你抓住的机会就愈多，你成功的可能就愈大。相反，你付出的越少，你的机会就越少，成功的希望就越渺茫。有些人把学业上无建树、工作上无绩效、仕途上不通达，概归咎于没有机会，还以为自己才华盖世而不遇良机，那只会发“萋蒿隐没灵芝草，淤泥藏限紫金盆”的感叹，永远也不会尝到成功的甜果！

不要使用那些带有否定色彩的词（例如厌恶、不想要、拒绝等）。此外，你还须避开以下话题：你辞去上一份工作的原因；你与那个光吃粮不干事的上司旷日持久的争吵——永远不要侮辱以前的上司。否则这位可能成为你上司的人便会怀疑你以后是否也会像对待前任上司那样来对待他，从而决定永远都不当你的上司。

失败没什么可怕

科学家曾做过这样一个试验：将一只猎豹与一群山羊放在中间用铁丝网隔开的笼子里。最初猎豹不断冲撞铁丝网，企图捕获那边的山羊，而那张铁丝网却让猎豹的一次次冲击徒劳无功。试验人员每天在猎豹的笼子里放些活鸡，猎豹不乏食物，但它还是想突破铁丝网捕食山羊，每天吃饱之后就不断地冲撞铁丝网，企图能凭着自己的力气，成功地突围过去。慢慢地，猎豹将自己弄得遍体鳞伤，但始终徒劳，沮丧不已。在与那道铁丝网相持一段日子后，猎豹确信自己难以逾越那道障碍，不再作徒劳的冲撞，而与山羊相安无事，好像对面的山羊只是它面前的一道美丽风景。后来，试验人员将铁丝网撤掉，已被一次次撞得头破血流的猎豹，却对已经失去保护屏障的山羊毫无反应，每天只在自己固定的区域游走，从不到山羊那边去，再也不敢越雷池半步。

这个实验启示我们：不走出失败的阴影，就会被失败销蚀进击的斗志，最终与成功无缘。有的人在为成功打拼的路上，或者并不缺乏拼搏的热情，却缺乏不畏挫折坚持到底的恒心；有的人被失败打倒后，丧失了进取心，在失败与挫折面前低下了头，弯下了腰，最终只能与失败为伍。民间谚语“一朝被蛇咬，十年怕井绳”说的就是这种人。

时下，有些人称我们的民族是个“温和”的民族，林语堂先生称中国人是“以心灵来生活”的。很多人都慨叹中国的运动缺乏冒险的项目，即使有，泱泱大国中也只是寥寥几个人愿意参与其中。我们在惊叹“冒险者”的勇气时，虽可能也会兴起一股冲动，但仅此而已，我们仍只愿坐在电视机前，安享舒适，因为那与生俱来的恐惧太强烈了。“死亡”的阴影时刻潜伏在心灵的某一处，长期的存在，使它的势力不断地增强：我们已经对小小的伤害都产生了害怕。这就是一些人为对稍具危险性的运动便只能观望，而不敢参与的原因。

塞尼加说：“我们的恐惧总较我们的危险为多。”我们得感谢恐惧，它让我们避免了太多的“危险”。然而，在我们说这话时，一副嘴脸是多么的虚伪。我们即使因为恐惧，而一生“稳当”，也决不会对“恐惧”产生一丝一毫的感激之情，我们是那样的憎恨恐惧，就是因为生命中有了它，人生才变得那么的平庸、萎缩，而缺乏激情。

我们已经到了这么一种境地：穿一件衣服，害怕不合潮流；说一句话，害怕说错而遭人笑话。在事情还没开始做之时，我们便想到了事后，也许我们想到过事后欢庆成功的情景，然而我们似乎更“愿意”去想想失败后的悲惨境地：周围是人们那永远也改不了的嘲笑。我们因而恐惧，因而退缩。当时间的车轮飞快地驶过，我们为自己终于没有撞上“失败”的悲惨而庆幸，更为自己缺乏勇气而感到羞愧。我们似乎忘了，虽没有遭受“那件事”的失败，我们却已遭受了更大的“失败”。当下一次挑战来临时，我们仍旧只会选择“恐惧”与逃避。

失败者睡不着，因为他们担心会这样，而他们之所以担心，正因为他们不睡觉；我们在那件事中失败，因为我们担心会这样，而我们之所以担心，正因为我们“失败”。我们因看不到这一更本质的“失败”，所以根本谈不上将这一本质的与“那件事”上的失败加以衡量，所以我们根本不知道这其中有个抉择的问题。我们就那么轻率地让一个还没发生的“失败”轻易地将自己击溃。我们向人们叙述那只是“可能”的失败，来为自己的逃避开脱，实际上，却在向人们证明着你更大的失败。我们缺乏勇气，缺乏信念，我们在害怕着一个不一定出现的事物。可笑中，我们一生平庸，碌碌无为。

记住，我们最大的荣光并非绝不陨落，却在于每次我们陷落时重新站起。所以,我们还有什么可恐惧的,当失败已不重要,我们便重拾了丢失的勇气,满怀着信念,我们追逐人生的“经历”。

当人们问贝利:你对自己进的哪个球最满意时?贝利回答说:“下一个球。”没有人称其狂妄,人们看到的只有他的大将风度。贝利没有恐惧,他甚至没将以前的成功放在眼里,对多少人而言,那是多好的“避风港”,然而对他而言,那只是“过去”。他说出这句话时,已经切断了自己所有的后路,他只有一个办法,那就是往前冲;他既然已经“夸下了海口”,就已表明他并不在乎别人将如何看待他“可能”的失败。而事实上,他想到更多的是“我能成功”——既是成功,便不是“失败”。他心里只有勇气和信念,而不是装的幻想式的欣喜或沮丧。

这便是当今世界上最伟大的球员,球王贝利。

卡耐基说:“只要下定决心克服恐惧,便几乎能克服任何恐惧。因为,请记住,除了在脑海中,恐惧无处存身。”

“害怕时,把心思放在必须做的事情上。如果曾经彻底准备,便不会害怕。”

至此,我们已经听了很大一堆的“教条”,然而,我们仍然感到无论如何也提不起勇气,像贝利这种人的“狂傲”,确实是有其实力为基础的,而我们……我们害怕,并不就是如你所说的那么窝囊,我们只是深知自己就只有那么一些斤两。

如此,我们便真是太可悲了。艾琳诺·罗斯福曾说:“不经你的同意,没有人能使你自觉低劣。”

而我们竟然就同意了。想想吧,我们是如何得知自己“缺乏足够的实力”的呢?我们从不曾经历过这样的事,然而我们竟知道了自己与这事“不配”。当我们对“不可以貌取人”大点其头时,却不知是在嘲笑自己。我们的实力在实践中体现,也在实践中得以加强。以一个毫无根据的“想当然”判断,来作为自己逃避的冠冕堂皇的借口,对于我们自己的人生是多么的不负责任。自己都承认自己是孙子,难道还能有实力去征服什么成功?

“失去金钱的人损失甚少,失去健康的人损失极多,而失去勇气与信念的人损失一切。”信不过自己的实力，你永远是个长不大的孩童。医学家证明：人脑的潜能只被开发了百分之一左右。潜能的开发，只能是对大脑的不断磨炼，这就是俗语所说的“脑筋越使越活”、“脑瓜越转越灵”。

最后，我们将致力于“逃避余地”的消灭。“余地”的存在，给了我们一种坚实的“后盾”感，人类的惰性便有可能勾结“恐惧”以达到其目的。所以，我们要让自己无处藏身，无可躲避，只有一条路，就是前进的路。而后面，只剩下悬崖，我们无路可退。我们是在冒险？没错。整个生命就是一场冒险。走得最远的人，常是愿意去做，并愿意去冒险的人。稳妥之船，从未能从岸边走远。

我们似乎已经完成了自己的使命。然而，在最后一刻，却想起了一个非常重要的问题。

我们之所以“能”恐惧，还在于我们“有时间”去恐惧。

所以，我们花了那么多“时间”去讨论如何击溃恐惧，却偏偏身在其中而忘记了它，这一得力的“帮凶”。

然而，“时间”并不可怕，元凶已就擒，帮凶就简单了。我们只需：决定好行动的方向，然后遵循它；保持忙碌，使自己没空“恐惧”。

我们只有一个使命，那就是——使自己的生命奔放。

有位名人说过：“失败绝不会是致命的。除非你认输。”如果在失败面前一蹶不振，成为让失败一次性打垮的懦夫，无疑是无勇无智之辈；假如遭受失败的打击后不知反省，不善于总结经验，但凭一腔热血猛冲猛撞，要么头破血流，要么事倍功半，即便成功，亦如昙花一现，此为有勇无智之人；倘若遭受失败的打击后，能够审时度势调整自我，在时机与实力兼备的情况下再度出击，勇往直前，直达胜利，这才是智勇双全的成功之士。

伟大的发明家爱迪生为发明电灯做过千余次试验，经过一次次失败之后，最终获得了成功，为人类带来了光明。获得中国最高科技奖的吴文俊、袁隆平两位院士，坦然承认自己失败次数多于成功。这也是创新的规律、改革的规律。无论在自然科学领域还是在社会科学领域，一次性成功、一蹴而就的可能性都是很小的。“宝剑锋从磨砺出，梅花香自苦寒来”,有失败,才有反思,才有审视,才有历练,才有成长。不可否认,失败会带给我们一度的消沉和被动,但那只应该是暂时的。失败过后,我们应该变得更坚强更成熟,更理智更完美。

徐特立先生曾经说过:“不仅要当胜利时的英雄,也要当困难时候的英雄,真正的英雄是在困难中考验出来的”。生活有时会违反常规,以另一种形式出现在我们面前。许多时候,成功往往会变成一道减法题,一点点地减去你的志气、奋斗和体魄。而失败却成为一道加法题,不断地加进你的梦想、努力和汗水,最后累积起来,失败不过是走向成功的一个必经阶段。走出失败的阴影,敢于面对失败,正确对待失败,不被暂时的失败和挫折所吓倒,在失败面前不悲观、不失望、不气馁,就应该认真吸取失败的教训,排除心理障碍,找出原因,对症下药,直到成功。

商贸企业招人有特殊性。在贸易企业,有业务才有生存。从用人单位来看,他们既希望找做事能力强的助手,但是又担心太强的人挖了自己的墙角。所以不少人都喜欢招一些女性助手,威胁相对小一些。对于一些能力强的女生,除了恰如其分地展示自己的能力,不妨让自己表现得低调一些。这样的姿态更能让用人单位接受。

知识储备不是靠表面

汉·刘向《列女传·齐管妾婧》："人已语君矣，君不知识邪？"《魏书·阉官传·贾粲》："世宗末，渐被知识，得充内侍。"唐·薛用弱《集异记·汪凤》："每面各有朱记七窠，文若谬篆，而又屈曲勾连，不可知识。"《初刻拍案惊奇》卷二七："院主大相敬重，又见他知识事体，凡院中大小事务，悉凭他主张。"鲁迅《三闲集·现今的新文学的概观》："在文学界也一样，我们知道得太不多，而帮助我们知识的材料也太少。"

可见，从古至今，人们向往知识的脚步从来就没有停歇过。

一个人愈能储蓄则金钱积累愈多。你愈能求知，则你愈有知识。你能多储一分知识，就足以多丰富你的一分生命。这种零星的努力、细小的进益，日积月累，可以使你于日后大有收益，可以使你更充实、更丰满、更能应付人生。

业余读书是储蓄知识的一种方法。你可以利用10分钟时间读一些书籍，在自修上下一分功夫，就足以助你在事业上得一分上进，许多志在成功者的早期谋生阶段，年薪很低，工作却很苦，但他们利用闲暇时间，自修自习以求上进，比之他们在日间的工作更为努力。在他们看来，薪水并不是大事，而追求知识、要求进步则是真正的大事。

有的人在每次的舟车颠簸中，总是随身带些读物，如袖珍书本、函授学校中的讲义，所以，这样的人总是善于利用一般人所浪费的零星的时间来追求自己的进步，对各门学问都有相当的认识，对于历史、文学、科

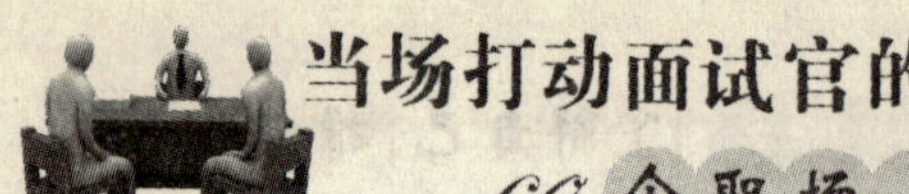

学及其他各种重要的学问都了解得很多。

孜孜以求的进步精神，是一个人的“优越”标记与“胜利”的征兆。

有的人或许以为利用闲暇时间来读书不会取得多大的成绩，即使偶有所得也不能与学校教育相等，因而不想在闲暇时间读书。这无异于一个人因为自己进款不多，以为即使尽量储蓄，也不能致巨富，所以一有金钱，尽数挥霍，不屑储蓄。但是，你没看见有许多人，就是利用零星的闲暇时间来丰富自己的知识。

如今，很多人也逐渐意识到，知识对于我们人生历程的重要性，无过于今日。生活竞争日趋剧烈，生活情形日益复杂，所以你必须具有充分的学识，受充分的教育训练以作为你的甲胄。

我们大多数人的问题，就在于一心希望在顷刻之间成就大事。其实事情是要渐渐成就的。我们应该不断地努力读书学习，不断地充实我们的知识宝库，渐渐地推广我们知识的地平线。

将一点一点的闲暇时间，换来种种宝贵的知识——知识可以给予我们能力，使我们得以上进，我们要抓住每一个机会，不能不知轻重地把它抛弃。一般青年人不愿多读书，不想在报纸、杂志、书籍之中尽量获取各种宝贵知识，这是最可怜最可惜的！他们不明白，他们所抛弃的东西在别人手里可以成为无价之宝，是可以使人生更充实的。

耶鲁大学的校长海特莱曾经说：“各界的人，如商业界或产业界中人，都曾告诉我：他们最需要、最欢迎的大学生，就是那些有选择书本能力及善用书本的人。而这种选择书本与善用书本能力的最初养成，最好是在家庭中——具备着各种书籍的家庭中。”

知识经济的竞争主要是高科技产业之间的竞争，而高科技产业的发展主要由高素质的人才所支撑，因而，一个企业有无竞争优势，主要决定于这个企业拥有人力资源的数量和质量以及如何对人力资源进行开发和使用。纵观国内外成功的企业，一个共同的特点就是对人才的重视——广招人才、开发人才、大胆启用人才。德国西门子电气公司是德国最大的私人公司，也是世界上第五大跨国公司。

西门子之所以发展成为世界电气界的一颗璀璨的明星，离不开西门子对人才的重视。西门子公司认为，职工技术是否熟练、技术专家的多少，是增加生产，保证质量，提高竞争力，赚取最大利润的关键。一整套对人才的选拔、培养、使用办法，成了公司整体发展战略的重要组成部分。西门子公司人事部经理的日常工作之一就是访问高等院校，寻找“企业家类型的人物”，对这些人的基本要求是：良好的考试成绩、丰富的语言知识，学习好和工作好，同时有广泛的兴趣、有好奇心，有改进工作的愿望，以及在紧急情况下的冷静沉着和坚毅顽强。公司内部设有“管理人员培训部”，负责对工作人员进行了解，提出是否继续使用的建议。同时，通过不断“调动”工作，充分考察了解一个人的能力。一位未来的领导人每隔三五年会接受和完成一项新的任务，公司则从中发现优秀的管理人才。西门子公司一贯奉行“人的能力是可以通过教育和不断的培训而提高的”，整个公司在国内外拥有 600 多个培训中心、700 多名专业技师和近 3000 名兼职技师，开设了 50 余种专业，每年参加各种定期与不定期培训的多达 15 万人，公司投资 6 亿~7 亿马克。

在知识经济时代，拥有更多知识的人，将获得更高的报酬，这已成为现实生活中初显端倪的事实。以前，对世界首富排名时，前 10 名几乎全是石油大王，石油是工业经济时代名副其实的润滑剂，是资源经济的命脉。而今天，排在前 10 名的一半以上与信息等高科技产业相关，信息是未来知识经济时代的润滑剂。一段时间内，世界首富众推微软公司比尔·盖茨，而盖茨的财富则存在于计算机软件所包含的知识当中。比尔·盖茨之所以能够摘取世界首富的桂冠，靠得是他的思维、知识和观念。

1976 年，他与同窗好友保罗·艾伦正式成立了一家规范的软件公司，这家公司即是后来的微软公司。奠定比尔·盖茨成功基础的是为 IBM 公司开发一种用于 IBM 新型微机的操作系统——MS—DOS，这一设计成为整个行业使用的操作系统。1982 年 5 月 MS—DOS 版正式完成，26 岁的盖茨已成为同行中举足轻重的人物，被首次选为《金钱》杂志的封面人物。之后，盖茨又推出 MS—DOS20 版，并不断挤垮竞争对手。l986 年 3 月

13日上午，微软公司的股票正式上市，开盘价25.17美元，收盘价29.25美元。一年后微软股票冲至每股90.75美元，31岁的盖茨成为全世界最年轻的亿万富翁。随着信息时代的到来，盖茨决定微软要向网络进军。盖茨意识到，微软必须控制这一新兴行业的咽喉。哪里有商业，哪里就有微软！1995年，微软推出的“Windows95”大大增强了联网功能。以后微软公司又相继推出“Windows98”、“Windows2000”、“WindowsXP”等更先进的操作系统，现在微软正在大力发展其“微软网”。比尔·盖茨在不长的时间内发展到拥有510亿美元的个人财富，这不能不说是“知识”创造的一个奇迹。如今，比尔·盖茨已成为新的“美国梦”的代表人物，而随着知识经济距离我们一天天地临近，更多的比尔·盖茨还将涌现。

俗话说：开卷有益。一个天资比较高的人，只要经常有接触书、使用书的机会，就一定能从书本中摄取丰富的知识。

在知识社会里，最重大、最根本的变化，无疑是发生了资本革命。资金让位于知识，知识成为最宝贵的资源，最重要的资本，最珍贵的财富。

职场人离职的原因有很多，其中也有不少问题源于曾经的东家，但在面试中借机抱怨显然不是明智的做法。

你有过目标吗

人生活在世上总有一个生活的目标，这个目标就是人的理想。我们从小就接受理想教育，但是，我们的理想教育太空泛了。我们从小树立的理想就是为共产主义而奋斗，但是这个理想是全人类的理想，要全人类共同去奋斗。而我们个人首先要谋求自己的生存、发展、实现自己的人生目的，只有个人成功地实现了自己的价值，才能够为全人类的最高理想作出贡献。

理想是科学的预示，是实实在在为自己的未来设立一个切实可行的目标。

现在我们生活在一个知识爆炸的时代，一个信息化的时代，一个经济高速发展的时代，一个人的理想就必须适应这个时代的需要，而不是个人天马行空地想像自己的未来。人在这个社会里不是你想干什么就可以干什么，必须是自己成为这个社会的一分子，把自己溶进这个社会里，然后你再想像你将是个什么样的人。

人的构想使自己的生活有了目标，这个目标就使得你现在的生活变得有了意义，也使得你的未来变得一片光明。人的一生就是朝着这个目标，用实际行动来实现这个目标的。

《圣经》上说："人想什么便像什么。"这就是说，人的思想、一言一行，都是由他下意识的目标暗示决定的，他想什么脑子里就会形成一幅图画，这幅图画就会引导他朝着理想的目标前进。你想一辈子做成功，你就会向着这个目标进攻，不断去追求，如果没有这个理想，只会一生碌碌无为。

世界知名的布道家贝尔博士说：“想着成功，成功影像就会在内心形成。在雄心勃勃的推动力下，你可以控制环境，创造人生。”

由于人的内心构想是人生的设计蓝图，对人的现在和未来都有重大的影响。

但是有些人想得太好了，以至于难以实现，于是便会产生失望和悲观。

所以，设定一个适合自己的目标，努力使理想在现实条件下实现，就会给人带来快乐幸福。

什么样的目标是适合自己的目标呢？

适合自己的目标就是在自己的能力范围内和国家的需要前提下制定出来，是可以达到的目标。不是空想，不是信口开河，空想因为无法实现，会使人陷入悲观；而适合自己的目标，就会有具体的实施办法，就会使人产生希望，使人越干越有劲，越活越年轻。

适合自己的目标，也不是降低自己的追求，而是把自己的长远目标和短期目标结合起来规划自己的生活。一个中学生在暑假里打工，觉得自己适合做生意，于是就不再继续上学。要去做生意，这就是把自己的目标降低了，就是只从眼前利益出发来确定自己的奋斗目标，而忽视了人的长远发展目标。

人的能力也是在不断地发生变化的，随着能力的不断提高，就会觉得原来的目标定得太小了，因为你自己发展了，目标也就要随着调整。如果一个人停止学习，他的能力也会随之下降，那么，他原来与之相适应的目标也就显得难以实现了。所以，适合自己的目标在任何情况下都会发生变化，这就要求每个人在实际生活中不断地适应变化，不断地调整自己，力求使人生的内在潜能得到最大的实现。

所以，定一个适合自己的目标，不是一成不变的，而是不断发展、不断变化的，人们也就是在这种不断变化过程中实现自己的终极目标的。

总结一下，要实现自己的目标，要注意以下几点：

(1)要制定实现目标的具体计划。

(2)按计划行动。

(3)要有顽强的意志，百折不挠。

(4)把生命的全部注意力都集中在自己的事业上。

(5)充满自信。

其实人的理想都是从空洞到具体，从模糊到清楚，随着社会生活的发展、年龄的增长，理想也就由一种朦胧的意识变为一种科学的预想。

正是这种预想使人最终成为他想成为的人。

有些人喜欢在等待面试的时候和其他人员高谈阔论，这是比较忌讳的，因为面试中双方关系过于随便或过于紧张都会影响面试官对求职者的评判。

学会控制自己的情绪

情绪是人对事物的态度的体验。愉快、愤怒、恐惧等都是常见的情绪体验。

情绪是人对客观事物与人的需要之间的关系的反应。它是以需要为中介的一种反应形式。客观事物并不全部都能引发人的情绪，只有与人的需要有关的事物，才能引发人的情绪。一般地说，凡满足人的需要的事物，会引起肯定的情绪体验(如愉快、满意等)，凡不能满足人的需要的事物，则引起否定的情绪(如愤怒、恐惧等)。

一般认为，快乐、愤怒、恐惧和悲哀是4种最基本的情绪。这些情绪与人的摹本需要相联系，是不学而能为，通常还具有高度的紧张性。情绪上的长期紧张和焦虑往往会降低人体抵抗细菌和其他引发疾病因素的能力。尤其是气愤和懊恼的情绪是引起许多心身性疾病的主要原因。“笑一笑，十年少，愁一愁，白了头”形象生动地说明了情绪与健康的关系。

在社交活动中，人可能遇到各种各样的情况，面对不同的情况，情绪会有很大的波动，不善于控制情绪，就会使社交失败。

不能控制情绪的人，给人的印像就是不成熟，还没长大。

不说你也知道，只有小孩子才会说哭就哭，说笑就笑，说生气就生气，这种行为发生在小孩身上，大人会说是天真烂漫，但发生在成年人身上，人们就不免对这个人的人格发展感到怀疑了，就算不当你是神经病，至少也会认为你还没长大。如果你还年轻，则尚无多大关系，如果已经工作了好几年，或是年龄已超过了30岁，那么别人会对你失去信心。因为别人除了认为你“还没长大”之外，也会认为你没有控制情绪的能力，这样的人，一遇不顺就哭，一不高兴就生气，能做大事吗？这已经和你的个人能力有关了。

容易哭，会被人看不起，认为是“软弱”；容易生气，则会伤害别人。哭其实也是心理压力的一种抒解，可是人们始终把哭和软弱扯在一起。不过大部分的人都能忍住不哭，或是回家再哭，但却不能忍住不生气。不过生气有很多坏处：第一，是会在无意中伤害无辜的人，有谁愿意无缘无故挨你的骂呢？而被骂的人有时是会反弹的；第二，大家看你常常生气，为了怕无端挨骂，所以会和你保持距离，你和别人的关系在无形中就拉远了；第三，偶尔生一下气，别人会怕你，常常生气别人就不在乎，反而会抱着“你看，又在生气了”的看猴戏的心理，这对你的形象也是不利的；第四，生气也会影响一个人的理性，对事情做出错误的判断和决定，而这也是别人对你最不放心的一点；第五，生气对身体不好，不过别人对这点是不关心的。

所以，在社会上行走，控制情绪是很重要的一件事，你不必“喜怒不形于色”，让人觉得你阴沉不可捉摸，但情绪的表现决不可过度，尤其是哭和生气。如果你是个不易控制这两种情绪的人，不如在事情发生，引起了你的情绪时，赶快离开现场，让情绪过了再回来，如果没有地方可暂时“躲避”，那就深呼吸，不要说话，这一招对克制生气特别有效。一般来说，年纪越大，越能控制情绪，那么你将在别人心目中呈现“沉稳、可信赖”的形象，虽然不一定能因此获得重用，或在事业上有立即的帮助，但总比不能控制情绪好。

也有一种人能在必要的时候哭、笑和生气，而且表现得恰恰好，这种人控制情绪已到了相当高的境界，你如果有心，也是可以学到的。下面是一些克服、处理并控制情绪的方法：

(1)学会完全主宰自己，控制自己的情绪，要经过一个崭新的思考过程。这个思考过程是很难的。因为，在我们的生活中有许多力量试图破坏个人的特性,使你从孩童时期一直到成人都相信那是自己无法克服的情绪。无法克服这些情绪就只好接受它们。在这里要强调的是:你必须相信自己能够在一生中的任何时刻,按照自己选定的方式去认识事物,只有这样,你才能做到主宰自己。

(2)成功者一般都善于为自己的情绪寻得适当表现的机会。如有的人在激动的时候,会去做些需要体能的活动或运动,这可使因紧张而动员的"能"获得一条出路;有的人在情绪不安的时候会去找要好的朋友谈谈,倾吐胸中的抑郁,把话说出来以后,心情也会平静许多;还有的人借观光游览来使自己离开那容易引起激动的环境,避免心理上的纷扰,等到旅游归来,心情不复紧张,同时事过境迁,原有的问题或许也已显得微不足道,不再为之烦心了。

(3)你可以进行独立思考,或者说是你可以控制自己的思想。你的情绪来自你的思考,那就可以说,你是能够控制你的情绪的。这样看来,你认为是某些人或事给你带来悲伤、沮丧、愤怒、烦恼和忧虑,这种想法可能是不正确的。你完全可以改变自己的思想,选择自己的感情,新的思考和情绪就可以随之产生。一个健全和自由的人总是不断地学习用不同的方式处理问题,这样才能使你学会主宰自己。

(4)假如你是乐观的人,那么你就能够找到控制自己情绪的方法,而且每时每刻都能为值得去做的事而生活着,那么你便是个聪明的人。能够顺利地解决问题,当然能为你的幸福增添光彩。如果你无法解决某个特别的问题时,乐观的你仍充满信心,其实你已将自己的情感稳操在手。能够为自己的选择感到幸福时,你的情绪一定是稳定的、真实的。

能掌握自己情感的人是不会垮掉的,因为他们能够主宰自己,控制自己的情绪。他们懂得如何在失意中寻找快乐,懂得如何对待生活中出现的任何问题。在这里没有说"解决"问题,因为聪明人不以解决问题的能力来衡量自己是否聪明,而是不受情绪的影响,理智地对待问题。

你怎样才能控制自己的情绪,让每天充满幸福和欢乐呢?你就要学会这个千古永恒的秘诀:弱者任思绪控制行为,强者让行为控制思绪。每天清晨你醒来，当你被悲伤、自怜、失败的情绪包围时，你就这样与之对抗：沮丧时，你引亢高歌；悲伤时，你开怀大笑：病痛时，你加倍工作；恐惧时，你勇往直前；自卑时，你换上新装；不安时，你提高嗓音；穷困潦倒时，你想像未来的财富；力不从心时，你回想过去的成功；自轻自贱时，你注视自己的目标。

你要明白，只有低能者才自感江郎才尽，你并非低能者，除非你使自己变为一个情绪化的人。你必须不断对抗那些企图摧毁你的力量，尤其是隐藏在心里的顽疾。只要你领悟了人类情绪变化的奥秘，对于自己千变万化的个性，你就不再听之任之。只有积极主动地控制情绪，才能掌握自己的命运。

你控制自己的情绪，你掌握自己的命运，你就能成为世界上最伟大的成功人士!

每个人的学历、经历大致决定了职业方向，每个人的能力、经验决定了职位层次，每个人的家庭、背景又决定了工作地域。所以，这些因素决定了你必然在某个职业圆周内，在求职时，可以适当地放大半径，放宽选择范围，但是，圆心不能偏离，范围不能太广。

君子之交淡如水

有这样一个试验：

弹簧两端连着物体。

当你轻轻地拉伸和压缩弹簧时，弹簧柔顺地遵从你的意愿。去掉你的温柔的抚弄，弹簧会给你一个颤动的美丽。两端的物体保持着那份纯真与自然。

当你过度拉伸和压缩弹簧时，弹簧于是不耐其力，变形了，曲线美破坏了，倔强的弹簧扯离了两物，或将它们弹得远远的。一切成为悲哀的幻觉。

友谊就像这弹簧一样，连着两颗坦诚而又适距的心。

的确，建立一份真诚的友谊，是一件非常美好的事情。伯牙鼓琴，子期知音；高山峨峨流水洋洋。能够保持这份友好的情谊，使之能够经受风雨的吹打，则是更为可贵的。然而，有多少人在建立的友谊大厦上对如何填上一砖一瓦，保持它的屹立，却茫然不知所为。

让我们顺着涉世老手的思想，分析一下人性的特点，然后再领受他的千年妙招吧。

我们都知道，世上没有完全同样的两个人。两个人，不论其形体多么相像，他们绝没有完全同样的性情、爱好，绝对没有同样的经历和对事物同样的认知观点。于是，距离就存在了，距离成为人际关系的自然属性。有着亲密关系的两个朋友也毫不例外，成为好朋友，只说明你们在某些方面（或许多方面）具有共同的目标、爱好或见解以及心灵的沟通，但并不能说明你们之间是毫无间隙、融为一体的。任何事物都存在着其独自的个性,事物的共性存在于个性之中。共性是友谊的连接带和润滑剂,而个性或距离则是友谊相吸引并永久保持其生命力的根本所在。弹簧的特性与友谊之间有着惊奇的相似。

是的,因为距离的美,你和他都想进入对方那颗美好的心灵,都努力展现各自的魅力和对对方的关怀。随着距离的缩短,"金无足赤"的人类的瑕斑也在友谊的光环中出现,过深的了解使你发现了对方人性自私甚或卑劣的一面。于是,瑕斑影子在你心灵里冲突。某些不和谐伴随出现,由于弹簧距离的拉近,你和他都在内心要求对方需与自己一起摆动,少许的违背都使你特别在意。于是,被欺骗感和不忠实感使你对友谊产生了怀疑、冷淡和争执,又将友谊根基动摇,弹簧变形了,再难恢复其原来的和谐。这时你便会懊恼:为什么当初要缩短这"弹簧",破坏了相互间的距离美和朦胧美。

人就是这样奇怪:未得到时,总想得到;未靠近时又总想贴在一起,真正得到和靠近了却又太过苛求。人总在无意中伤害着他们自己。

人,不能没有朋友,没有朋友的日子是难过的。但是,芸芸众生谁为友,需要慎重选择。现如今,被称为朋友的人大街上到处都是,人们已惯将过去称为"同志"的改成称呼"朋友",似乎更亲切。其实"同门曰朋,同志曰友","同志"之称也有朋友的意思。我们所讲的交友需选择,不是这种泛泛之称的朋友,这里需要说明一下。

一个人结交什么样的朋友,对自己的思想、品德、情操、学识都会有很大的影响。俗话说:"近朱者赤,近墨者黑","近贤则聪,近愚则聩。"古代名人很重视对朋友的选择。孔子曰:"君子慎取友也。"也有人说:"匹夫不可以不慎取友。"(见《荀子·大略》)。品德高尚的人,历来受人推崇,也是人们愿意结交的对象。而品德低劣的人,却常常被人所鄙视,极少有人愿与之结交,当然也不排除"臭味相投"的"朋友"。实际上,每个人不管自觉或不自觉,他们交朋友总是有所选择的,他的择友总是有自己的标准的。明代学者苏竣把朋友分为"畏友、密友、昵友、贼友"四类,如此划分便可明白：畏友、密友可以知心、交心，互相帮助，患难与共，是值得深交的；那些互相吹捧、酒肉不分的昵友，口是心非，当面一套，背后一套，有利则来，无利则去，还可能乘人之危损人利己的贼友，那是无论如何也不能结交的。

都说朋友志同道合，情趣相投，这可以作为择友的一个标准，志向不同，情趣有变，友谊不可能长久的，早晚分道扬镳，“管宁割席”的典故就是个例子。管宁热衷于读书做学问，而华歆则热衷于官场名利，两人缺乏做朋友的共同思想基础，割席而坐是可以理解的。人类普遍存在着一种“趋同”的心理现象。有一个心理学实验说明了这个现象，心理学家让十几个素不相识的人呆在一间屋里，不与外界交往，只让这些人相处。几天后发现，有共同爱好和追求者大都成了朋友，而没有共同爱好和追求者则形同路人。

选择朋友以选品德高尚、心胸宽广者为宜。孔子说：“与善人居，如入芝兰之室，久而不闻其香，即与之化矣。与不善人居，如入鲍鱼之肆，久而不闻其臭，亦与之化矣。”墨子有更形象的比喻，他把择友比做染丝，“染于苍则苍，染于黄则黄，所入者变，其色亦变。五人而已，而已为五色，故染不可不慎也。”也许你说自己“抗腐性”强，那为什么不“择善而从之”，反而自讨苦吃呢？与高尚的人在一起，你也会感染上他的气质，何乐而不为呢？

“朋友多了路好走”，朋友多——好朋友越多，我们受益越多。学无止境，学问再大的人也有不懂的东西。孔子还谦虚地说：“三人行，必有我师焉。”圣人尚且如此，我们在结交朋友时，也可尽量选择有学识的人，忘年交的存在原因也许正在于此吧。当然，对朋友也不能求全责备，自己本来就是不完美的，朋友又是双向的。如果人人都要求结交比自己有学问的人为友，那么到头来只能是谁也没有朋友。正所谓“尺有所长，寸有所短”，朋友相交贵在有所补益，有所予有所取才是“交往”。

保持友谊，避免人们自我伤害！涉世老手在对友谊的失败和成功中总结出了这样的务实友谊观——弹簧友谊。

(1)无论友谊还是爱情，都存在一个弹簧距离，只不过爱情的弹簧更短一些罢了。因此过度的疏远和分离或过度的贴接,都会招来彼此的伤害。很长时间不同亲朋好友来往,别人会认为你缺少朋友味,认为你已变得独侠孤傲;将你的隐私和缺暇完全端给对方,又使彼此小心翼翼,形成不吐不忠的负担。当友谊从一个极端走向另一个极端,双方又会成为可怕的敌人。所以,保持一段“弹簧距离”,创造一种轻松的共处,会给你的生活带来安稳。

(2)友谊之树长青,需要双方的浇灌呵护。直接的拥抱呵护不如间接的诚挚与关爱来得庄重。尝试通过间接的方式表达你的关心和体贴,能使对方的心更为感动,“弹簧距离”会使你们的心与心之间引力更大。

古人的交友择友之道,我们可以借鉴,但不能照抄照搬,也不要为其所拘束,对友人过于苛刻。择友的标准各有不同,也应该从个人实际出发,慎重选择,急着交上的朋友,去得也快,所以朋友可广交,不可滥交。

有的人急于求成,整日忙于奔波,却不去思考成功之路;有的人慢条斯理,全然不顾形势的变化、高潮的时间。只有认识到变化的形势,加速进入求职就业的快车道,才能跟上飞速奔驰的列车,否则,就会被丢在某个驿站。

宽以待人，换位思考

种瓜得瓜，种豆得豆。人缘就像如何耕种土地，你播种什么将收获什么。因此，要想拥有好人缘，就一定要好好地经营自己的友谊，用真诚来播种，用热情来浇灌，用宽容和信任来精心培育……这样你才能收获好朋友，拥有好人缘。

人们在一个集体中工作学习，难免会产生一些分歧或矛盾。这样的事情你肯定遇见过，为一些鸡毛蒜皮的小事争得面红耳赤，谁都不肯服输，到最后都出言不逊以致大打出手，一个单位的再见面都很不愉快。事后静下心来想想，当时若能少说一句，或者及时道个歉，自会风平浪静，大事化小、小事化了，最终岂不美哉。事实上，越是有理的人，如果表现得越谦让，反而越能显示出胸襟的坦荡，更能博得他人的钦佩。

汉朝时有一位叫刘宽的人给了我们更生动的证明。刘宽为人宽厚仁慈，他在南阳当太守时，遇到小吏、百姓做了错事，为以示惩戒，他只让差役用蒲草鞭责打，使之不再重犯，此举深得民心。

他的夫人为了试探他是否像人们所说的那样仁厚，便让婢女在他审案的时候捧出肉汤，故作不小心把肉汤洒在他的官服上。她想着刘宽必定会把婢女责打一顿，但是自己的丈夫不但没发脾气，还问婢女："有没有烫着你的手啊？"由此足见刘宽为人宽容确实超乎一般的人。

还有一次，有人曾经错认了刘宽家驾车的牛，非要说牛是他的。刘宽什么也没说，叫车夫把牛解下给那人，自己步行回家。后来，那人找到自己的牛，便把牛送还刘宽，并向他赔礼道歉。刘宽反而安慰那人说没事。

这就是有理让三分的做法，宽以待人，刘宽的度量感化了人心，也赢得了人心。在他的治理下，南阳治安稳定。

交际艺术是一门大的艺术，它不仅表现在对自我的了解上，而且要求学会换位思考，设身处地地想想别人的需求。只有我们知晓对方需求的时候，才能找到合适的交际手段，让交往更顺畅，让生活更舒坦。

生活中我们见到这样的例子。在一个石油公司中有一个推销员，他特别希望成为他所属区域里业绩第一的推销员，可就是因为一处加油站的清洁问题，引起了汽油销售量下降，他的业绩也受到了很大影响。他的心情很坏，决定去改善。

此处加油站的经理是一名老员工，无论这位推销员怎样请求他把加油站的清洁搞好，他总是仗着自己资格老，根本不把推销员的话放在心上。经过多次劝导，多次诚恳的谈话，都没有产生任何效果，这个推销员不得不另想办法。

推销员邀请这位经理去参观一处干净整洁的加油站，这时候他手指着加油站对这位经理说："如果你是顾客，你是愿意到这样一个干净的加油站加油呢？还是愿意到你那个脏兮兮的加油站加油呢？"这样劝说的效果就达到了。这位经理感到非常不好意思，他回去后采取措施，当这个推销员再次到他的加油站时看到，他的加油站比上次他们去参观的那座加油站还要整洁干净。

可想而知，这座加油站的销售量大大增加。最后，这个推销员也实现了区域内推销业绩第一的目标，达到双赢。

所以，在与他人交往或生活时，每个人都应该学会换位思考，尽可能体会并满足他人的需要，这样才能建立好的人际关系，减少交往中的摩擦和困难，达到双赢的效果。

多换位思考，弄清对方的需要，就可以很容易使你成为受欢迎的人。如果别人对某件事的看法与你的看法完全不同，你不必责备别人，应该明白，别人之所以那么看，一定有他的原因。换位思考，站在别人的角度找出原因，就相当于拥有了解他的行为、个性的钥匙。

生活中要多对自己说："要是我站在他的位置上，我会怎么想？我会有什么感觉？我会做什么反应呢？"那么你就会摆脱不少的苦恼，无形中增加了你们的交往指数。

宽以待人，要将心比心，推己及人。推己及人，是以自己为标尺，衡量自己的行为举止能否为人所接受，其依据是人同此心，心同此理，设身处地地为别人考虑问题，得饶人处且饶人。假设自己站在对方的位置上，想一想对方会有什么反应、感觉，从而理解他人，体谅他人，懂得了这点，当别人理短时就会大度地宽容他人，他人才会在你理短时容让你，以此建立相互宽容的人脉关系网。

面试官给你的忠告

没有理想，就会让人没有追求，碌碌无为，然而，理想与现实的差距是一条不可逾越的鸿沟。往往理想太远大，现实太残酷。所以找工作要切合实际做一个职业规划，要想做大牌，首先做小卒。调整心态，先从梦中醒来，认清职场形势，看到竞争的激烈性，让自己不切实际的想法软着陆，给自己重新定位。

别驳了他人的面子

中国人是很重视面子的，很多朋友也很讲面子。

自古以来，中国人“死要面子”的事不少。西楚霸主兵败乌江时就悲叹：“纵江东父老怜而王我，我何面目见之！”就因为他“无颜见江东父老”，所以自刎乌江。项羽可谓“死要面子”的典型。

每个人都需要面子，而且也都希望自己有面子，有面子就能被别人看得起，表明在他人中间有优越感。懂得这个道理，求朋友办事就方便了许多，只要你能放下自己的面子，给朋友一个面子，相信你会获益匪浅。

许多时候，下属的冲撞会使上司下不了台，面子难堪。作为下属，绝对不能跟上司抢镜头。如果你与上司的交往中总是咄咄逼人，不知道给上司留面子，就会引起上司的反感。更有甚者，把本该属于上司的光辉硬往自己脸上贴，完全忘了自己的身份，老做一些“越位”的事，抢上司的“镜头”。这样的人，恐怕很快就会被上司“炒鱿鱼”。

从历史上看，因为不识时务、不看上司的脸色行事而触了霉头的人并不在少数，也有一些忠心耿耿的人因抢了上司的“镜头”而备受冷落。

唐太宗李世民是以善于纳谏著称的贤君，但也常常对魏征当面指责他的过错感到生气。

有一次，唐太宗宴请群臣时酒后吐真言，对长孙无忌说：“魏征以前在李建成手下共事，尽心尽力，当时确实可恶。我不计前嫌地提拔任用他，直到今日，可以说无愧于古人。但是，魏征每次劝谏我，当不赞成我的意见时，我说话他就默然不应。他这样做未免太没礼貌了吧？”

长孙无忌劝道：“臣子认为事不可行，才进行劝谏；如果不赞成而附合，恐怕给陛下造成其事可行的印象。”

唐太宗却不以为然地说：“他可以当时随声附和一下，然后再找机会陈说劝谏，这样做，君臣双方不就都有面子了吗？”唐太宗的这番话流露出他对尊严、面子和虚荣的关注，反映了上司的共同心理。

古代有位大侠郭解。有一次，洛阳某人因与他人结怨而心烦，多次央求地方上有名望的人士出来调停，对方就是不给面子。后来他找到郭解门下，请他来化解这段恩怨。

郭解接受了这个请求，亲自上门拜访委托人的对手，做了大量的说服工作，好不容易使对方同意和解。照常理，郭解此时不负众托，完成这一化解恩怨的任务，可以走了。可郭解还有高人一着的棋，有更技巧的处理方法。

一切交待清楚后，他对委托人的对手说：“这个事，听说过去有许多当地有名望的人调解过，但因不能得到双方的共同认可而没能达成协议。这次我很幸运，他也很给我面子，我了结了这件事。我在感谢你的同时，也为自己担心，我毕竟是外乡人，在本地人出面不能解决问题的情况下，由我这个外地人来完成和解，未免使本地那些有名望的人感到丢面子。”他进一步说：“这件事这么办，请你再帮我一次，从表面上要做到让人以为我出面也解决不了问题。等我明天离开此地，本地几位绅士、侠客还会上门，你把面子给他们，算做他们完成此一美举吧，拜托了。”

人都爱面子，你给朋友面子就是给他一份厚礼。有朝一日你求他办事，他自然要“给回面子”，即使他感到为难或感到不是很愿意。这，便是操作人情账户的精义所在。

朋友相交，要善于利用面子，往朋友脸上贴金，朋友只会高兴，只会感激你。就比方说，你有喜事临门，朋友来向你道贺，你要说：“沾你的光，托你的福。”这样一说，就使你自己的光彩暗些，朋友的面上则光些。

即使朋友的所作所为，你有意见，说的时候也要给朋友面子。你总得先说："你的某某事做得挺好，效果、反映都不错"，然后，你再用"就是"、"但是"、"不过"等来做文章，谁都知道"但是"后面的才是真正要说的话，但前面的话一定要说，因为在中国它不是假话，也不是废话，而是为营造一种和谐气氛的客气话。你若直来直去，对方必然会觉得你扫了他的面子，心中会大起反感。所以，曲线救国，拐弯抹角的话少不了。

此外，假如你在交际的过程中，不仅没能让朋友欠你人情，反而伤了人家的面子，如果你立即去补偿，一般都能化解矛盾，不致酿成大祸。怎么补偿呢？一是赶紧说对不起，赶紧降下身份，将自己的面子甩到地上踩几下，这样，一损对一损，算是扯平。二是如果对方的面子本来就大，便只好自己打耳光，骂自己有眼不识泰山。总之，是以贬损自己来相应地抬高对方，补偿他的面子。

常言道："退一步海阔天空，进一步逼虎伤人。"这话还是十分有道理的。因此，维护上司的尊严，给上司留面子，主要应当注意以下几点：

1.上司理亏时，给他留个"台阶"下。没有必要凡事都与上司争个孰是孰非，得让人处且让人，给上司个"台阶"下，维护上司的面子。

2.上司有错时，不要当众纠正。

3.不冲撞上司的喜好和忌讳。

4.百保不如一争。会来事的下属并不是消极地给上司保留面子，而是在一些关键时刻、"露脸"的时刻给上司争面子，给上司锦上添花，多增光彩，取得上司的赏识。

面子和权威之所以如此重要，根本原因在于它们与上司的能力、水平、权威性密切相关。平时，不应跟上司抢"镜头"，从与上司相处的角度来讲，不慎言笃行，否则一旦冲撞了上司，就会影响你的进步和发展。

5.好面子，好人缘，好生意。

商人永远不要忘记一件事情，那就是你的好面子和好生意都是你的顾客给你的，"上帝"永远是他们，而且他们永远是顾客、是购买者，他们上门问货，正是把买卖信息送上门来。精明的生意人，善于从这里"春江水暖鸭先知"，从而赢得行情，赢得市场。

凡是成功的人，都善于把自己的姿态放得很低，给别人面子，尊敬别人。这种平和、善良，让人拥有了好人缘，对工作也会有很大的帮助作用。

每一个人在人生旅途中，都应有适合自己的驿站，在职业生涯中，都应有适合自己的坐标。同样一颗种子，种在不同的土壤里，就会有不同的收获。换到适合生长的地方，就会茁壮成长，越长越旺盛。职场人士，找准属于自己的那一方水土很重要！

准备一本"人脉"存折

人脉经营的最高境界就是要能善用你的人脉，让人脉运行畅顺。我们不需要有解决所有问题的能力，重要的是每次要找到能解决且乐于帮你解决问题的人。当你能够运用人脉解决问题时，就能吸引更多的人脉，达到一个良性的循环。

"众人拾柴火焰高"，通常人们会认为人越多，人际关系就越充实，然而事实并非如此。所谓关系与友谊，其实是愈充实数量愈少，最为充实的反而都是到了最后把糟粕都去除掉留下的少数精品，人际关系也是如此。

当然，事物的发展有多个阶段，在最初阶段必定是人数愈来愈多的时期。否则，没有一定的人数基础，人际关系是不可能充实的。其实最重要的，还是自己能否有意识地增加人数，而不是盲目地将所有认识的人统统纳入你的人际关系网。

想要自己有更多的人脉却无从下手的人很多，有人一定会问：怎样来经营人脉？就像经营企业一样，经营人脉也没有什么标准答案，1000个人眼中有1000个哈姆雷特，经营人脉也可以1000人有1000种方法，但需要掌握的几个原则性的问题却是一致的。

随时随地把握自己人脉的终极目标

贵人不是每个人命中注定就有的，而是你去互动所创造出来的，而且关键看你有没有把他当贵人看待。

而我们随生活逐流，大部分人在人际互动中是被动的，只在发生利害关系时才变成主动，但如果把人脉都建立在利害关系上，这就决定了关系的短暂性，这种人际关系也不是真正的人脉。事实上，人与人的交往都有一个过程，那就是：认识——熟识——伙伴。我们经营人脉的最终目标就是要与认识的每一个人发展成为伙伴关系。要认识你想结交的人很容易，但这只是第一步；第二步是变为熟识，这需要你主动去增加双方认知接受的频率，多次地累积。N次互动的熟识之后，还要不断付出关心，取得对方的认同，这时他就不只是个人接受你，还会替你传导，引导他的人脉来接受、认识你——这就形成所谓的“伙伴关系”。当我们与人相处时，如果能发展到最后的伙伴关系，那么即使我们把人脉应用在狭隘的销售行为，为自己的生活服务，即使成为竞争对手，对方也不会扭头就走，说不定还会从他的人脉中带给你成交的机会，所以请你一定要继续与他保持互动。

掌握现代人脉管理方法

“成功不是靠记忆，而是靠记录。”人脉经营一定要善用工具。建立客户数据卡是最常见的(但人脉不只是客户)，再依自己的需求作分类，并另行记录依生日排列的名册（生日是最好的互动机会)——在人工记录上，能做到这几点已是非常难得，但人脉经营只靠这些记录还远远不够，如能借助计算机来帮你整理，并选择适合的含有以上功能的人脉经营软件来管理，将会让你事半功倍。

管理好人脉网络的桥梁——“介绍人”

当你拥有一定数量的人脉，就一定要像经营自己的企业一样，把自己的人脉组织成一个强有力的网络，从而更好地为自己服务。人际关系当中,“介绍人”是很重要的一条互动桥梁,每当在人脉互动产生成果时,一定要记得去感谢你的“桥梁”,这样,当你有困难而寻求桥梁的帮助时,他才会更乐意地引进更多的人脉去为你服务。过河拆桥的事千万不能做,尤其是当你的人脉达到成千上万时,你根本不可能有时间去与所有的人保持一一互动,最好的办法就是掌握“人脉网络桥梁”,让你的人脉运作得更顺畅。

管理名片和电话簿

如何与人交换名片?

(1)时常检查名片夹。要养成检查名片夹内是否还有名片的习惯,以免在需要交换名片的时候,找不到名片而倍加尴尬。

(2)注意等级次序。上司在场时不要先递交名片,要等上司递上名片后才能递上自己的名片。

(3)名片的拿取方法。拿取名片时要用双手去拿,拿到名片时可轻声念出对方的名字以让对方确认无误;如果念错了,要记着说“对不起”。拿到名片后,可放置于自己名片夹的上端夹内。

(4)同时交换名片。可以右手递交自己的名片,左手接拿对方的名片。

(5)收到名片后。不要无意识地玩弄对方的名片,也不要当场在对方名片上写备忘的事情。

(6)放名片的位置。一般名片都放在衬衫的左侧口袋或西装的内侧口袋,名片最好不要放在裤子口袋内。

(7)一般不要伸手向别人讨要名片。必须如此时,应以请求的口气,说“您方便的话,请给我一张名片,以便日后联系”等类似的话。

世界一流人脉专家哈维麦凯是如何整理和利用名片的呢?

①一式三份。一得到一张名片就把它复制成3份,一份放在办公室,一份放在家里,一份放在总档案袋内。

②分别处理。把所有的名片一小叠一小叠地堆在桌上。一叠是电话

联络的;一叠则交给他的秘书,由秘书写信或是短笺给顾客;一叠是要亲自拜访的。

⑤分类管理。把所有的名片分类,按能成为顾客可能性的顺序排列。3A级顾客,2A级顾客,A级顾客,不合格顾客。

④记录联系情况。每当与人联系时,都会在卡片上记录并标示出日期。这样做的好处就是能很快地知道哪些人已经联络了,哪些人还没有。

⑤更新内容。删除或修正名片中没有用的资料。

我们在生活中也深有体会,名片与电话簿上的电话号码越来越多,但是大多是用不上的。

所以,真正的人际关系不是用名片或电话号码的多少来计算的。尽管某个时期的人数不断增加,却并非意味着人际关系进入了充实期。充其量,只能算作通往充实期的准备阶段而已。

当数量增加到一定程度时,你就必须进行整理了。首先你应该将仍然保持联络的和已中断联系的人际关系区分开来。经过整理,仍然保持联络的名片张数必将减少。因此,只看到名片张数增加就高兴不已的人,是根本无法建立人际关系网络的。不过,名片不断增加的时期也是绝对必要的。倘若不经历这一时期,必定无法抵达充实期。

因此,在整理名片之际,你不必因为仍然保持联络的名片张数减少而担忧。相反却值得高兴,这是你人际关系整体充实的证据。你想一想就会明白,当你目前的工作告一段落,展开新工作时,名片的张数也必定会随之增加,尤其当你跳槽或者更换职业时,这种情形最为明显。当新工作开始步入轨道正常运转时,人际关系又会逐渐减少。中途因工作关系参加各种活动时,名片又将再度增加。这种增减的重复,在人际关系成长过程中是十分必要的。

如果只盲目追求名片张数的不断增加,你和每一个人之间的关系必定会越来越薄弱。因为比起和熟人碰面的机会,你会更热衷于追求结识新人的机会。那么,在这种情况下,熟人碰面的机会都没有了,还谈何人际关系的充实。所以说无论什么,只要数量减少,质量必然增加。如此一来，你和每一个人才能缔结出深厚的交情。

大千世界，芸芸众生。面对千姿百态、不同性格的人，我们一定要在复杂的人际中练就一双识人的慧眼，通过现象，辨识朋友的真伪，提防落入他人的陷阱。只有这样，我们才能交到益友，剔除损友，让我们的人脉之树永远长青。

一味地以静制动、以守为攻并不可取，但是为了求得高薪、求得高位、求得发展、求得机会、求得开心、求得轻松，就不停地跳来跳去，收获不小，损失多多，结果收支平衡，甚至发生误跳，跳入冰窖。

争一步不如让一步

象棋是中国的发明,其中蕴藏着中国人的人生智慧。

高手往往能从大局出发,不争一子之得失,着眼于长远,走一步看三步,甚至更多,有战略布局造势,有策略设圈埋伏;而低手者,只能从局部出发,走一步看一步,无长远之眼光,为争一子之得失往往陷于对手之圈套,损城失地,直至输棋。

在印度南部的马哈丛林里,人们捕捉猴子的狩猎工具很简单:在一个牢固但透明的盒子里装有猴子特别爱吃的核桃, 盒子上方开一个小孔,刚好够猴子的前爪伸进去,抓住核桃后就抽不出来了。聪明的猴子常常中计而被猎人抓获。其实猴子很容易就可以逃生,那就是松开前爪,放弃核桃。

人们可能会嘲笑猴子因为不肯放弃一个核桃而搭上了性命,可是我们人类自己呢?是不是也常常因为不肯放弃一些虚无缥缈的“名”或“利”而烦躁不安呢?作为教师,有时我们会抱怨学生不懂事,在我们的内心深处是不是对学生的要求过高了呢?有时我们会抱怨待遇偏低,可是我们有没有想过,自己的付出到底是不是物有所值?有时我们会抱怨压力过大,可是我们是否想过,这压力又是从何而来呢?仔细地想一想,细究一下深层次的原因,主要还是为名所累,为利所困。

人与人之间需要相互帮助和忍让, 缺少这两样便什么事也干不了。不要斤斤计较、小题大做,在给对方设一道门的时候,其实也把自己堵在了门外。两个人在一架独木桥中间相遇了，桥很窄，只能容一个人通过。两人都想着让对方给自己让路。

一个人说："我有急事，你让我先过。"

另一个人说："我们谁也不愿让，那就同时侧身过桥。"两人一想也对，就侧过身子脸贴脸地过桥。

这时一个人暗暗推了另一个人一把，另一个在挣扎之际抓住了他，两人同时掉进了水里。墨子说："恋人者，人必从恋之；害人者，人必从害之。"构建平和的心境，争一步不如让一步，这也是自己得到方便的根源。

做人是一生的学问，凡是在争来争去中度过时光的人，都算不上真正懂得做人底线的智者。与之相反，"求让"则是保证能够安心做事的重要的做人底线。

"争"与"让"的区别在于："争"在于不失分寸，"让"在于敢舍弃一切。如果用"争"的方法，你绝不会得到满意的结果；但用"让"的方法，收获会比预期的高出许多。语言的杀伤力也是巨大的，如果非要在口角上争一下，倒不如让步为好。

承认自己有错让人有些难堪，心中总有些勉强，但这样做可以把事情办得更加顺利，成功的希望更大，带来的结果可以冲淡认错的沮丧情绪。况且大多数情况下，只有你先承认自己也许错了，别人才可能和你一样宽容大度，认为他也有错。这就像拳头出击一样，伸着的拳头要再打人，必须要先收回来方有可能。

遇到争论时，首先做出让步，这是有礼貌的表示，而不是伤面子的行为。如果执意争吵，只会对双方都造成伤害。因此，快速、真诚地让步，承认自己的错误，你与对方的距离拉近了，在他觉得你真诚的情形下，他也会真诚地待你。

对的时候，你就要试着温和地、技巧地使对方同意我们的看法；而错了，就要迅速而真诚地认错。这种技巧不但能产生惊人的效果，而且会把办不成的事办成。人们最容易被"让"所打动，最容易被"争"所激怒。"让"与"争"关系的选择，可以说常为低调做人的智者所把握，成为他们行之有效的处世方式。

人生不能没有追求，执著是一种美丽。失败是成功之母，只有不断总结，不断拼搏，才有可能取得最后的成功。“宝剑锋从磨砺出，梅花香自寒苦来。”历尽千辛万苦获得的成功更值得珍惜，苦尽甘来的喜悦更值得细细品味。

但是人生也不能没有退步。勇往直前、百折不挠固然可喜，但有限的生命难以承受太多的重量，人生不可能永远负重前行。有舍才有得，只有学会取舍才能得到更多。所以适当退让、学会放弃更是一种智慧。其实合理的退让是一种洒脱，是一门学问；适当的放弃是一种豁达，是一种人生的领悟。

人生的大门往往是没有钥匙的，在命运的关键时刻，人最需要的不是墨守成规的钥匙，而是一块砸碎障碍的石头！

职场竞争太激烈，没有竞争意识是要吃亏的，所以，简历中，适当加点花色和调料，使自己的简历有吸引力，自己的能力、经验可以适当请放大器和扩大镜帮助一下，否则，在茫茫人海中很难寻求发展空间，如愿以偿进入职业发展的高速公路。

塞翁失马，焉知祸福

古人说："祸兮福之所倚，福兮祸之所伏。"就是说，祸中孕育着福，福中也埋伏着祸。好事和坏事是可以互相转化的，在一定的条件下，福就会变成祸，祸也能变成福。

郑板桥曾留下两句名言，一句是"难得糊涂"，是啊，聪明难，糊涂更难；另一句是"吃亏是福"，细细想来，实际上，又有几个人肯吃亏，又有几个人真的认为"吃亏是福"呢？

傻人有福，人们称其福为傻福。傻人有傻福、吃亏是福不能单从字面去理解。所谓傻人，是指那些对人真诚、待人厚道、做事本分的人，傻人可能在某些"聪明人"眼里很傻，但是往往能获得比常人更多的帮助和爱护，因为他待人真诚，所以值得别人信赖；因为他待人厚道，所以值得别人帮助；因为他做事本分，不投机取巧，所以能得到别人的青睐。傻很多时候意味着执著和忠贞，也意味着宽厚和诚实，这就让人感动，让人喜欢，你不知不觉站到了他的一边。人只有解除了威胁，才有可能相互靠近。傻人正因为傻，让你感觉到发自内心的真诚和友好。在傻人面前，你很容易确立自己的优势，有了自信，你就宽容了，脾气也随和了，对其态度也就改善了。

傻人是傻的，因为他很少猜忌，很少计较，很少怀疑，只有本能，只有感受。傻人通常很痴、很执著。他不懂得做事要先猜忌、先怀疑，再确定是否可做、该做，他只知道要去做一件事、必须做一件事，然后就去做了，就这么简单。生命因简单的感受而快乐，生命因简单的感受而简单。我认识一位蒙古族朋友，他是一名教师，妻子也是一名教师，瘫痪多年在床上，他一直服伺着妻子，他放弃了很多，每天上班、回家两点一线，十多年持之以恒，服伺妻子，有人认为他很傻，他自已说："我又没什么本事，一生做好两件事也足够啦，尽我的能力教好学生，待好妻子。"妻子不幸去世了，岳母孤身一人还在和他一起生活。后来，有同事给他介绍了一个外地的离异教师，重新组织了家庭，学校帮忙也把她调了过来，因为他对以前的岳母一直很好，现在的妻子也像女儿对母亲一样对待着老人，一家人和和气气地在一起生活着。我以为他一生平平淡淡，没有什么轰轰烈烈，活得坦然；虽然付出很多，他心甘情愿，他以他的付出、他的爱而感到幸福，傻人傻福，傻人傻爱。

人是群居的动物，群居就要有交往、交流、交际，只要"交"起来，就可能有人"吃亏"，有人占"便宜"了。在两个人以上的交流中要想不吃亏，完全达到"平等"交往，可能是不存在的。社会是需要人们交往才能发展的，在交往的过程中，可能没有哪一个人不曾吃过亏，有的吃亏是自愿的，有的吃亏是乐意的，有的吃亏是被迫的，有的吃亏是不甘心的……但无论你愿意或不愿意，你都必须吃亏。傻人是敢于吃亏的。德不高者不甘吃亏，心不诚者不愿吃亏，品不正者不肯吃亏，行不端者不能吃亏！

吃亏和占便宜，其本身并没有什么标准去衡量，没有严格的评定准则去定位。什么是吃亏，什么是占便宜？因人、因事、因环境、因社会等因素去定，也是仁者见仁、智者见智的事儿。得到是占便宜吗？切记任何事都有得有失。付出就是吃亏吗？爱是付出，如果我们去爱了，那你说我们是吃亏了吗？能爱说明我们有爱心、有能力，用爱体现我们的人生价值，何乐不为呢？有爱的能力不去爱那才是可悲呢，没有爱的权利和有爱的能力那就是不幸啦。

"吃亏是福，占便宜是祸"，这句话我们听得耳熟，为什么做不到？是我们怕吃亏，所以就不肯做。别人怎么对我，我也怎样对人，还是犯这个老毛病。因此，学儒的不守礼了，学佛的不持戒了，认为守礼、持戒处处吃亏、上当，好处、便宜都让别人占去，所以虽然喜欢听圣人之道，却不敢奉行。

人没有无缘无故的得到，也没有无缘无故的失去。有时，你是用物质上的不合算换取精神上的超额快乐。也有时，看似占了金钱便宜，却同时在不知不觉中透支了精神的快乐。人生观不同价值观不同，结果自然不同。所以，吃亏是福，就是这样一个道理。现实生活中，很多人以低调的姿态做着各种各样的好事，在不同的程度上，他们当然就是我们常说的“圣人”。不妨再进一步分析一下：人与人相处，如果一个人从来不吃亏，只知道占便宜，他很可能成为孤家寡人，因为别人很难愿意与这样的人打交道，与这样的人打交道，一不小心就吃亏，有谁愿意？除非别人愿意吃这个亏。

从另一个角度看，如果我们在许多时候乐意吃亏，别人与我们打交道就会放心，就会愿意与我们打交道，而且只要别人是一个正常的人，在适当的时候，我们想肯定会有不同程度的回报！人与人之间的关系也就会逐步融洽。能吃亏的人是有爱心的人，世界多了爱心，就会走向和谐。所以聪明和傻就是叫我们不要计划得失！人生才更有意义！用宽容的心去面对人生！

吃亏是福就是告诉我们“福”与“祸”之间，这种变化的辩证关系。人吃了亏，可以“吃一堑，长一智”，变得更加聪明起来，经验更加丰富、更加成熟，自然带来更多的成果。这难道不足以说明“吃亏是福”吗？

有些时候，糊涂处世，主动吃亏，山不转水转，也许以后还有合作的机会，又走到一起。若一个人处处不肯吃亏，则必想处处占便宜，于是，妄想日生，骄心日盛。而一个人一旦有了骄狂的姿态，难免会侵害他人的利益，于是便起纷争，在四面楚歌之中，又焉有不败之理？“吃亏”也许只是物质上的损失，但是一个人幸福与否，却往往取决于他的心境如何。如果我们用外在的东西，换来了心灵上的平和，那无疑是获得了人生的幸福，这便是值得的。

不少好朋友，抑或事业上的合作伙伴，由于种种原因，双方都搞得很不开心，结果大打出手，甚至反目成仇。

有个人却不一样，他与朋友合伙做生意，几年后一笔生意让他们将所赚的钱又赔了进去，剩下的是一些值不了多少钱的设备。他对朋友说："全归你吧，你想怎么处理就怎么处理。"留下这句话后，就与朋友分手了。显得多有风度啊，没有相互埋怨，这叫"好合好散"。生意没了，人情还在。

有人问李泽楷："您父亲教了您一些怎样成功赚钱的秘诀吗？"李泽楷说，赚钱的方法他父亲什么也没有教，只教了他一些为人的道理。李嘉诚曾经这样跟李泽楷说，他和别人合作，假如他拿七分合理，八分也可以，那么拿六分就可以了。

李嘉诚的意思是，吃亏可以争取到更多人愿意与他合作。你想想看，虽然他只拿了六分，但现在多了一百个合作人，他现在能拿多少个六分？假如拿八分的话，一百个人会变成五个人，结果是亏是赚可想而知。李嘉诚一生与很多人进行过或长期或短期的合作，分手的时候，他总是愿意自己少分一点钱。如果生意做得不理想，他就什么也不要了，愿意吃亏。这是种风度，是种气量，也正是这种风度和气量，才有人乐于与他合作，他也才越做越大。所以李嘉诚的成功更得力于他的恰到好处的处世经验。

吃亏是福，乃智者的智慧。不管是做老板也好，还是做合作伙伴也罢，旁边的人跟着你有好日子过、有奔头，他才会一心一意跟着你干。

如果心仪岗位的条件尚未成熟，就充分利用好现有的工作机会，利用空暇的时间，静下心来为自己充充电，无论哪个行业、哪个企业、哪个职位，实力才是竞争的核心，有了过硬的技能，未来才能抱得一个金饭碗！

做人不必太较真

成功的处世之道在于人的胸襟广阔，气度雍容，为人不骄不躁，谦恭而不张扬，处事不惊不慌，冷静而不失措。对小人的嘲讽谩骂，不愠不馁；要有一颗平凡之心，拥有大庸大俗的豪放与粗犷，方能行效君子之美行。“水至清则无鱼，人至察则无友”，做人不能太较真，这正是有人活得潇洒，有人活得太累的原因之所在。

做人固然不能玩世不恭，游戏人生，但也不能太较真，认死理。太认真了，就会对什么都看不惯，连一个朋友都容不下，把自己同社会隔绝开。镜子看上去很平，但在高倍放大镜下，就成了凹凸不平的山峦；肉眼看很干净的东西，拿到显微镜下，满目都是细菌。试想，如果我们“戴”着放大镜、显微镜生活，恐怕连饭都不敢吃了。再用放大镜去看别人的毛病，恐怕许多人都会被看成罪不可恕、无可救药的了。

与人相处就要互相谅解，经常以“难得糊涂”自勉，求大同存小异，有度量，能容人，就会有许多朋友，且左右逢源，诸事遂愿。相反，“明察秋毫”，眼里揉不得半粒沙子，过分挑剔，什么鸡毛蒜皮的小事都要论个是非曲直，容不得人，人家也会躲得远远的，最后你只能关起门来“称孤道寡”，成为使人避之惟恐不及的异己之徒。古今中外，凡是能成大事的人都具有一种优秀的品质，就是能容人所不能容，忍人所不能忍，善于求大同存小异，团结大多数人。他们胸怀豁达而不拘小节，从大处着眼而不会鼠目寸光，并且从不斤斤计较，纠缠于非原则的细枝末节，所以才能成大事、立大业，使自己成为不平凡的伟人。

但是，如果要一个人真正做到不较真、能容人，也不是简单的事，需要有良好的修养、善解人意的思维方法，并且要从对方的角度设身处地地考虑和处理问题。多一些体谅和理解，就会多一些宽容、多一些和谐、多一些友谊。比如，有些人一旦做了官，便容不得下属的缺点，动辄横眉竖目，使属下畏之如虎，时间久了，必积怨成仇。想一想天下的事并不是你一人所能包揽的，何必因一点点小事便与人生气呢？调换一下位置，自己挨训时也许就理解了上司的急躁情绪。

宋朝的范仲淹是一个有远见卓识的人。他在用人的时候，主要是取人的气节而不计较人的小节。范仲淹做元帅的时候，招纳的幕僚，有些是犯了罪过被朝廷贬官的，有些是因为犯了罪被流放的。这些人被任用后，有的人不理解。范仲淹则认为："有才能没有过错的人，朝廷自然要重用他们。但世上没有完人，如果有人确实是有用人才，仅仅因为他的一点小毛病，或是因为做官议论朝政而遭祸，不看其主要方面，不靠一些特殊手段起用他们，他们就成废人了。"尽管有些人有这样或那样的问题，但范仲淹只看其主流，他所使用的人大多是有用之才。

人非圣贤，孰能无过？有道德修养的人不在于不犯错误，而在于有过能改，不再犯过。所以用人，用有过之人也是常事，应该看到他的过错只不过是偶然的，他的大方向是好的。《尚书·伊训》中有"与人不求备，检身若不及"的话，是说我们与人相处的时候，不要求全责备，检查约束自己，也许还不如别人。要求别人怎么去做的时候，应该先问一下自己能否做到。推己及人，严于律己，宽以待人，才能团结能够团结的人，共同做好工作。

孔子带众弟子东游，走累了，肚子又饿，看到一酒家，孔子吩咐一弟子去向老板要点吃的。这个弟子走到酒家对老板说：我是孔子的学生，我们和老师走累了，给点吃的吧。老板说：既然你是孔子的弟子，我写个字，如果你认识的话，随便吃。于是写了个"真"字，孔子的弟子想都没想就说：这个字太简单了，"真"字谁不认识啊，这是个真字。老板大笑：连这个字都不认识还冒充孔子的学生。就吩咐伙计将之赶出酒家。孔子看到弟子两手空空垂头丧气地回来，问后得知原委，就亲自去酒家，对老板说：我是孔子，走累了，想要点吃的。老板说，既然你说你是孔子，那么我写个字如果你认识，你们随便吃。于是又写了个“真”字，孔子看了看，说这个字念“直八”，老板大笑：果然是孔子，你们随便吃，弟子不服，问孔子：这明明是“真”嘛，为什么念“直八”？孔子说：“这是个认不得‘真’的时代，你非要认‘真’，焉不碰壁？处世之道，你还得学啊。”

这虽是个杜撰的故事，但也说明了一个道理，那就是做人不能太较真。在工作中，不是你把所有的事情做好了就是认真，有时候事情没做好，在领导的眼里也是认真，因为你认真地揣摩了领导的需要而且尽可能地配合了领导的需要。认真不是较真，为什么很多兢兢业业工作的人没有得到晋升，而工作并不出色的人反而得到提升，因为前者多较真，而后者是认真；前者多被领导表扬，但和领导走得远，后者多被领导批评却和领导行得近。你说谁更认真？糊涂是外人看到的糊涂，郑板桥说“难得糊涂”，大概也是这个道理吧。

如果要求一个人真正做到不较真、能容人，也不是简单的事，首先需要有良好的修养、善解人意的思维方法，并且需要经常从对方的角度设身处地地考虑和处理问题，多一些体谅和理解，就多一些宽容，多一些和谐，多一些友谊。

有位智者说，大街上有人骂他，他连头都不回，他根本不想知道骂他的人是谁。因为人生如此短暂和宝贵，要做的事情太多，何必为这种令人不快的事情浪费时间呢？

这位智者的确修炼到家了，知道该干什么和不该干什幺，知道什么事情应该认真，什么事情可以不屑一顾。要真正做到这一点是很不容易的，需要经过长期的磨炼。如果我们明确了哪些事情可以不必太认真，不需要精雕细琢，我们就能腾出时间和精力，全力以赴认真地去做该做的事，成功的机会和希望就会大大增加。与此同时，由于我们变得宽宏大量，人们就会乐于同我们交往，朋友就会越来越多。事业的成功伴随着社交的成功，应该是人生的一大幸事。

有人说："在社会中生存，不能太较真，太较真就会让人下不了台，让人下不了台的结果就是跟你自己过不去，做事既要坚持原则，也不要不近人情。"也许这是人生经验之谈，也许这就是生活，生活也许就是这个样子。

心理上要有个度，充满自信是必备条件，自信是敲门砖，自信是一种骨子里的东西，它是不言败的信心。但是自信不是自负，不是自大，也不是自傲。自骄自傲、非我莫属，是求职的最大障碍，但是自卑自贬，忐忑不安，也是阻碍成功的最大敌人，二者的结果都是会与机会擦肩而过，失之交臂。

第二部分

压力面试下的自我调控

面对面试压力我们能够做些什么

面试是一件很重要的事情，无论是刚毕业的大学生，还是工作多年的老手，都应该对此做好精心的准备，特别是要对自己有深入的了解，如自己的长处和短处、心理期望等，并且需要在面试中将自己的长处展示给面试官，让他看到你在以前岗位上的成就。

1.遇到有压力的情况，应该通过正确的呼吸和放松运动来控制你自己。

2.练习你在前面所学的基本交流技能。利用你的表情、声音和肢体来控制这种情形，而不能让这种情形继续控制你。

3.有意识地采取一种对抗心理。造成你这种状况的是面试所具有的令人惊恐的影响力，它让人误入歧途。这是消极的，并不真实，这是人为想像的，让人产生忧虑、压力，受到威胁。

你要考虑以下三个因素：

你的价值体现在你自己身上，它与你是否受雇、是否有工作、是否在赚钱没有关系。不管现状如何，你仍是你自己，是同一个人。

面试你的人本身不一定比你强。的确，在当时，他比你有权力。但是，面试负责人的权力不是至高无上的，除了他之外，还有其他工作、其他员工。你是一个自由人，你和面试你的人在两个方面是基本平等的：你们都是人，彼此可能都有对方所需的东西。只是你们的角色不同，角色也可能转换。面试负责人需要人来填补工作空缺，正如你需要这份工作一样。请不要忽视这个事实：在面试负责人面试你的同时，你也是在面试他，面试眼前这份工作和这家公司。

你不只是在找工作。如果你只是在找工作，就犯了一个世界级错误。你是在寻找合适的工作。你在找一份这样的工作：它能使你高效率地发挥出自己的技能和经验,使你的技能和经验与雇主的需求相配。请不要忽视这个事实:面试的目的是决定上面说的这些情况在这份工作里是否普遍存在。

一旦从恰当的角度看待面试,你就会获得新的信心。这不是自负,不是粗鲁,不是无理,而是自信。你懂得了面试的影响力,已经学会了如何玩一场新游戏,就能取胜。

信心是关键。从表面看,这将使你变得和蔼、开朗、有趣、直率,让你成为一名好听众。从你自身看,你机敏、生气勃勃,在内心最深处,你不偏不倚。面试伊始,你能相信:"如果有结果那很好,如果没有结果那也无所谓。这份工作可能不是最好的。"

自信在每个方面都有用。你能给人留下沉着的良好印象。你能泰然自若、清晰理智地思索。与其他应聘者的不安全感、紧张或过分热心相比,你所具有的合适自制力令人愉悦、引人注目。你不应该要这份工作,除非它适合你或者雇主有足够的热情把你召入麾下。

专家的小建议:

1.如果对工作感到绝望,对收入不满,那就从事你所能得到的任何工作,它将给你带来部分收入。同时继续找工作。晚上当售货员,清早送货,深夜做保洁工。你所做的一切不必体现在你的简历中。

2.世上不存在卑微的工作,只有自认为优越而不做某些工作的人。过度胜任工作,可以;失身份,则不存在。

3.只要你拥有对工作面试的正确态度,就能在简历上或面试中利用一些策略,这将长期保障你获得成功。

一定要对每一个你接触的人都彬彬有礼,因为你碰到的不知道是谁,每个人对你的看法对面试来说都可能是重要的。

面试怯场怎么办

应届生刚刚走出校园，对于那些没有经历过很多次面试的人，每当面试来临，心里即兴奋，又有一丝害怕，因为不知道怎么来面对面试——面试怯场。

您是否有过这样的经历，本来准备的好好的说辞，一进入考场全忘了；场下口若悬河滔滔不绝，考场上却脸红流汗，抓耳挠腮。其实这是“怯场”在作怪，怯场是一种心理障碍，指的是在人前，尤其是人多的场合，因紧张害怕而不敢说话，或者说话时显得拘谨不自然。研究表明，在紧张情绪状态下，人的大脑皮层中形成了优势兴奋中心，从而使保持记忆中枢的内容处于被抑制状态，具体表现是回忆不起熟悉的知识，也就是我们通常说的一紧张就忘词儿。

尤其是公务员考试的激烈程度，大家都知道，能进入面试的肯定都是精英中的精英，但是“怯场”使得很多考生梦断于此，很多人在走出考场的那一刻，都会很懊恼地说一句“我本来是会的，怎么就没答好呢”，实在是令人扼腕叹息。因此，遇到不会答的题目，答不上来并不遗憾，遇到会答的题目，答得不好将会是终生的遗憾。

所以说，面试前的心理准备是非常必要的。应聘者只有经过充分的心理准备，才能发挥自己的长处，显露自己的优势，从而在众多的竞争者中赢得一席之地。

有了心理准备,就会临阵不乱

首先应当有人格的自尊,即使面对向往已久的工作也不要“卑躬屈膝”、“垂涎三尺”。要知道你在应聘过程中完全可能被一个条件并不如你的人挤下去。这里面有主考人员的好恶、偏见,也有关系网等原因。因此,要做好充分的心理准备,百折不挠,锲而不舍。应聘者还应该争取给用人单位留下很好的“第一印象”。

求职是一次激烈的竞争

面试中,要正确看待竞争。面试就是筛选,必然有胜利者和失败者,一次竞争失败,并不意味着永远失败,要总结教训,迎接下一次机会。要鼓励自己,别人能做到的,我也能做到。同时,千万不要拿自己的短处和别人的长处比,应扬长避短,切勿“庸人自扰”。求职者每参加一次面试,都是参与一次激烈的竞争。因此,求职者在面试前必须做好竞争的思想准备;不管遇到多么强劲的对手,都要敢于竞争,善于竞争。

拥有良好的心情和充分的自信

心情的好坏将严重影响你的精神状态、脸色、语言以及反应能力等等。心情不好宁可不去。什么时候心情好了,什么时候去。自信是求职者成功的第一秘诀,不论你希望从事什么职业,都应先去掉畏惧心理,你要坚信自己有资格担任这一工作。自信心会使你发出一种向上的力量,使你的潜力得到充分发挥。你会变得豁然开朗,对答如流,气氛会变得非常和谐。

面试前要避免消极心理

1.清除不必要的想法

一些应聘者在面试中总捉摸一些不必要的想法。如主试人对我有什么看法？或者“我穿这双鞋,别人会嘲笑我吧？”这些想法都是不必要的。多余的想法将影响你的人格与创造力,束缚你的手脚,削弱你的自信心。

2.别害怕失败

一些曾在面试中失败过的人,害怕再次失败,在面试中,有时会想起曾经失败的场面,结果越害怕越失败。如果你害怕失败,可以找一家你并不想去的公司去面试,也许更能锻炼你。

3.别害怕单独前往

有些求职者面试时总愿意带同学或朋友,或让家人陪同,这将使面谈处于尴尬境地。主试人会认为你缺乏自信心、独立性不强。当然,如果你是由别人推荐,并与招聘者熟悉,不妨可以帮助介绍一下。一般来说,面谈要单独前往,尤其是女性。这样说明你充满自信、有能力、有魅力。

一、怯场产生的原因

造成怯场心理的原因多种多样,往往也因人而异。下面几点原因却带有极大的普遍性：

1.评价忧虑

这是造成怯场心理的最主要的因素。现代心理学认为,在任何存在评价的场合,人们一般很难发挥自己原有的水平。大多数人对自己在初次约会中的表现不十分满意。在面试中,由于评价是单向的,也就是说考官在“裁判”考生,所以考生的忧虑更多,心理负担更重。

2.听众的地位

如果我们面对的听众比我们的地位高,或者我们认为比我们重要,我们讲话时便感到特别紧张。求职者在评估小组面前的表现往往很不自然，这一方面是因为评价忧虑，另一方面也无疑是因为评估小组“大权在握”。

3.听众人数

一般人都愿意在“小范围”内讲话。如果听众人数很多，讲话者便会倍加谨慎。因为他们觉得一旦出错或表现不佳，“那么多人”一下子都知道了。过分的小心谨慎加大了怯场的可能性和程度。

4.对听众的熟悉程度

大多数人在“熟人”面前讲话比较自然。面对陌生的听众我们之所以紧张是因为我们对他们几乎一无所知，而他们在几十分钟甚至十几分钟内便会对我们作出评价。

5.准备是否充分

若讲话者自己心里觉得自己对讲话准备得不充分，觉得有“出丑”的可能，那他的自我保护意识很可能出卖他。

二、克服怯场的方法

根据相关研究及经验，认为破除上述心理障碍的办法有以下几种：

1.平时加强训练

常用的有效办法有朗诵、自言自语，与陌生人大胆交往，与亲近熟悉的人交谈，多听别人当众讲话等等。最有效的方法就是情景模拟，有条件的考生可以在自己家中，将考场情景还原，让父母亲戚朋友做考官，对自己进行测评，熟能生巧，在这里送给广大考生一句话：“平时如战时，战时亦平时”。

2.对听众视而不见

就是自己在发言前，心中有听众；但在发言时，眼中不能有听众，只顾按自己的意图去表达。

3.“别人也这样”

通俗地说就是豁出去了，其实也没什么，因为别人也会和自己一样。古罗马著名演讲家希斯洛第一次演讲时脸色发白、四肢颤抖；美国的雄辩家查理士初次登台时两个膝盖抖得不停地相碰；印度前总理英·甘地首次演讲不敢看听众,脸孔朝天。正如战时的美国总统罗斯福所说:“每一个新手,常常都有一种心慌病。心慌并不是胆小,而是一种过度的精神刺激。”所以,只要抱定豁出去的心态,人的怯场心理也就会烟消云散了。

4.语言调节法即自我暗示法

具体做法是通过一些有激励作用的内部语言,使积极意识潜入自我意识,直接对自己的思想、情绪产生作用。例如,在怯场心理的征兆刚出现时,可以通过简单、具体,带有肯定性的言语调节自己,比如“我一定能考好!”“我行,我不是一般人”,提醒自己不必紧张,对自己要抱有信心。在暗示的同时,也可在头脑中联想过去成功的情境,以激励自己。

5.转移注意法

在遇到较难的问题时,可以先采取主动的注意迁移,减少焦虑,回避这个难题。这种做法可以使优势兴奋中心得以转移。不妨借助间隙去发现考官的诸如服饰、言语、体态方面的缺点,借以提高自己的心理优势,这样就会在自觉不自觉间提升自信,回答问题时也就自如多了。也可以在进入考场之前,活动一下四肢、头部,来调节中枢神经系统,从而使抑制状态得到缓解。运动能缓解人的焦虑就是这个原理。

6.呼吸调节法

采用这种方法可以消除杂念和干扰。作深呼吸的目的是供给你充分的氧气,帮助你在回答时更好地控制自己的声音。这里所讲的“呼吸”当然指的是腹呼吸而不是肺呼吸。歌唱家和演员们都知道腹呼吸在控制声音方面的重要性。具体做法是,脚撑地,两臂自然下垂,闭合双眼,把注意力集中在呼吸上,静听空气流入、流出时发出的微弱声音。然后,以吸气的方式连续从1数到10,每次吸气时,注意绷紧身体,在头脑中反映出数字,在呼气时说“放松”,并在头脑中再现“放松”这个词,这样连续数下去。注意节奏放慢,让身体尽量松弛,直到感觉到镇静为止。同学们也可以在平时有意识地训练自己放松,这样,在出现怯场心理时,就更容易调控。其实很多心理辅导中都使用这一方法。

对于面试怯场的问题，最关键的还是在于个人，只要以一颗平常心来看待，随着面试次数的增多，经验也就可以慢慢积累了，面试紧张和怯场的情绪也会慢慢消除的。因为每次面试都意味着一次机会，只要好好地把握，相信总能找到一份适合自己的工作。

留心你自己的身体语言，尽量显得精力旺盛、有活力，全神贯注。与主考官用眼神交流，在不言语之中，你要展现出对谈话的积极态度。作为职业女性，如果能主动和面试官握手，将有意想不到的效果。

性格内向怎么办

性情内向、不善表现本人的求职者，如何在面试时博得主考官的认同呢？

其实，从现实生活中察看，并不是性情外向的人就是社交或求职面试竞争的“优秀性情”，而性情内向、平常不善表现自己的人也并非是社交或求职面试竞争的“不良性情”。

性情外向者虽然能说会道、擅长表现自我，但也不乏轻飘、举止失雅者。而许多性情内向而不善表现自己的人，处世沉稳老到，往往在关键时刻展露本身的亮色，用自己的稳重、笃实博得人们的好感与信任。性格内向的求职者在面试前，应该看到本身性情优势的一面，从而消弭自卑感，增大自己在面试竞争中的底气。

性情内向的求职面试者在坚信自己必胜信心的基础上，应该在面试中自然、充沛地发扬自身的性情优势，使自己的“性情闪光点”发扬到极致。

1.内秀不浅薄、富有情感

许多性情内向者外表夸夸其谈，其实内秀深沉、思想缜密、内心世界的情感十分丰富。因而，在面试时，应该发扬本身的性情特点，努力掌握主考官发问时的意图走向，把本人博学的才气恰当地运用到辩论之中；把对人的诚挚和对报考单位的深情恰如其分地交融到答语之中。但是，这种答复应该是自然贴切的，切忌装腔作势。这样，自然容易赢得主考官的好感和惹起其感情上的共鸣。

2.沉稳老到、逻辑性强

性情内向者平常都有擅长思考的性情习气，因而，在面试时，应该充分展露自身遇事不慌、冷静稳重的特点和气质，回答问题时中心突出、层次清楚，用强烈的逻辑性、哲感性言语表现出来，进而使主考官折服。

3.展现坚韧，表现敬业

普通的用人单位都喜欢意志坚韧、敬业爱岗的人。而不少性情内向的求职者，因在迂回的人生阅历中培育了本人坚韧、勤劳和事业心强的优秀品性，因而，在面试时，可以针对主考官的发问，恰如其分地运用本人坚定不移、勤奋敬业的事例去感动主考官。但是，用这种办法一定要掌控好答复时的言语环境和火候，切忌答非所问、文不对题。比如，当主考官问到："我们公司的任务很辛劳，你能行吗？"或许："请你谈谈你的优点"等话题时，你就可以尽显本身的这种人格品性。

适合内向者的工作

内向型的人适合以物（书类、机器类、动植物、自然等）为对象，扎扎实实干工作的职业。一个人从事的职业是最适合他们的，如果有好几个人合作，但相互间没有交叉关系，而是平行作业的职业，也相当适合内向型的人。

特别是需要耐心的工作，内向型的人更能发挥特长；外向型的人很快就厌烦、放弃的工作，他们却能做得很好；要求周密、细致、规则、单纯反复的工作，都适合内向型的人。具体来说，适合内向型的人的工作，有学者、研究者、技师、书记、会计、电脑操作者、文书等。

以复杂的人际关系为主的职业，不适合内向型的人。譬如说他们可能适合做个优秀的经济学者，但不适合担任公司的经营者，同时，他们也不适合从事服务业。

但是，内向型的人由于具备了诚实、严谨、忠厚、有耐心等等的优点，有时在处理人际关系的工作上也能出奇制胜。

性格内向的人在找工作时尤其是面试的时候，应该注意什么呢？任何工作都免不了与人沟通，内向型性格的人同样不可避免。关键是要选择一份适合自己的工作，而且在面试时要表现出能够做好这份工作的信心和实力。需要注意的是，一定要提前了解一下所应聘公司的企业文化，以便让自己在言谈举止各个方面更好地接近这种文化。

有人问，作为内向型的职业人，有必要刻意锻炼一下自己的交际能力吗？首先从职业发展的角度看，性格与职业"匹配"是最佳选择；但目前，随着社会开放度的日益加大，需要完全闷头干活的岗位已越来越少，适当锻炼一下自己的性格会对自己未来的职业发展有很大帮助。

俗话说"人在职场身不由己"，所以，无论什么工作，有更好的沟通技巧，工作起来就会更容易。当然，内向的人如要坚持锻炼自己的待人接物能力，还需付出比一般人更多的努力。

很多公司面试前都会要求你填一张表格，你愿意并且有始有终地填完这张表，会传达出你做事正规、做事善始善终的信息，字体也需要端正，不要满不在乎，否则用人单位也会觉得你对这份工作同样有可能满不在乎。

把挫折看成是一种人生阅历

社会阅历是通过长时期的社会生活得来的，它需要人们在社会中摸索，在生活中感悟。通过长时期一点一滴的积累，形成自己的社会经验。

丰富的社会阅历对于一个人来说是一笔相当可观的财富。因为社会阅历丰富的人常常能够总结出自己人性的优点和弱点，自己成功的经验和失败的教训。社会阅历不丰的人往往不能看清事物的关键所在以及事物的变化趋势。人们年轻时常容易感情冲动，而随着年龄的增长，就会逐渐变得从容，体现出一种涵养，这正是社会阅历由浅薄变为丰富的一种结果。

失败、错误是每个人都想竭力避免的，但当它们降临之后.我们要做的不是去逃避、推诿，而是要以百倍的勇气去挑战失败。首先应主动承担造成这种错误的责任，这是一个人品格真诚的魅力体现。更重要的是我们应努力追根溯源，找出失败的原因和错误的缘由，只有把类似的这些问题都搞清楚了，在今后的工作中才可能对症下药，避免重蹈覆辙。

失败之时，也是最容易找到事物转变的切入点之际，因为这是发现自身不足的绝佳机会。成功者往往把失败与错误当作人生的另一种财富。

人生之路漫漫，没有谁能够不经历一些磕磕绊绊，不走过几段坎坷路途。这就有一个如何面对困境的问题。有些人在困境中不堪重负，被压弯了腰；有些人在困境中却能够斗志昂扬，披荆斩棘，最后走向成功。他们靠的就是在困境中积累的经验。作为成功者，必定要经受更多的生活考验和磨难。

成功源自于正确的决策，正确的决策源自于正确的判断，正确的判断源自于经验，而经验又源自于错误的判断。人生中那些看似错误或痛苦的经验，有时却是最宝贵的财产。在你综观全局、果断决策的那一刻，你的人生便已经注定。两智相争勇者胜，成功者之所以为成功者，就在于他决策时的智慧与胆识。

一件事想多了，顾虑也会多起来，明明是一件小事，也可能越看越严重。以下的方法可促使你不对自己的判断感到怀疑。

(1)不要一出错就觉得抱歉。此乃犹豫的形态之一：尽了全力去做一件事，又指责自己根本做得不对。长此以往，就变成习惯性的自怨自艾了。当然，不认错不自责起初也很不好受。但你不以为是自己无能，就会思考问题的原委，继而明白，犯错乃是难免的。

(2)容忍别人犯错。不要因为自己性情放不开反而指责别人太随便或不应该。

有位女士初到一城市来，生活寂寞，常批评单身女子独自去酒店，指责她们下流、不像样。可是有位女同事邀她和大家一道去一家新开的酒店时，她左右为难了，心里实在想去，可是以前骂过别人了，难道还等着别人来骂自己不成？

(3)不要赞扬过去贬低目前。犹犹豫豫不敢做决定的人往往把他们以前印象中似乎不会犯错的人理想化，凡事都希望能达到这种人的标准，因而时时害怕自己做得不够好。

不要把你崇拜的人想得完美无缺，应该认为他的长处是够果断(许多长处之一)，以至于别人都不太注意他犯的错。以他的果断为榜样，别求完美。

(4)少征求别人的意见。你如果常常打不定主意，一定有一批专为你提供意见的朋友。下次买东西的时候，尤其是衣服或装潢摆设之类可表现你的个性的东西，别问人家的意见。你的母亲、兄妹或邻居或许鉴赏力比你高，但别问他们，买的不对是你自己的错。

(5)别模仿别人。你是不是一向都到你姐姐说好玩的地方去度假？这回自己挑个地方去。邻居买的自行车又好又便宜,你自己去挑辆车买,上了当是你自己的错,也许你发现你买的比他还划得来。重要的是让自我创造的原理产生作用:你相信自己能想出好主意,也能做决定。照这个信念去做事,这个信念就越来越稳固。按上述建议行事,开始总会经历摆脱某种习惯的阶段,会觉得焦虑不安,久而久之就泰然了。不可能就此万事顺利,还是会有不确定没把握的感觉,但是即使没把握,仍应有试一试的胆量。

清楚雇主的需要,表现出自己对公司的价值,展现你的能力,突出地表现出自己的性格和专业能力以获得聘任。要确保你有适当的技能,知道你的优势。谈一些你曾经做得十分出色的事情,那是你找到下一份工作的关键。

面试时的心理素质及心理准备

面试的最佳结果是，面试官全面而准确地知道了你的优势所在。这是每一个面试者梦寐以求的结局。但在面试的特定情境下，多数的面试者，是一半苏醒着一半沉睡着的。经常是面试还远未开始，多数的面试者就已进入这种沉闷的自我混乱状态之中了，原因是多方面的，主要是由于认知的偏差、焦虑、恐惧等等莫名的情绪。在面试之前，明智的考生就应该试着挖掘自己的潜在力量，用积极的心态来消除负面心理的影响，满怀信心地在接下来的面试中一展自己的风采。

力戒完美主义心理是面试取得成功的前提

绝对的完美主义者即意味着永远的自我否定者，因为他永远达不到他为自己所定的任何一个目标；绝对的完美主义者亦意味着不知轻重、不分主次，他会强迫自己在每一个细节上做着过分的不必要的停留。

一般的完美主义者只是希望别人把他看成是一个无可挑剔的人。他认为，如果在日常工作中给领导发现了不完美之处，自己就会坐失良机。于是，他平时不轻易讲话，开会时坐在后排，尽可能地不引人注意，惟恐被他人发现自己的缺点。

面试前，完美主义者最愿意干的，是自己给自己制造数不清的想像中的心理压力；面试中，完美主义者会尽量地掩饰、遮盖自己的不足之处，然而，却忽略了面试的根本目的……全面而准确地展现自己的优点。心理学研究指出，一个人的缺点必然是越抹越黑，一个人的优点则是越擦越亮。

所以，面试前，不必为自己的所谓的不可逆转的缺点做不必要的苦恼，多想想自己的优点和长处；面试中，也不必在面试官老练的目光下，怕暴露自己的缺点而动摇信心，成为一个蹩脚的完美主义者。

树立信心是面试取得成功的基础

面试还没有开始，很多人的信心就已经垮掉。他知道，“在公务员录用中，面试是最最关健的一关”；他习惯性地无限度地夸大面试中的每一个因素，把每一个因素都当成难以逾越的大山。归纳起来，主要包括以下几个方面：

第一，面试考官。面试考生经常把考官想像成为“冷面杀手、阴阳怪气、笑里藏刀、盛气凌人、挑三捡四、傲慢无礼……”的人，考生必须得无条件地接受考官的百般责难和挑剔。

第二，同一职位的竞争者。考生总是把他的竞争对手想像成为个个服装整齐、年轻俊逸、学历不凡、气质潇洒几乎无懈可击的人，总觉得自己浑身都是毛病，处处不如对手。

第三，考生自己。“我可能运气不好，我说话过于紧张，我的西装不够漂亮，我个头儿这么矮，我缺乏应变力，我……”总之，自己到处都不行。

面试前，面试者若在心理上对各种因素过分夸大，会让自己无法自如地展示。一旦面试者在心理上接受某个假设是事实时，他将一步一步地踏入自我设定的陷阱中，从而严重地影响到面试者的情绪和理性的判断能力，而这正是面试中至关重要的环节。

那么，如何跨越这个心理难关呢？我们来分析一下。

面试官的确握有生杀大权。但是，面试者和面试官之间，面试者和面试者之间，更有一个核心的共同之处——面试单位，面试官要为面试单位招录合格的公务员，面试者则希望成为面试单位的优秀的一分子，面试考生学着站在面试单位的角度来考虑问题，就能够摆脱假想的敌对状态。

面试考生可以把面试官想像为你的上级，把竞争者设想为你的同事，把你自己看成是一个负责的国家公务员。这时，面试的场景将化为一种互动的人际情境，考生就能够在一种轻松的心理状态下从容应答。

我们习惯于构想出形形色色的敌人，是因为我们在日常生活中，常常将自己固定在几种不健康的人际交往模式中。我们习惯性地说："我不好——你好，我不行——你行"；或者，我们一贯地认为"我不好——你也不好，我不行——你也不行"；或者，我们经常性地以为"我好——你不好，我行——你不行"。承认一方，否认一方，就必然会将自己带入不必要的敌对状态中。

真正健康的、成熟的人际交往模式应该是"我行——你也行，我好——你也好"。这种心态的特点是，去发现自己、他人和世界的光明面，从而使自己保持一种积极、乐观进取、和谐的精神状态。一旦拥有了这种态度，面试者将不必费神地去讨好主考官，压抑别人，他将能坦然自若地表现自己的所有优势，他将能理性地评判而绕过自己和主考官有意无意间所设下的陷阱。"我行——你也行，我好——你也好"即意味着，面试者还没进入面试单位，他就已经把面试单位当成家了。

有足够的社交自尊是面试取得成功的因素

面试中，最好不要让主考官鲜明地意识到"这个人在试图讨好我。"原因很简单，不妨设想，现在你代表着某单位去作面试官，你愿意为自己单位招录一个唯唯喏喏、毫无主见的人吗？社会自尊的定义是，一个人在紧张的人际状态中维护自我的能力。高社交自尊的人懂得，在交际中，尊重他人的同时亦要坚持自我的力量。面试中，低社交自尊的人过于敏感，他很容易就想到"坏了，进入僵局了"，而一旦陷入这种自己设定的社交紧张状态，低社交自尊的人可做的就只有一件事，那就是——否定自我，讨好别人，尤其是要讨好有权势的人。

面试前，包括面试中，面试者要学会接纳自己的正常的焦虑状态，要带着正常的焦虑状态去做自己该做的事。

以上讲的是如何面对正常焦虑状态，但是，部分考生由于脆弱的心理平衡能力，难以承受即将逼近的面试所造成的心理压力，而陷入过度的焦虑状态之中。如果出现这种情况,面试者就需要进行一些心理训练。

过度的焦虑状态可以从三个方面来诊断:不良的情绪反应,如紧张恐惧、心烦意乱、喜怒无常、无精打采等;不良的生理反应,如肠胃不适、原因不明的腹泻、多汗、尿频、头痛、失眠等;不良的智力反应,如记忆力减退、注意力不能集中、思维迟钝、学习效率下降等等。

下面这些题目可以帮助面试者对自己面试前的焦虑状态有个确切的判断。

预防和降低面试前过度焦虑状态的有效措施可有:

(1)积极的自我暗示

在面试前,面试者习惯于叙述一些自身的事情。这些叙述通常是讲给别人听的,然而,却无意中在暗示着自我。面试焦虑者的叙述常常是消极的,他习惯性地对别人讲"我可能通不过面试","我缺乏应变能力,我恐怕难以对付面试中的应变题","我的表达能力不够好",等等。这些消极的暗示会破坏良好的心境,分散注意力,降低面试者自己的信心,将会把面试者引入胡思乱想之中,以至使面试者无法在面试中积极地发挥自己的水平,其面试结果不幸被面试者的消极暗示所言中。相反,假如能对自己进行积极的暗示,面试者就会充满自信,心境悠然,注意力集中,思维敏捷,以至在面试中积极地表现自我,而其面试结果会常常也被自己的积极暗示所击中。

一句话说多了,自己也会相信。如果你常常说"我不行"、"我口齿不清"、"我形象不佳",渐渐地,你自己便会真的相信自己果真不行,果真口齿不清,果真形象不佳了,因此,面试者必须习惯于多给自己积极的评价,必须学会积极暗示。当然,积极的自我暗示并不是盲目乐观,脱离自我现实,以空幻美妙的想象来替代现实,而是客观、理性地看待自己,并对自己有积极的期待。

人天然地有着自我接纳的倾向,如果面试者学会通过适度的积极的暗示接纳自我,那么,面试前的焦虑必然会减轻。

(2)利用系统脱敏法,消除过度焦虑

所谓的“系统脱敏法”即通过一系列的步骤，逐渐训练个体的心理平衡能力，增强心理适应能力，从而消除敏感反应，保持身心的平衡状态。

面试焦虑的系统脱敏可以这样进行：

第一步，认真反思自己的情况，依程度轻重将引起面试焦虑的情境排序。比如：面试准备期间、面试前一天、面试等待时间、进入面试场、和面试官打招呼、面试中的尴尬局面等等。

第二步，运用想像进行“脱敏”训练。首先从能引起你最轻度焦虑的情境开始想像。尽量逼真地想像当时的各种情景、面试官的表情和自己的内心体验，一旦有身体的紧张反应或内心的焦虑状态出现，便用言语暗示“沉着”、“冷静”、“停止紧张”，同时进行有规律的深呼吸，尽量放松肌肉，以减弱身体的紧张状态，直至镇定自若。然后依排定好的顺序想像第二个情境，依次进行训练，最后则达到想像最紧张的面试情景时也能够轻松自如。

需要指出，系统脱敏的最后完成需要一定的时间，只要坚持下去，就一定能取得良好的效果。

(3)充分的自我认识和对面试过程的详尽了解

面试者能充分地熟悉面试的要求、题型、时间、地点、类型等等具体操作过程，做到心中有数；同时又正确地评价自己，既相信自己的能力，又实事求是，不作自高自大或自轻自贱的错误期待，面试前的焦虑自然会减轻。

我们列举了几个应对过度焦虑的方法，但最根本的一点，还是希望面试者能以平常心去面对自己正常的焦虑状态，能带着自己的焦虑去坦然面试——这才是对待焦虑的最有效的方法。

大多数主考者都希望找一位有创造力、性格良好，能够融入到团体之中的人。你要通过强调自己给对方带来的好处来说服对方你两者皆优。

面试现场出错怎么办

面试现场由于紧张，甚至产生恐惧心理，难免出错。错误的出现，又会加剧紧张情绪，导致接下来的面试效果越来越差，最终可能连说话都语无伦次了。那么，面试现场出错应该怎么办呢？

首先，对面试出错这一问题要有正确的认识。

面试中的难题大多是没有标准答案的，主要是考查你的能力。你只要鲜明地亮出自己的正向的观点，尽可以按照自己的思考做出回答，表现出自己的综合素质和不俗的能力。偶尔出点差错，考官也不会对你全盘否定，所以不必紧张。

其次，要迅速判断能不能进行弥补。答错了，总是想着找机会弥补，总想解释刚才为什么没答好，以证明自己水平不差，但由于下面的问题一个接一个，考生一方面要回答新问题，另一方面想着前面问题的回答缺憾，结果闹得新问题也没答好。所以，当自己判断出不能进行弥补的话，就不必耿耿于怀，而要马上忘记，继续沉着地回答下面的问题。

第三，如果觉得自己有把握对所出的错进行弥补，也要讲究方式方法。具体说来，面试出错时补救有以下几种技巧：

1.以正改错

意识到错了，就要诚实地加以纠正，不要为了面子而置之不理。最好的办法就是按正确的讲法再讲一遍。诸如语句不通，词不达意，口误等等，只要很自然地加以纠正，就会得到考官的理解。

2.化错为正

察觉自己说错了，如果考生能够针对自己的失误，进行一番合乎情理的阐释，只要能够自圆其说，也不失为一种补救的办法。如对大学生卖猪肉当保姆等现象的认识，在回答时，本来想好要重点谈大学生就业观念的改变，就业环境的变化，就业压力的增大等方面的问题，但回答时一开口就说是人才的浪费，自己觉得说错了，考生也不必紧张，就把人才浪费作为重点阐述，其他观点做为一般论述，自圆其说，效果也不差。

3.续错成正

在回答时，如果说错了话，有时可以采用调整语意、改换语气等方式予以补救。只要反应敏捷，应变及时，就可以收到不露痕迹的纠错效果。如列举了一系列腐败现象后，考生想好要说的是“我们绝不允许这种现象存在下去”，结果说成“我们允许这种现象存在”。此时如果直接承认自己说错了，把正确地再说一遍，效果并不好。这种情况下，续错成正是最好的选择，考生可以接着“我们允许这种现象存在”说下去，“就是对人民的犯罪”。这样续接补救，可谓顺理成章，天衣无缝。

在紧张的面试过程中，要进行纠错不是一件容易的事，这就要求考生尽量不出错。而要不出错或少出错，就要做好应试准备。平时的积累不可少，考前参加强化训练也很有必要。在专家的指导下全面提高自己，在面试时就能少出错，即使出错了，也能及时纠错，从容应对。

营销自己十分重要，包括你的技术资格、工作经验、能力和性格优点。雇主非常在乎两点：你的资历凭证和你的个人性格。你能在以往业绩的基础上工作并适应公司文化吗？谈一下你性格中的积极方面并结合例子告诉对方你在具体工作中会怎么做。

调整自己的同时 别忘了揣摩面试官的心理

注重第一印象

从心理学角度讲,第一印象在面试官心目中十分重要。由于是“最初的”,所以新鲜、深刻、引人注目、容易记住。又由于是以观察的感觉形象为主,所以很容易引起人们情绪上的反应——喜欢或不喜欢。在喜欢或不喜欢的第一印象支配下,对应聘者的进一步认识,也常常不自觉地受第一印象的影响。

优势心理

优势心理是面试官因处于主导地位而产生的居高临下的心理倾向。表现为面试结果评定上的个人倾向性。应聘者应该不卑不亢以一种平衡的心态去对待,充分发挥自己的才能。

定势心理

面试官由于长期以来,已经形成了一种固定的思维模式,因而对考生进行评价时，较少关注考生的实际表现，而是不自觉地将考生与自己印象中的某类人相比，使面试官的判断带有主观色彩，降低了面试评价的客观性。针对这种情况，你要能在较短的时间内，感悟到面试官的心理定势，抓住他的心理，随机应变，方可对答如流，让面试官对你满意。

愿当“伯乐”

他们大都希望自己能够做一名公正的“面试官”，希望自己就是伯乐，能够慧眼识珠，从众多的应聘者中挑选出自己需要的人才。这就促使面试官对自己的工作认真负责、谨慎考核、细致询问，尽量做到择优录取。求职者要充分展示自己的才能，给他一种信息：你是一个有才能的人，这种才能只有借助于他才能发挥出来。

“喧宾夺主”倾向

面试官不是让考生尽量表现自己，而是以自己为中心，所以你要有耐心，不能抢话，尽管你已经听不下去了，你还是应该表现出你很有兴趣在听，要学会倾听，做一个好听众。

疲劳心理

面试过程中，面试官要付出很大的精力。重复性的操作活动，长时间高度集中注意力，容易造成懒散和困倦，可能会无意间打个哈欠、做深呼吸、不断看表、搓手等表示厌倦、不耐烦的习惯性动作。人与人的交流是需要时间的，如果面试官不给你充分的时间表现自己，你要找到能吸引他的话题，恰当地运用形体语言，吸引他的注意力；同时说话切中要害，说到点子上，简洁明了，言简意赅，避免啰嗦。

专业化倾向

面试官过多地使用专业术语或职业行话，容易使应聘者感到很迷惑，不能充分理解面试官的意思，造成交流的困难。这势必会使应聘者本来不稳定的应试心理产生波动，造成不必要的心理负担和压力。要认真倾听对方的问话，在最短的时间内理解面试官所提出的问题，并以积极的心态去应对。

标准化倾向

面试官以理想化的标准衡量学生，过于挑剔，求全责备。

对于面试有一个典型的说法："最适合的才是最好的，绝不是最好的是最好的"，单位招聘，要招的是"适才适岗"最合适的人。所以，你在你的介绍中，要重点突出对这个职位你的哪几点是最合适的！这是所有面试主考官最主要的心理特征。

面试情商小测试

作为职场人，在你经历的大小面试中，无论任何职位，你是否都会百分百以超水平展现自身能力为终极目标？

A.我经常这样做。

B.并非如此，我会视情况而定。

案例分析

小徐去某公司应聘助理，经理劈头就问："你想怎么做好这份工作啊？"对此，小徐胸有成竹："我么，会以最强的个人实力开展工作——每周提交个人小结，每月自拟一份部门计划案给您审批。我相信凭我的能力不仅能够胜任助理之职，在不久的将来一定还可以成为您部门内最得力的干将！您会发现录用我绝对物超所值！"最终，小徐被考官以最经典的婉拒方式答复：请回家等待通知！

选 A 的朋友，0 分淘汰！

毛病出在哪里？谁让你们同小徐一样不管三七二十一就把真本事全抖落出来，总得先看看自己应聘的职位然后再对症下药嘛。秘书有什么职责？把顶头上司所说的一切都记录下来，再布置给各位同事，并把上司的工作日程安排得井井有条，就 OK 啦！然而，许多应聘秘书职位者却喜欢摆出一副"不爱做将军的士兵不是好士兵"的样子，这不由得会让考官恐慌：全是将军的料，还野心勃勃锋芒毕露的，日后我何处容身?! 这样一来，第一个被踢出局的舍你其谁！

选 B 的职场人得 10 分。请进入下一题!

考官对你显露满意之色,接着征询薪金要求,这时你会:

A.坦诚理想待遇供双方商讨。

B.听老板安排或低调开价。

案例分析

Vivian 与好友 Lily 成功跳槽,进入某网站担任编辑。签约前法籍老板分别召见确定薪金。先以欢迎 Lily 加入公司为开场白,继而任命她做首席编辑,并承诺每年加薪,最后抛出价位:4000 元/月!Lily 寻思这年头好工作难找,4000 元也不少了,更何况自己被钦命首席,看来前途远大,于是听凭安排!

面对 Vivian,老板和颜悦色照样说了一遍,只等她满口应允。"Dear boss,跳槽是凭借个人能力争取更高职位和收入,而眼下待遇却比不上我原先的工资!况且本人心理价位又不高,税后 5000 元/月,我想这样才配得上大公司首席编辑的头衔。您看怎样?"老板想想挺对,这价也没超过预算,就这么定了吧!结果,一样的工作内容,同等的职位,两人收入却相差千余元。

选 B 的职场人,你很有潜力成为办公室内活儿最多、最辛苦,却没有得到最合理报酬的一族。5 分辛苦分!

在面试时谈及个人收入,若不好意思讨价还价,甚至逆来顺受讲低调,可别以为老板会感激涕零,更别希冀将来能大幅度加薪,所以,当初谈薪水时你就该看形势把理想价位报出来,究竟结果如何,可以双方商量着办。但如果你要不开这个口,说不定就失去了为自己争取更好待遇的机会,甚至还会让一些老板质疑你的能力和自信。瞧你,傻了吧!

选 A 的朋友再得 10 分。跳过此坑,再接再厉,请看下一题!

最后的最后,老板伸出手:"欢迎加入本公司成为其中一员!请问你什么时候能够上班?"

A.现在就可以!

B.下周一如何？我还需要调整几天。

案例分析

Tom过五关斩六将，终于如愿被聘为某大型IT公司软件工程师。经理问他何时可以正式上班。这老兄正在欢欣鼓舞中，随口便答："无所谓，现在就可以。""那太好了！"经理乐了，急忙关照后勤部送上手提电脑，并安排配套办公设施，紧接着还让Tom参加了新软件开发讨论会，而Tom也异常荣幸地被立即编入小组开始超负荷编程！Tom心里那个怨呐，后悔没给自己几天休息时间。

选A的上班族，投老板所好，加上10分！

老板爱才，根本是因为人才能够为他带来财富效益，所以在潜意识里，他们自然希望所有被他录用的职员都信誓旦旦：现在就开始工作！既然如此，你就不妨投其所好，主动说出"现在开工"，老板一高兴对你印象好，对今后前途是大有裨益！

选B的白领，可惜啊，还是没能逃脱最后一沟，白白错过了一个最最简单直接的博得老板满意一笑的机会。4分鼓励！

三题全部解答完毕，快算算你的积分有多少？分数越高，你的职场应聘情商成绩自然也就水涨船高;10分以下则为不及格，你还要加把劲儿！其实这三道问题看似简单，却很容易成为我们面试过程中的绊脚石，所以千万不要小瞧了它们。当然，你也得继续举一反三，细心寻找如何在应聘面试时躲避"陷阱"的经验和窍门，争取早日练就"百毒不侵之身"。

第三部分

最终的通关秘籍

Chapter 1

关于面试的杀手锏

简历——面试的第二张面孔

简历,顾名思义,就是对个人学历、经历、特长、爱好及其他有关情况所作的简明扼要的书面介绍。简历是个人形象,包括资历与能力的书面表述,对于求职者而言,是必不可少的一种应用文。

简历主要是介绍个人概况,如个人面貌、主要经历和业绩等方面的情况。写个人简历的目的是引起用人单位的注意,以赢得面试的机会,达到被录用的目的。

好简历应该是既简洁又突出重点的。下面我们就来看看下面这位求职者是怎样运用简历求职的。

小赵大学毕业后,不到3年换了5个单位,其中4个单位都没超过半年,有1个单位仅干了两个多月。

最近,他好不容易又联系到一个单位,并通知他带简历去面试。

为了简历,小赵整整花了两天时间,从个人概况到个人业绩,密密麻麻打印了4页,小赵自己觉得很满意。

当他把简历郑重地递到招聘单位领导的手中时,领导只简单地看了一下,便放在桌子上,说:“回去等通知吧!”

这话小赵听了不知多少遍了,几乎就是“不予录用”的代名词。

第六感觉告诉他,这次又没戏了。

小赵面试失败最重要的原因竟然是简历的设计失误,这也许是小赵至今也不明白的自己失败的原因。

简历是职业设计的驱动力。然而,有意思的是,最重要的不在于简历本身;而在于简历创作背后的精力、计划、策略和奉献。对一位职业运动员或者演员来说,是预先的准备工作决定他能否实现或者超越自己的发挥和表现。在职业设计中,你为准备简历所付出的努力程度将会对所能取得的最终结果起到至关重要的作用。如果你倾注高效率的时间与精力创作出内容全面、重点突出的简历,你就会赢得高质量的结果!反过来说,如果你没有经过充分的研究和思考,简简单单地记录下你的个人资料,草草堆砌出你的简历,就把它散发给未来的雇主,那么你几乎不可能获得激动人心的回报。事实上,你很可能会被迫接受一个实在让人无法羡慕的职位,沦落为一个对工作牢骚满腹的人。

如果你有战略眼光,以有条不紊的方式创作出你的简历,那么简历就会成为你职业设计的强大驱动力。在你把这一点牢牢记住之后,我们来给简历下个定义。韦伯斯特把简历定义为"对求职者过去的工作经历、教育背景等情况的陈述材料"。这个定义很难说是完整和充分的,那么让我们来给你提供一个清晰准确的定义。

那么这些怎样与创作简历联系起来呢?在职业设计中,只有两种类型的简历被证明是有效的,绝大多数的人这两种都没有用。如果你能收集到今天散发出去的所有简历,把它们头尾相连,那么它们将会绕地球26圈,也就是相当于65万英里长。这里有一个非常惊人的统计数据:至今散发出去的所有简历中,有98%没能给求职者带来帮助。换句话说,这些简历中的绝大多数都属于自传,仅仅描述了求职者的背景和经历。这类自传性的简历的问题在于它们发挥不了任何作用。

招聘人员和人事管理者阅读简历不是为了接受教育或者娱乐的目的。潜台词是:如果你能够确定某位雇主的需要或问题,并且明确地展示出你能够满足这些需要或有效地解决这些问题,那么你将会得到面试并且最终得到你想要的职位。这合乎逻辑也符合常理。

个人简历的写法

个人简历可以是表格的形式,也可以是其他形式。个人简历一般应包括以下几个方面的内容:

(1)个人资料:姓名、性别、出生年月、家庭地址、政治面貌、婚姻状况、身体状况、兴趣、爱好、性格等等;

(2)学业有关内容:就读学校、所学专业、学位、外语及计算机掌握程度等等;

(3)本人经历:入学以来的简单经历,主要是担任社会工作或加入党团等方面的情况;

(4)所获荣誉:三好学生、优秀团员、优秀学生干部、专项奖学金等;

(5)本人特长:如计算机、外语、驾驶、文艺体育等。

个人简历应该浓缩大学生活或研究生生活的精华部分,要写得简洁精练,切忌拖泥带水。个人简历后面,可以附上个人获奖证明,如三好学生、优秀学生干部证书的复印件,外语四、六级证书的复印件以及驾驶执照的复印件,这些复印件能够给用人单位留下深刻的印象。

简历格式

时序型格式

有许多职业指导和招聘专家认定时序型格式是简历格式的当然选择,因为这种格式能够演示出持续和向上的职业成长全过程。它是通过强调工作经历实现这一点的。时序型格式以渐进的顺序罗列你曾就职的职位,从最近的职位开始,然后再回溯。区分时序型格式与其他类型格式的一个特点是罗列出的每一项职位下,你要说明你的责任、该职位所需要的技能以及最关键的、突出的成就。关注的焦点在于时间、工作持续期、成长与进步以及成就。

功能型格式

功能型格式在简历的一开始就强调技能、能力、资信、资质以及成就,但是并不把这些内容与某个特定雇主联系在一起。职务、在职时间和工作经历不作为重点以便突出强化你个人的资质。这种类型的格式关注的焦点完全在于你所做的事情,而不在于这些事情是在什么时候和什么地方做的。

功能型格式的问题在于一些招聘人员不喜欢它。人们似乎默认这种类型的格式是为那些存在问题的求职者所用的:频繁跳槽者、大龄工人、改变职业者、就业记录空白或者存在学术性技能缺陷的人以及经验不足者。一些招聘人员认为,如果你没有以时序方式列出你的工作经历,那么其中必有原因而且这种原因值得深究。

综合型格式

这种格式提供了最佳选择——首先扼要地介绍你的市场价值(功能型格式),随即列出你的工作经历(时序型格式)。这种强有力的表达方式首先迎合了招聘的准则和要求——推销你的资产、重要的资信和资质,并且通过专门凸现能够满足潜在行业和雇主需要的工作经历来加以支持。而随后的工作经历部分则提供了曾就职的每项职位的准确信息,它直接支持了功能部分的内容。

这种综合型格式很受招聘机构的欢迎。事实上,它既强化了时序型格式的功能,同时又避免了使用功能型格式而招致的怀疑。当功能部分信息充实,有阅读者感兴趣的材料而且工作经历部分的内容又能够强有力地作为佐证加以支持时,尤为如此。

履历型格式

履历型格式的使用者绝大多数是专业技术人员或者是那些应聘的职位仅仅需要罗列出能够表现求职者价值的资信。例如医生就是使用履历型格式的典型职业。在履历型格式中无需其他,只要罗列出你的资信情况,如就读的医学院、住院实习情况、实习期、专业组织成员资格、就职的医院、公开演讲场合以及发表的著作。换句话说,资信说明一切。

图谱型格式

图谱型格式是一种与传统格式截然不同的简历格式。传统的简历写作只需要运用你的左脑,你的思路限定于理性、分析、逻辑以及传统的方式。而使用图谱型格式你还需要开动你的右脑(大脑的这一半富于创意、想像力和激情),简历也就更加充满活力。

巧妙避免简历的十大错误

打字或者语法错误

你的简历的文字需要完全合乎文法,避免出现任何可能引起歧义的地方。如果不是这样,招聘经理很可能会误解,在你出歧义的地方划条杠杠,或者干脆丢在一边,给你盖棺定论:你做事不认真;或者,你连简单的简历都写不好,那还能干什么?

缺乏细节

招聘经理需要详细知道你以前都做了些什么,你在这个行业有多熟练,例如:

A.曾在一家餐厅工作;

B.曾在一家餐厅工作,雇用并培训、督导超过20名员工,取得了两百万美元的年销售额。

两者都表述了同样的经历,但是充满重要细节的B却能更吸引招聘经理的眼球。

万能简历

任何时候只要你试图泡制一份万能简历,投递给所有的雇主,你的简历会遭遇到的大部分结果将是,被招聘经理扔进废纸篓。每一个老板都希望你专门为他们准备一份简历,他们期望你明确无误地展现,为什么你适合他们招聘的职位,以及在他们这个特殊的团体里你将如何去适应这个职位。

关注责任而不是成绩

你的简历很容易滑进简单罗列工作职责的模式,比如:

参加小组会议,并作实录;

在日间托儿所照看小孩;

更新部门文件。

然而我们的招聘经理大都不关心你到底做了什么,或者完成了什么。他们在简历里期望看到这样的陈述:用掌上电脑记述每周会议记录,用办公软件编辑好,以备将来查用;

为学龄前适龄儿童制定了三项日常活动,并让他们准备十分钟的度假设计;

整理十年来累计的有价值的文件,以便于每个部门的人员查询。

拖得过长或者减省得太短

不管你听到或读到过什么,简历的长短没有一定之规。为什么?因为对每个人而言,他们都有不同的偏好和期望。

当然,这并不意味着你要去做5页的简历。一般来讲,最好能把篇幅限定在两页纸以内。但也不能说,你做简历必须要用两页纸。相反,也不要把细节过多地删掉,以让它适合一页纸的标准。

求职目标设定粗糙

老板当然会看你简历里面的求职目标说明,这也是显功夫的地方。但太多的简历上摆着这样笼统的语言:希望找一份具有挑战性并能提供职业训练的职位。最好能给雇主们一些具体的、更重要的,比如把焦点聚集在你和他们的需求上面,像这样的表述:一份具有挑战性的市场职位,能让我在为非营利性组织的筹款方面贡献我的经验和技能。

缺乏吸引人的动词

避免用这样的形容词短语:负责(responsible for),用这种有动态效果的词:作为IT帮助平台的一部分,解决用户问题,服务超过4000名学生和员工。记住,动词更能抓人眼球。

落掉重要的信息

你可能会不愿提起，比如说，曾经在学校里挣到外快的工作。有时候很可能一笔带过这样的经历，但你可能不知道，招聘经理对你从这些小事中学到的技能(比如工作伦理、时间管理等)非常感兴趣，甚至超出你的想像。

视觉上太花哨或拥挤

如果你的简历挤得太满，并且用了五种以上的字体，招聘经理一看就会头疼，结局可想而知。所以在你发出简历之前，最好能找几个人看看。问问他们，你的简历是不是在视觉上够吸引人？如果他们感到看起来比较困难，那么，重新做吧。

联系方式错误

某位求职者的简历看起来不错，基本上没有大问题，但他就是没有收到任何回复。一天我半开玩笑似地问他是不是电话写错了，我一检查，果不其然。他改正后，立即收到了他所期望去的公司的面试电话。从这个故事中我们得到一点教训：哪怕只剩最后一秒钟，也要检查你的联系方式两遍。这是理所当然应该做到的细节，早做比晚做好。

当用人单位是由多个面试官进行集体面试的时候，他们未必都把你的简历打印了多份，多带几份简历前往面试，显示你准备得充分，这样不仅能助你获得好感，面试完了也可以再要回来。细节决定成败，预先料到这一点并准备好会显得你做事正规、细致，给用人单位留下好印象。

附:毕业生个人简历

模板一(供应届毕业生参考):

个人简历

个人概况:

求职意向:______

姓名:______ 性别:______

出生年月:____年____月____日 健康状况:______

毕业院校:______ 专业:______

电子邮件:______ 传呼:______

联系电话:______

通信地址:______ 邮编:______

教育背景:

____年——____年______大学______专业(请依个人情况酌情增减)

主修课程:

______(注:如需要详细成绩单,请联系我)

论文情况:

______(注:请注明是否已发表)

英语水平:

*基本技能:听、说、读、写能力

*标准测试:国家四、六级;TOEFL;GRE……

计算机水平:

编程、操作应用系统、网络、数据库……(请依个人情况酌情增减)

获奖情况:

____________、____________、____________(请依个人情况酌情增减)

实践与实习:

____年___月——____年__月__________公司___工作

____年___月——____年__月__________公司___工作

(请依个人情况酌情增减)

工作经历:

____年___月——____年__月__________公司___工作

(请依个人情况酌情增减)

个性特点:

________________________(请描述出自己的个性、工作态度、自我评价等)

另:

(如果你还有什么要写上去的,请填写在这里!)

*附言:(请写出你的希望或总结此简历的一句精炼的话!)

例如:相信您的信任与我的实力将为我们带来共同的成功!或希望我能为贵公司贡献自己的力量!

模板二：

电子信息专业个人简历

姓　　名：	×××	性　　别：	男
出生年月：	1984.7	联系电话：	000-00000000
民　　族：	汉	婚姻状况：	未婚
学　　历：	大专	专　　业：	电子信息工程
住　　址：	北京朝阳管庄		
电子信箱：	×××@tom.com		

求职意向：

期望职位	全职，电子工程师，电子设备维修工程师
希望工作地区 1	北京
希望工作地区 2	广东
月薪要求	4000~6000 元

工作经历：

2007年 3 月	北京新亚天影科技发展有限公司 安装与调试 BARCO 投影机
2006年 7 月	北京京欣丽数码科技有限公司 组装和维修热转印机器
2006年 2 月	天津顶益食品有限公司 文员、业务员
2005年 6 月	东莞虎门沙角顺发电子厂 PCB 元器件焊接、SMT 焊接
2004年 6 月	东莞丽达电子厂 组装和生产电子元器件

教育培训：

2003.9 ~2006.6	湖北××理工学院 电子信息工程 主修课程： 电路分析、数字电子技术、模拟电子技术、传感器及检测技术、电子测量仪器技术、高频电路、信号与系统、电路CAD、电子线路综合设计训练、电气控制与可编程控制器、PROTEL软件应用、计算机网络、移动通信原理与应用、单片机原理及应用、数字信号处理、集成电路设计、DSP芯片应用、自动控制原理
实践与实习	2004年5月 在校进行为期两周的电工电子实习 2005年6月 数字电子时钟和稳压电源的设计与制作 2005年11月 电工培训、单片机温度巡回检测系统设计 2005年12月 高频发射机的设计与制作

技能专长：

计算机技能	能熟练操作计算机，并能处理常见的软、硬件及网络故障。能利用PROTEL 99/se/DXP、MATLAB、Maxplus Ⅱ等软件进行电子电路设计及软件仿真，设计常用的电子器件。懂C语言编程、汇编语言，会使用PHOTOSHOP类平面设计软件，能熟练操作office办公软件。
英语水平	英语水平： 听、说、读、写能力达到国家四级水平

个人概述：

大学三年里学习态度认真，勤奋务实，在现代无线通信和电子线路的设计、绘图、仿真方面打下了良好的基础，有较强的自主学习能力，在实验和课程设计中培养了比较强的动手动脑能力和团队合作精神。并个人设计和制作了数字电子时钟、稳压电源，组装了无线调频接收机、高频发射机。

在生活上，性格乐观，做事积极，有责任心，待人友善。个性随和谦虚、自信、自律；积极创新，善于沟通，有一定的组织协调能力，具有较强的团队合作精神，能够快速适应新的环境，对工作抱有极大的热忱和责任心，愿为贵公司发挥自己的最大潜力。

寄 言：

相信您的信任与我的实力将为我们带来共同的成功！希望我能为贵公司贡献自己的力量！

QQ:
TEL:
E-Mail:

模板三：

个人简历

姓　名		性　别		照片
生　日		身　高		
籍　贯		民　族	汉	
政治面貌	团员	毕业院校		
学　历	本科	专　业		
联系电话		电子邮件		
邮　编		地　址		
个人简历				
爱好特长				
相关证书				
社会实践 工作经验				

模板四：

xxx个人简历

姓　　名：	xxx	性　　别：	女
出生日期：	1970-01-02	籍　　贯：	辽宁省
目前城市：	辽宁省	工作年限：	十年以上
目前年薪：	2万~3万元人民币	联系电话：	13800000000
E-mail：	xxxxxx@hotmail.com (邮件&MSN) 请换成自己的真实信箱！		

·应聘方向	
求职行业：	机械/设备/重工
应聘职位：	机械工程师
求职地点：	沈阳市
薪资要求：	面议

·工作经历	
2004/01~现在	xxx公司 所属行业：机械/设备/重工 技术部 机械工程师 主要职责： 曾设计真空镀膜设备、热蒸发设备、溅射设备、MBE设备、LPCVD设备、溅射靶、蒸发源等一系列产品。而且在此期间任设计部部长。设备大部分是实验设备，每台设备都是从设备的技术洽谈到设备的方案、标书、整体设备的设计、设备的调试与运行直至设备的交付，均由一个人来完成，所以在此期间从中获得很多的知识，如真空方面，加热炉方面如何在真空中应用等。

1999/01~2003/12	沈阳华樱铁路装备自动化有限公司 所属行业:机械/设备/重工 技术部 机械工程师 主要职责: 在此期间曾设计与铁路客车、货车有关的非标设备,主要产品有铁路防滑器试验台、圆簧分检机、超声波清洗、各种动力输送线等;还曾主管轴承间及转向架车间的整体改造,制作标书、方案、工程造价、设计、工艺直到产品验收交付使用。在此期间因工作需要曾兼任文秘及档案管理。精通钣金及铆焊的设计,熟知气动与液压方面的设计。在工作中由于是非标设计,设计的知识面比较广。
1991/07~2003/12	沈阳飞机制造有限公司 所属行业:机械/设备/重工 技术部 机械工程师 主要职责:曾设计过的产品有公安防爆车、快餐车、冷藏车等。
1987/08~1991/08	沈阳航空工业学院　机械电子工程/机电一体化　本科

·职业技能	
外　语	英语:良好

·自我评价

本人才思敏捷,语言表达能力强,性格开朗,能与用户达成良好的合作关系。精通CAD2006、Photoshop、Office办公软件、三维制图,而且专业性强,具有较强的设计能力。

求职信你知多少

小李给一家招聘单位写了一封求职信,把大学四年来的成绩全写上了,洋洋洒洒万余字。

招聘单位收到求职信后，弄不清小李的突出特长和适合做哪种工作,只好另选他人。结果另一个被选上的人竟是小李的同学,论才气他要比小李差得远。

小李百思不得其解。

这位同学后来对小李说:“其实你的能力是比我强,但我那封求职信才写了不到两页,只不过针对招聘单位的条件去编写的,其他的都没有写上。”

小李听后,似乎心有所悟。

毕业生缺乏工作经验,所以,在撰写求职信的时候应掌握一定的技巧。

求职信不要写得太长太细，要实事求是并且巧妙地表现自己的实力,才会赢得机会。因此,求职者要善于推销自己,在优点和特长上下功夫,塑造自己的整体形象。具体来说要注意如下几个方面:

求职信要加强针对性

不同的用人单位,选择人才的角度是不一样的。有的喜欢能说会写的人;有的喜欢有科研能力的人;有的喜欢有点"灵气"的人,所谓"萝卜青菜,各有所爱"。求职信要针对用人单位的要求突出自己的特长。要做到这点,最好是深入了解招聘单位的情况,找出自己身上能够吸引招聘者的优点和特长。

求职信要突出重点

所谓突出重点就是要突出对方要求的内容。主要包括专业知识、工作经验、特长和职业精神等。在介绍专业知识和学历时,你可以强调自己的专业特色,但重点应写工作经验和能力。工作经验是招聘单位最注意的问题。刚走出学校大门的人,没有工作经验,可以谈一谈与人相处或管理人的经验、假期社会调查、社会实践活动等方面的经验,甚至旅游的体验也是值得一提的。介绍经验要具体、真实、可信,有说服力。已经有工作经历的人不但要写明工作单位和时间,还应叙述工作业绩,并列举最成功的事例。特长不仅是指专业特长,也包括语言特长、社交特长等等。

求职信要体现良好的个性

用人单位都希望录用具有学习精神、敬业精神、合作精神、团队精神、科学精神和创新精神的人。因此,求职信要反映出你的个性精神,还可以用具体事例说明自己具有克服困难的意志、助人为乐的品格和重要经历等等。表现个性要适度,点到为止,不要过分渲染。

以下求职信实例可供你参考

求职信通常在500字左右,一般需要附上个人简历。发第一封信后,如果反映不佳,你应该马上修改一下,然后再寄第二封求职信。如果收不到答复,可以写封信催一下。如果你正为如何写求职信而困惑,不妨参考以下这份2011年毕业生求职信范文,希望各位从中了解求职信的写作技巧。

例文一:

尊敬的招聘主管:

您好!

感谢您在百忙之中拨冗阅读我的求职信。下面,我就自己的实际情况向您作简单的介绍:

扬帆远航,赖您东风助力!我是湖北师范学院2003届数学系数学教育专业应届本科毕业生。即将面临就业的选择,我十分想到贵单位供职。希望与贵单位的同事们携手并肩,共扬希望之帆,共创事业辉煌。

"宝剑锋从磨砺出,梅花香自苦寒来。"经过四年多的专业学习和大学生活的磨炼,进校时天真、幼稚的我现已变得沉着、冷静。为了立足社会,为了自己的事业成功,四年中我不断努力学习,不论是基础课,还是专业课,都取得了较好的成绩。大学期间获得2002年度院单项奖学金,英语达到国家四级水平,计算机过国家一级,并通过了全国普通话测试二级甲等考试。同时在课余,我还注意不断扩大知识面,辅修了教师职业技能(中学数学教育),熟练掌握了从师的基本技能。利用课余时间自学了计算机的基本操作,熟悉windows操作系统,熟练掌握office2002办公软件,能熟练运用软件Authorware、Powerpoint等制作课件,进行多媒体教学。

学习固然重要,但能力培养也必不可少。三年多来,为提高自己的授课能力,积累教育经验,从大二开始,我在学好各门专业课的同时,还利用课余时间积极参加家教实践活动,为多名数学跛腿的初中和小学学生进行数学补习,使他们的数学成绩都有较大程度的提高,我的工作也得到了学生家长的肯定和好评。为进一步积累系统的数学教育经验,我到武钢大冶铁矿一中进行了长达两个月的初中数学教育实习工作,在两个月的实习期间,我积极向有经验的老师请教,注意学习他们的教学艺术,提高自身的业务水平和授课表达技巧,力争使自己的教学风格做到知识性和趣味性并举。通过自己不断的努力和教学实践,我已具备一名优秀教师素质——过硬的工作作风,扎实的教学基本功,较强的自学和适应能力,良好的沟通和协调能力,使我对未来的教育工作充满了信心和期望。

十多年的寒窗苦读,现在的我已豪情满怀、信心十足。事业上的成功需要知识、毅力、汗水、机会的完美结合。同样,一个单位的荣誉需要承载她的载体——人的无私奉献。我恳请贵单位给我一个机会,让我有幸成为你们中的一员,我将以百倍的热情和勤奋踏实的工作来回报您的知遇之恩。

期盼能得到您的回音!

感谢您在百忙之中抽暇审批这份自荐材料。

此致

敬礼

例文二:

尊敬的领导:

您好!

我是xxxx大学xxxx系的一名学生,即将面临毕业。

xxxx大学是我国xxxx人才的重点培养基地,具有悠久的历史和优良的传统,并且素以治学严谨、育人有方而著称;xxxx大学xxxx系则是全国xxxx学科基地之一。在这样的学习环境下,无论是在知识能力,还是在个人素质修养方面,我都受益匪浅。

四年来,在师友的严格教益及个人的努力下,我具备了扎实的专业基础知识,系统地掌握了xxxx、xxxx等有关理论;熟悉涉外工作常用礼仪;具备较好的英语听、说、读、写、译等能力;能熟练操作计算机办公。同时,我利用课余时间广泛地涉猎了大量书籍,不但充实了自己,也培养了自己多方面的技能。更重要的是,严谨的学风和端正的学习态度塑造了我朴实、稳重、创新的性格特点。

此外,我还积极地参加各种社会活动,抓住每一个机会锻炼自己。大学四年,我深深地感受到,与优秀学生共事,使我在竞争中获益;向实际困难挑战,让我在挫折中成长。祖辈们教我勤奋、尽责、善良、正直;××××大学培养了我实事求是、开拓进取的作风。我热爱贵单位所从事的事业,殷切地期望能够在您的领导下,为这一光荣的事业添砖加瓦,并且在实践中不断学习、进步。

收笔之际,郑重地提一个小小的要求:无论您是否选择我,尊敬的领导,希望您能够接受我诚恳的谢意!

祝愿贵单位事业蒸蒸日上!

(姓名)×××

×年×月×日

无论你何时说出你的业绩,举出具体例子来说明更有说服力。告诉对方当时的实际情况,你所用的方法,以及实施之后的结果,一定要有针对性。

关于英语面试的几个误区

与写简历一样，面试在每个人求职过程中是必不可少的。在求职者急需的帮助调查中，有34.84%的人认为自己急需得到面试技巧辅导。网络上关于面试技巧辅导的内容可谓应有尽有，在Google上键入面试技巧，0.09秒就搜出了2550000个相关网页。尽管如此，不知道如何应对面试的人仍不在少数。那么，英语面试的技巧大家又懂得多少呢？

误区一：介绍自己，事无巨细

"Now, tell us something about yourself." 这是面试的时候大家普遍会被问到的一个常规问题，看似简单却不好回答。很多人甚至会从自己的出生地讲起，其实这是很没有必要的。我们可以揣摩一下面试官问这个问题的原因。没有人真正对你在什么地方出生感兴趣，他们真正感兴趣的是你的专业背景和你的工作经历。考官其实是在问你"Why should I hire you?"初出茅庐的你如果没有什么工作经历，不妨多描述一下自己在专业上的造诣——这才是考官感兴趣的"硬件"；如果这方面不是很突出，则应该多描述一下自己"软件"，如自己的学习能力，对于这个行业的激情等。语言要力求简洁，围绕着"why should you hire me"这个中心来说，要给人留下干练的感觉。举个例子，应聘教师职位你可以说:"Majoring in English and being passionate about education,I choose teaching as my career.I've got a lot making of a good teacher.First,I am good at communicating with people……”

误区二:问及缺点,闪烁其词

“What is your greatest weakness?”

当被问及你的缺点是什么的时候，如何应对？这也算是一个棘手的“常规问题”。“金无足赤,人无完人”,每个人都有自己的缺点,有很多缺点是我们自己很清楚的,也有一些是我们自己都不自知的。究竟是如实作答还是避重就轻?如果如实作答,则担心用人单位会因此将自己拒之门外,因此很多人就选择避重就轻。提前想好了很多看似很“圆滑”的答案。

比如:“The greatest weakness that I have is that I am always a perfectionist.”我最大的缺点就是太追求完美。这听起来似乎是一个很讨巧的答案,其实对你求职是不利的,一是因为想出这个“讨巧”答案的必定不止你一个人,二是因为这个答案会让你显得比较“滑头”。即使这是真的,对方也会觉得你似乎没有能力授权给他人。

对付这个问题,可事先针对你所申请的这个职位特点精心设计好一个答案——即一个“非常切合工作实际,可以被容忍,可以被改正”的缺点。这个缺点跟工作有关但又不会妨碍你行使工作职责。记住,这个缺点一定是建立在你好的“基本面”之上的。描述人的缺点的词很多,比如lack of passion,lack of the sense of responsibility,lack self-discipline,lack of confidence,not well organized,not punctual,not easygoing,being arrogant,being self-centered,being over careful……有些缺点在一些职位中是致命的,有些则不是,挑自己身上存在但是与该职位不大相关的缺点去说自然就是最有策略的做法了。比如,你去应聘一个秘书职位,你就可以讲讲自己“行动力虽然很强,但是计划的能力却不强”,因为秘书职位更注重执行力,处理细事是秘书的首要职责,全局计划的能力缺乏对秘书并不构成致命缺点。”Though I am really good at carrying out the plans,I must admit that sometimes I stick myself into the details and fail to see the whole picture.Well,I've realized that and I am just trying to improve it."

误区三:谈到薪水,缺乏策略

在面试中,薪水也是必须谈的问题,当面试官问道"Let's talk about salary.What are you looking for?"该如何回答呢?很多求职者要么回答得太快,太直接,要么就是不敢作答,生怕自己的要价吓跑了雇主。在面试之前你必须了解你所在的行业的平均薪水,回答这个问题才能做到"有底气"。要注意两条:第一,不要急于作答,也就是说考官主动问起你的薪水期待,不要主动挑起这个话题,否则会给人留下你一心只往钱看的印象,也容易过早暴露你的底牌;第二,不要说得太多,一句"well,that's something I've thought long and hard about and I think someone with my experience should get between X&Y。"这就够了。或者说"I am looking for my first job,so what I'm more interested is what the position can offer my career。"这显示了新人应有的态度。当然,如果你是那种真的很稀缺的人才,则不妨痛快直接地说出你的期许。"100000? a month is what I am expecting.Trust me,I will make your money worth!"当然,这种自信不是每个人都能有的,敢这么说的人须有寡才!

语言就是力量!诸位职场新人,早做准备,做好准备,多多练习,你必成功!

Job only favors those who is well prepared!

若时间允许的话,阐述和过去业绩成就相关的故事。过去的成绩是对你未来成绩最好的简述。如果你在一个公司取得成功,也意味着你可以在其他公司成功。要准备好将你的独有之处和特点推销出去。

盘点绝对有用的面试急用英语

大凡找工作的人,都有对面试的担心,而英语面试最令人头痛。面试气氛总是紧张的,一紧张就容易出错,中文“台词”都会结巴,何况英语!

可俗话说,养兵千日,用兵一时,学了那么多年英语,好歹有些积累,总不能栽在这上面。那么,如何过好英语面试这一关呢?

下面我们就帮您盘点出一些面试急用英语。

Q:Can you sell yourself in two minutes? Go for it.

你能在两分钟内自我推荐吗?大胆试试吧!

A: With my qualifications and experience,I feel I am hardworking,responsible and diligent in any project I undertake.Your organization could benefit from my analytical and interpersonal skills.

依我的资格和经验,我觉得我对所从事的每一个项目都很努力、负责、勤勉。我的分析能力和与人相处的技巧,对贵单位必有价值。

Q:Give me a summary of your current job description.

对你目前的工作,能否做个概括的说明。

A:I have been working as a computer programmer for five years.To be specific,I do system analysis,trouble shooting and provide software support.

我干了五年的电脑程序员。具体地说,我做系统分析、解决问题以及软件供应方面的支持。

Q: Why did you leave your last job?

你为什么离职呢?

A:Well,I am hoping to get an offer of a better position.If opportunity knocks,I will take it.

我希望能获得一份更好的工作,如果机会来临,我会抓住。

A:I feel I have reached the "glass ceiling" in my current job.I feel there is no opportunity for advancement.

我觉得目前的工作,已经达到顶峰,即没有升迁机会。

Q: How do you rate yourself as a professional?

你如何评估自己是位专业人员呢?

A:With my strong academic background,I am capable and competent.

凭借我良好的学术背景,我可以胜任自己的工作,而且我认为自己很有竞争力。

A:With my teaching experience,I am confident that I can relate to students very well.

依我的教学经验,我相信能与学生相处得很好。

Q:What contribution did you make to your current(previous) organization?

你对目前(从前)的工作单位有何贡献?

A:I have finished three new projects,and I am sure I can apply my experience to this position.

我已经完成三个新项目,我相信我能将我的经验用在这份工作上。

Q:What do you think you are worth to us?

你怎么认为你对我们有价值呢?

A:I feel I can make some positive contributions to your company in the future.

我觉得我对贵公司能做些积极性的贡献。

Q:What make you think you would be asuccess in this position?

你如何知道你能胜任这份工作?

A:My graduate school training combined with my internship should qualify me for this particular job.I am sure I will be successful.

我在研究所的训练,加上实习工作,使我适合这份工作。我相信我能成功。

Q:Are you a multi-tasked individual? Do you work well under stress or pressure?

你是一位可以同时承担数项工作的人吗?你能承受工作上的压力吗?

A:Yes,I think so.

A:The trait is needed in my current(or previous) position and I know I can handle it well.

这种特点就是我目前(或先前)工作所需要的,我知道我能应付自如。

Q:What is your strongest trait(s)?

你个性上最大的特点是什么?

A:Helpfulness and caring.

乐于助人和关心他人。

A:Adaptability and sense of humor.

适应能力和幽默感。

A:Cheerfulness and friendliness.

乐观和友爱。

Q:How would your friends or colleagues describe you?

你的朋友或同事怎样形容你?

A:(pause a few seconds)(稍等几秒钟再答,表示慎重考虑。)

They say Mr.Chen is an honest,hardworking and responsible man who deeply cares for his family and friends.

他们说陈先生是位诚实、工作努力、负责任的人,他对家庭和朋友都很关心。

A:They say Mr.Chen is a friendly,sensitive,caring and determined person.

他们说陈先生是位很友好、敏感、关心他人和有决心的人。

Q:What personality traits do you admire?

你欣赏哪种性格的人?

A:I admire a person who is honest,flexible and easy-going.

诚实、不死板而且容易相处的人。

A:(I like)people who possess the "cando" spirit.

有"实际行动"的人。

Q:What leadership qualities did you develop as an administrative personnel?

作为行政人员,你有什么样的领导才能?

A:I feel that learning how to motivate people and to work together as a team will be the major goal of my leadership.

我觉得学习如何把人们的积极性调动起来,以及如何配合协同的团队精神,是我行政工作的主要目标。

A:I have refined my management style by using an open-door policy.

我以开放式的政策,改进我的行政管理方式。

Q:How do you normally handle criticism?

你通常如何处理别人的批评?

A:Silence is golden.Just don't say anything;otherwise the situation could become worse.I do,however,accept constructive criticism.

沉默是金。不必说什么,否则情况更糟,不过我会接受建设性的批评。

A:When we cool off,we will discuss it later.

我会等大家冷静下来再讨论。

Q:What do you find frustrating in a work situation?

在工作中,什么事令你不高兴?

A:Sometimes,the narrow-minded people make me frustrated.

胸襟狭窄的人,有时使我泄气。

A:Minds that are not receptive to new ideas.

不能接受新思想的那些人。

Q:How do you handle your conflict with your colleagues in your work?

你如何处理与同事在工作中的意见不和?

A:I will try to present my ideas in a more clear and civilized manner in order to get my points across.

我要以更清楚文明的方式,提出我的看法,使对方了解我的观点。

Q:How do you handle your failure?

你怎样对待自己的失败?

A:None of us was born "perfect".I am sure I will be given a second chance to correct my mistake.

我们大家生来都不是十全十美的,我相信我有第二个机会改正我的错误。

Q:What provide you with a sense of accomplishment.

什么会让你有成就感?

A:Doing my best job for your company.

为贵公司竭力效劳。

A:Finishing a project to the best of my ability.

尽我所能,完成一个项目。

Q:If you had a lot of money to donate,where would you donate it to? Why?

假如你有很多钱可以捐赠,你会捐给什么单位?为什么?

A:I would donate it to the medical research because I want to do something to help others.

我会捐给医药研究,因为我要为他人做点事。

A:I prefer to donate it to educational institutions.

我乐意捐给教育机构。

Q:What is most important in your life right now?

眼下你生活中最重要的是什么?

A:To get a job in my field is most important to me.

对我来说,能在这个领域找到工作是最重要的。

A:To secure employment hopefully with your company.

希望能在贵公司任职对我来说最重要。

Q:What current is sues concern you the most?

目前什么事是你最关心的?

A:The general state of our economy and the impact of China'entry to WTO on our industry.

目前中国经济的总体情况以及中国入世对我们行业的影响。

Q:How long would you like to stay with this company?

你会在本公司服务多久呢?

A:I will stay as long as I can continue to learn and to grow in my field.

只要我能在我的行业里继续学习和长进,我就会留在这里。

Q:Could you project what you would like to be doing five years from now?

你能预料五年后你会做什么吗?

A:As I have some administrative experience in my last job,I may use my organizational and planning skills in the future.

我在上一个工作中积累了一些行政经验,我将来也许要运用我组织和计划上的经验和技巧。

A:I hope to demonstrate my ability and talents in my field adequately.

我希望能充分展示我在这个行业的能力和智慧。

A:Perhaps,an opportunity at a management position would be exciting.

也许有机会,我将会从事管理工作。

(如果不愿正面回答,也可以说:)

It would be premature for me to predict this.

现在对此问题的预测,尚嫌过早。

(甚至还可以打趣地说:)

Hypothetically speaking,I might be able to do your current job as a director.

(或 CEO 或 president)说不定,我也能做你现在主任的工作呢!

Q:What range of pay-scale are you interested in?

你喜欢哪一种薪水层次标准?

A:Money is important,but the responsibility that goes along with this job is what interests me the most.

薪水固然重要,但这工作伴随而来的责任更吸引我。

(假如你有家眷,可以说:)

To be frank and open with you,I like this job,but I have a family to support.

坦白地说,我喜欢这份工作,不过我必须要负担我的家庭。

Other Tips 其他建议

Know something about the organization you are applying to.

了解一些你申请工作单位的情况。

Dress properly.Don't shake hand with the interviewer until he/she extends his/her hand.

穿着要得体,人家伸手时才握手。

Don't sit down until invited to do so by the interviewer.

人家未请,先别坐下。

Make eye-contact with the interviewer during the interview.

面试时,眼睛要看着对方。

Listen actively and stay calm.

注意听,保持冷静。

If invited to a meal,be especially careful about your table manners.

被邀吃饭时,要特别注意餐桌礼节。

Don't talk with your mouth full.

嘴里有食物,不可开口说话。

Don't make much noise while you eat.

吃东西不要出声音。

Don't blow your nose or use the toothpick at table.

不要拧鼻涕或用牙签剔牙。

Don't appear to be pushy or overly anxious to get a job.

不必过分表现急着要工作。

Be honest but not too modest.

要诚实,但不必太谦虚。

Don't put yourself down or cut yourself up.

不可妄自菲薄或自贬。

Try to avoid discussing politics or religion with your interviewer.

避免与面试人谈政治或宗教。

英语从小开始学,可学了10来年,有的人还是"哑巴英语"。到了要找饭碗的紧要关头,则对一些"成功英语面试培训"饥不择食。其实,冰冻三尺,非一日之寒,速成是不可能的,只能在平时积累的基础上,注意一些细节,运用一些技巧,给自己加上几个成功的筹码。

首先,平时要注意训练听力,至少要听得懂考官的问题,如果考官一个问题出来,你却听得云里雾里,然后来两三个"Pardon",那现场气氛定会急转直下。说话要流利,思维要连贯,层次要清晰,不要夹杂中文,可以用"well"、"however"这样的过渡词来给自己停顿和思考,同时,也使得自己的表述显得口语化一些。

其次,发音要标准。在与外国 boss 面谈的过程中,发音的正确清晰与否是最为重要的。不要因为害怕犯语法错误而不敢说,大多数时候一些细小的语法错误并不影响交际的进行，老外们也不会特别在意。如果要说某个词却一时想不起来，那就换种说法，尽量避免卡壳，卡壳会导致冷场。总之不管怎么样，都要自信满满地把英文说得让人听上去像那么回事。

面试前要弄清楚你潜在雇主的一切。尽量按其需要度身定做你的答案，关于公司的、客户的以及你将来可能担任的工作，用对方的用词风格说话，也可以利用在公交车上的时间去构思和准备。

七大求职途径让你成功到达马拉松终点

求职就是一场特殊的马拉松，因为它只有终点，没有起点和路线。选择怎样的路线以及一个好的起点就是胜出的关键。通常我们可以选择的求职途径包括以下七种：

途径一：网申

最常用的方式。投递过程有两种方式：1.发送简历到指定邮箱。2.填写对方公司的网申表格。三大招聘网站和 HiAll 求职社区都是很好的网申信息获取途径。网申时必须海投，如果你只投了一两家你很感兴趣的公司职位，那你能够拿到 offer 的机会微乎其微。

途径二：宣讲会

宣讲会是我们了解目标公司招聘职位信息和公司文化的好时机。同时也是我们认识 HR 的好机会。当然了，宣讲会中 HR 是万众瞩目的焦点，能否在众人环绕的 HR 面前展示你自己，这就要看你的个人魅力了。

有些公司会在宣讲会上收取简历，甚至直接进行笔试。所以如果有时间的话，要多参加公司宣讲会。

途径三：大型招聘会

招聘会分为校园招聘会和社会招聘会。校园招聘会上的参展单位通常都是和学校的诸多专业非常对口的，而且都是针对应届生的，应聘的成功几率非常大，所以推荐大家多去参与。而对于社会招聘会，不仅参展单位、需求职位良莠不一，而且应聘者也鱼龙混杂。也许和你应聘同一职位的就有很多学历不高、年龄很大的社会人士一同应聘，对于初入社会的应届生而言，你绝不会喜欢这里的。所以不推荐大家把时间耗费在参加社会招聘会上。

途径四：企业实习

很多公司都提供实习岗位，而表现优秀的实习者都有机会转为正式员工。对于大二、大三的同学都可以利用空余时间或寒暑假去找份实习工作，一方面锻炼自己的业务能力，另一方面增加社会经验，更有机会在毕业之后转为全职。

当然了，越牛的公司对实习生的要求越高，像玛氏这样的公司，实习生的招聘和全职招聘都是同样的筛选标准，所以求职的竞争已经不仅仅是应届生会面对的，大二、大三的学生同样也会面对这样的压力。早作准备是最好的选择，不要用年级低这样的借口逃避现实。

途径五：内部推荐

内部推荐的成功率非常高。可以通过你的亲朋好友、师兄师姐、学校、导师等关系获得内部推荐机会。这样的推荐通常直接进入终面环节，所以在求职过程中要充分利用身边的一切资源。这也提醒大家，平时一定要注意人脉的积累。

也许你会想要依靠个人能力去找工作，不希望依靠别人的帮助，以证明你的能力。我只能说，如果你有机会更快捷直接地获得职位，那你能有更多时间在你的岗位上实现自己的价值，体现自己的能力。究竟如何选择看你个人的意愿了，现实一点不会错的。

途径六：上门自荐

这就是 cold visit。如果你有足够的自信以及足够的勇气，那就选择这种最直接的方式。也许你会被前台拒绝，但也许就会遇到你的贵人。除了花费一点时间以外，你有什么损失呢？成功率相对网申要高很多的。

途径七：商业竞赛

这其实是现在非常流行的招聘方式，通过各类商业策划发掘具有出色商业头脑的学生。如宝洁精英挑战赛，冠军就可以直接拿到宝洁 offer，还能出国进行为期数月的培训。非应届生要提前做好准备，多多参加收获会很多。

对学生而言，能够认识很多 HR，并通过商业竞赛进行能力展示，获得公司高层的青睐，将是非常高效的求职路径。HiAll 在这方面进行了积极的尝试。就像在 2009 年暑期举办的 DLP(多元领导力)项目，就是以商业竞赛方式提高学生的综合竞争力，其间玛氏、欧莱雅、阿迪达斯等公司的 HR 都给与了相当大的支持，全程参与、指导学生们的竞赛活动，学生们收获颇多。

预演一下你会被问及的各种问题和答案，即使你不能猜出所有你可能被问的问题，但思考它们的过程会让你减轻紧张，而且在面试时心里有底。必要的话可以找朋友进行模拟面试、角色扮演。

十大非传统、非常规的面试招法

高校应届生能否顺利就业，找到一个理想的工作岗位，除了取决于毕业生自身的素质、条件和社会因素外，掌握面试技巧有时显得非常重要。它往往能起到事半功倍的效果，使毕业生在求职择业的过程中少走弯路。

求职面试过程是主试与被试双方面对面地观察、交谈、了解的过程，也是双向沟通的过程，主试通过对被试者的外部行为特征的观察与分析，考察、评价其素质特征，应变能力、理解能力、思考问题的广度和宽度。同时，被试者也在对主试进行观察与分析判断，对主试的个性、爱好、价值观等进行推测，力图使自己的回答和其他表现符合面试官的要求，所以，面试这关对求职者来说是至关重要的。不按常理出牌这招你试过吗？

不考即考测试

不考即考测试，就是在没有言明或没有任何迹象表明是在考试的情况下，考试早已开始了。

大学毕业生小牛前往三星公司应聘。他到场后，发现除自己是普通大学的毕业生外，其余都是名牌大学的毕业生。当他与最后20多名候选人进入会议厅准备接受公司经理的最后面试时，老板迟迟没有出现。小牛突然意识到：这也许就是一种考试。于是他马上对在场的应聘者说：

“同学们，我们相互认识一下吧，难得有这样一次相识的机会，不管我们中间谁被录用，我们仍可以多加联系。”接着，他开始介绍自己，并主动与人交谈。当时，有些应聘者对他的举动还不以为然。最后，三星公司录用的惟一一名大学生就是小牛，而且进公司不久，他便被任命为部门主管。

即席发言测试

即席发言测试，就是考官给应试者一个题目，并在发言之前向应试者提供有关的背景材料，让应试者稍作准备后按题目要求进行发言。即席发言的内容可以是公司面临产品销售的暂时困难，向全体员工作一次动员，要求大家齐心协力共渡难关；可以是就新产品的推出在一次新闻发布会上的发言；也可以是在新年职工联欢会上发表祝词等。通过即席发言，可以测试应试者的快速反应能力、理解能力、思维的逻辑性及发散性、语言表达能力以及风度举止等。

明暗结合测试

明暗结合测试，就是在当面测试的同时进行暗中的测试。例如某企业到一所大学中去招聘毕业生，考官要求学生就“从我做起，从小事做起”进行两分钟的演讲，许多学生侃侃而谈，言辞动人。就在演讲的同时，另外几名考官逐一到这些学生的宿舍中检查他们个人平时的卫生状况。演讲一完，考官当场公布了卫生检查的结果。有一位演讲时还神采飞扬的女生，听考官说到她宿舍中被子未叠、衣服未洗等情况时，眼泪顿时夺眶而出。

与人谈话测试

与人谈话测试，就是通过让应试者与他人谈话的方式来考察应试者。与人谈话测试一般有以下三种类型：

一是接待来访者。来访者可以多种多样，根据特定的需求，或者是来谈生意的，或者是来推销产品的，或者是来叙旧的，或者是来纠缠的。这些来访者当然都是由考官来扮演的。让应试者接待来访者，目的就是考察他在接待时的态度怎么样，驾驭谈话的能力如何，快速处理问题的能力如何，如何处理公事与私事的关系等各方面的能力。

二是电话交谈。在现代社会中，电话是一种很有效的交际工具，也是人们最常用的交际工具。电话交谈可以是接电话交谈，也可以是打电话交谈。通过电话交谈可以考察应试者的心理素质、文化修养、口头表达能力、处理事务的能力等等。这方面的面试考题可能是让你接电话，或者让你按提供的几个号码打电话，而对方就是面试的考官。

三是拜访有关人士。在企业管理中，主动找某些人谈话是管理活动的一项重要内容。这些有关人士可以是上级、下级、同事、客户、司法人员、新闻界人士等等，这些人士当然也是由考官扮演的。通过拜访有关人士的测试，可以考察应试者待人接物的技巧、语言表达能力、有关的专业知识、应付各种困难的能力等。

设计路障测试

设计路障测试，就是在应试者面试时必经的道路上或在面试过程中故意设计一些有路障的题目，通过观察应试者经过路障时的各种表现来测试应试者的素质的一种方式。例如，考官要求应试者用最快的速度跑到楼顶大厅观察，然后尽快返回，用英语描述自己的所见所感。楼道里有的地方横着拖把，有的地方堆放着杂物。一些应试者只顾上楼，见了拖把一脚踢开，或者横跨而去，只有少数人弯下腰来将拖把或杂物拿开。考官们跟在应试者身后，给那些俯身扶好拖把或清除杂物的应试者加了分，而那些踢开拖把或横跨过去、不清除杂物的应试者就没有获得加分。

事实判断测试

事实判断测试，就是给予应试者少量的有关某一问题的资料，要求他作出对这一问题的全面分析。应试者可以通过向考官提出一些问题，从而获得更多的信息。事实判断测试的目的是测试应试者搜集信息的能力，特别是从那些不愿意或不能提供全部信息的人那里去获取信息的能力，以及把握事实作出正确决策的能力。

角色扮演测试

角色扮演测试，就是设计一系列尖锐的人际矛盾与人际冲突，要求应试者分别扮演不同的角色，去处理各种问题和矛盾。考官通过对应试者在扮演不同角色时所表现出来的行为进行观察和记录，测试应试者如下的能力：一是角色把握能力；二是处理人际关系的技能，如缓和气氛、化解矛盾的技巧、行为策略的正确性、情绪控制能力等等；三是对突发事件的应变能力等。

编组讨论测试

编组讨论测试，就是将应试者编成一个或几个不同的小组，每组4至8人不等，考官要求他们讨论某些有争议的问题或实际经营中存在的某种困难，例如，征收利息税问题、房改问题、移动通信单向收费问题等等。要求讨论最后形成一致意见，以书面形式汇报讨论结果，每个组员都要求在书面汇报上签字。

考官或者坐在一边，或者坐在讨论室隔壁的房间里，通过电视屏幕或单向玻璃屏观察整个讨论过程，倾听讨论发言，或者进行录音录像，以便考察和进一步研究。考官将根据每一个应试者的表现，从以下几个方面进行考核:领导欲望、主动性、说服能力、口头表达能力、抵抗压力的能力等等。评分的依据是发言次数的多少,是否善于提出新的见解和方案;是否敢于发表不同的意见,支持或肯定别人的意见,坚持自己的正确意见;是否善于消除紧张气氛,说服别人,调解有争议的问题,创造一个使不大开口的人也想发言的气氛,把众人的意见引向一致;是否尊重别人,是否倾听他人的意见,是否侵犯他人的发言权。还要看语言表达能力如何,分析问题、概括和总结不同意见的能力如何等。

随便聊天测试

随便聊天测试,表面上看似乎与传统的一问一答面试方法相差无几,但实际上却有很大的区别。随便聊天测试,最大的特点就是看上去很随和,应试者几乎感觉不到是在面试,而是在拉家常。考官就是在这种拉家常的轻松气氛中,将你考察个透。

随便聊天测试中“聊问”的内容很多,例如考官会问面试者:“你是怎么来的?”假如回答:“自己开车来的。”他会接着问:“什么时候学的开车?是家里人凑钱帮你买的吗?”假如是坐地铁来的,他会问:“在地铁里你常看些什么?”如果你回答:“翻翻报纸。”考官会再问:“你知道斯里兰卡的猛虎组织吗?”“你对世界上的恐怖组织了解多少?如果你是政府官员,你认为该怎样解决这些问题呢?”……总之,考官一直是在跟你聊天,通过轻松随便的聊天来考察你的反应能力、知识、素养、品质等等。

例如,有个报考民政部门的女士没有被录用,就是因为她在回答“如果在乡村公路上遇到一个很脏很穷的残疾人向你要钱,你怎么办”的问题时,她说:“我会马上离开,当时我无法了解这个人,他有可能是一个歹徒。”她因为没有同情心、只有防备心理而失去了机会。

面谈模拟测试

面谈模拟测试，就是让应试者与他的假定的某个领导、下属、同事或顾客进行面对面的谈话，其具体形式有许多种：或者是应试者模拟中层行政管理人员，考官模拟上层领导，讨论绩效考核问题；或者是应试者模拟高层主管，考官模拟记者，采访捆绑销售问题；或者是应试者模拟消费者服务代理，考官模拟发怒的顾客，商谈解决劣质产品的投诉问题……这种测试方法的目的是考察应试者的口头交流技巧、谈话机智、人际关系技巧以及解决问题的能力等。

每一个求职者，最大的困难就是如何回答面试人员的问题。其实如果能够好好准备，抓住面试中的采分点，加上临场镇定的表现和充分发挥，针对不同类型的问题，要以不同的方式应答。在灵活机动地应对各种提问的同时，还要会推销自己，才能助你轻松过关，马到成功，这是面试的一个法宝。

知道怎么回答棘手的问题。大部分的主要问题事前都可以预料到，但是，总会有些让你尴尬的问题，以观察你在压力下的表现。应付这类问题的最好情况就是有备而战，冷静地整理好思路并尽量地从容回答。

面试求职的 7 种“嘴忌”

对于面试,很多人都有这样的一种理解的误区:面试一测外貌;二测口才。

除了特殊行业的特殊要求外,如上两方面是远远不够的。比如讲究知识型的用人单位,如果也招来那些只有外貌和口才而没有真本领的员工,那就无异于买花瓶了。现在有很多年轻的求职者自以为外貌和口才资质不错,以为在主考官面前能“对答如流”,便可以捞足“印象分”。孰料,恰恰是这号人最有可能被用人单位拒之门外。

原因很简单,在知识为上的今天,用人单位根本不会考虑用这种外在轻浮内在无实的人。也就是说,由于你刻意卖弄自己的口才,没有管好嘴,结果在急于表现自己的同时也充分暴露了自己知识浅薄的弱点,最终还是那张嘴误了你自己。

为此,必须给那些自以为通过口才的表现力来赢得求职成功的人泼点冷水,同时也给这些人指出如下 8 种求职的“嘴忌”。

“以我为中心”的夸夸其谈

面试中对自己的经历及能力的表述简明扼要,适可而止,千万不要像打开话匣子般没完没了地夸夸其谈,自吹自擂,甚至主次不分地“以我为主”。求职者要讲究实在,言简意赅,不可大包大揽地做太多的口头承诺,说得太多了容易引起考官的反感。考官在面试时往往要求你当场表现自己的才艺,你姑且可以谦虚地一试,但休要还没动手,那张嘴就迫不及待地声称这事没问题,那事很容易。有夸海口之嫌的话在求职面试场合,一定要慎出。

不错,负责招聘的主考官很注重对你能力的评估,但面试时他更会对你抱着谨慎的态度,意在让你充分展示自己。这时,如果你想把考官“侃”晕,东拉西扯,尽说些不着边际的话题,甚至大肆吹嘘“关系网”,还自鸣得意,生怕别人不知道,你有多大的能量,那么主考官一定会认为你这个人只会拉大旗做虎皮,浅薄至极,能力也“不过如此”。

迫不及待地抢话或争辩

有的求职者为了获得主考官的好感,就会试图通过语言的“攻势”来“征服”对方。这种人自我表现欲极强,在面试时根本不管主考官究竟买不买他的账,没说上三句两句话,就迫不及待地拉开“阵势”,卖弄口才,力求自己在“语机”上占上风,在事理上征服对方。主要表观在抢话、插话、争辩等方面。

不能说爱抢话或爱插话者都是浅薄者,但人们往往非常讨厌这种“不管嘴”现象。因而,在求职面试时,无论自己的见解是多么的卓尔不群,无论别人对你的看法或观点有多大的偏差,在对方把话说完之前,千万不可插嘴,这也是对主考官最起码的尊重。若主考官的话偏差太大,说明主考官对你已经持有成见,在这个时候,无论你再插话、抢话也已经于事无补,只会增加人家对你的反感。

赢得一场争辩而失去一份好的工作,可谓是“因小失大”。面试的目标不是在谈话中取胜,也不是去开辩论会,而是要得到工作。如果你在谈话中过于和主考官“较真儿”,使得主考官对你很伤脑筋,认为你“根本不是来找工作的,而是故意来找碴儿的”,可想而知,事情的结果将会是多么的糟糕!

关键时刻反应木讷

沉默是金？对不起，在求职面试场合，你可别被这种矫枉过正的说教给误导了。主考官提出一些很关键的问题时，如果你也“惜言如金”，那你还面什么试呢？主考官定会认为你这叫反应木讷、迟钝。如果你给主考官留下的是这个印象的话，那么可以说你的求职使命将就此宣告失败，因为没有任何一家公司愿意录用反应迟钝的人。

“少言”是必要的。但比“少言”更有必要的是“慎言”，而不是“不言”！面试却“不言”，当然就是木讷、迟钝。尽管木讷、迟钝者和那些夸夸其谈者的反差明摆着，但同样也不可能成为一个称职的好员工。求职面试的目的是要让用人单位考核自己，你羞羞答答地不张嘴说话，人家又怎么考核你呢？

面试对话不仅要用头脑，还得用心灵。当你两脚往主考官面前一站，看着对方一副大模大样的姿态，你莫名地垂下了眼睑，无地自容，早先为自己设计好了的答问词竟荡然无存。越是如此，你越发慌，致使你说起话来鬼使神差地词不达意、语无伦次。这都是反应迟钝的表现。

反应迟钝者大多容易产生自卑心理，越是自卑，就越迟钝，这就叫恶性循环。人一旦既自卑又迟钝，就会不敢正眼看主考官，以至消极、冷漠、烦闷，而这些足以摧毁主考官对你的热忱和信心。

恬不知耻地好为人师

求职就是求职，求职和在职可不一样。在职者要有主人翁的态度一点儿也不假，但求职时，你的地位还不是主人翁，即使你感觉自己装了一肚子的好想法，但这绝不足以打动主考官。

新点子并不是人人都有，有好想法、新点子的人却不可处处好为人师，尤其是不能对陌生者施以“指点”。所谓的新点子当中或多或少含有忠告的成分，而大部分忠告都是批评，批评对于某人而言是难以接受的，尤其是来自陌生人的批评，不可能受到欣赏、遵从，更不可能产生好感。这就是少提建议的理由。你是求职者，在主考官面前说这想法，提那建议，你要是不受排斥，那么就证明这个主考官也太没主见了。

在主考官眼里，让求职者谈想法、提建议本身就是一把“双刃剑”，一方面考察你的思维，同时也为你挖了一个陷阱，它会立马使你变成“好为人师”、“好耍嘴皮子”的家伙。所以，在面试中，最忌讳提些带忠告性质的建议。不管你的建议多么中肯、多么优秀，最好留着，到录用后再说，不要在求职时急于卖弄。

提低级问题

求职面试不是入学面试。主考官要考察的是你的综合素质，而同时你也可以问一些与你所学的专业相关的问题，或者问一些企业工作制度等问题。但在发问之前，你必须好好想想你将要问的问题是否有现实意义，尤其不要提一些低级的甚至是幼稚的问题。比如像单位里是否24小时供热水？办公室内是否有卫生间？单位平常是否组织大家旅游等等，这些很可能使很好的面试砸了锅。

目中无人

这是平常爱自高自大、目中无人的人最容易犯的毛病。不得不承认，这种人可能有些比他人高出一筹的资本，但这种资本很可能因为你的狂傲而显得“举重若轻”。古人说“厚积薄发”、“深藏不露”，这才叫能力资本的真正积淀。纵然你有再大的资本，在应聘时你也是处在屈于人下的地位。在主考官面前大谈自己的阅历有多么丰富，恰恰说明你这个人缺乏教养，根本不把别人放在眼里，谁都敢得罪。目中无人的求职者大多有一种莫名的控制欲，一心想压着别人，以显示自己的优势。殊不知带着这种心态去面试，主考官生杀大权在握，让他毕恭毕敬地听你“指点江山”，他心中的无明火岂不呼啦呼啦扇起？你惹了主考官，你还面试干什么呀！

滥用时尚语

年轻人追求时尚并不是件坏事，但时尚从某种角度上反映了一个人对现实的反叛心理。有些年轻人知识能力比较一般，但对时尚却很着迷，平常说话也总喜欢使用时尚用语，结果到求职面试时也像“上网吹泡泡”一样无所顾忌，动辄用很时髦的网络时尚用语和主考官“兜话题”，以为这样做既能弥补自己知识能力上的不足，又能让主考官认为自己很“前卫”、很可人，因此而被录用。殊不知敢当主考官的人大多数都不是省油的灯。你的轻浮语言又怎能挡得住他那锐利的洞察眼力呢？另外，有些人学外语学了半桶水，在面试时便喜欢时不时地夹杂一两个英语单词，以显摆自己的英语能力，但这样卖弄是很危险的：若是碰到主考官随即用英语和你接碴儿，你岂不搬起石头砸了自己的脚？

将你的长处转换成与工作业绩和效益相关以及雇主需要的用语。如果你对自己和工作有关的长处深信不疑的话，重点强调你能够给对方带来的好处，在任何可能的情况下，举出关于对方需要的例子。

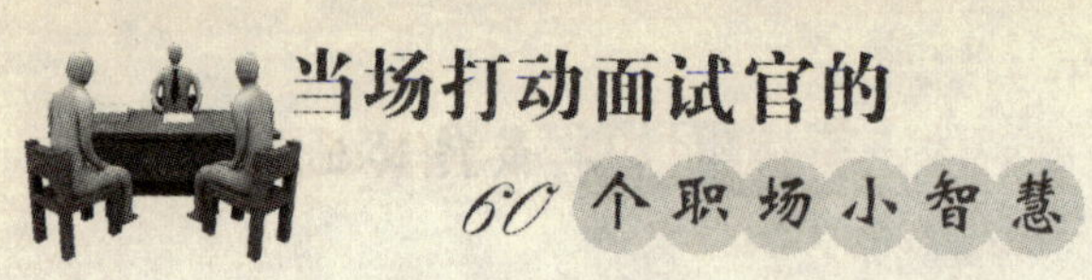

面试讨人喜欢的十种方法

不管你有什么样的简历和才华，如果在面试时砸了，你就无法得到那个职位。如今经济困难的情况下，你需要用到每一个优势，正如《我讨厌人们！摆脱工作中傲慢、不诚实的家伙，获得你在工作中想要的东西》这本新书的作者们所认为的一样，我们认为这是简单的一个问题：你希望被喜爱——不是被讨厌。

下面10个简单的事情，将极大地提升你被录用的可能性：带着合适的表情、知道什么是不该说的以及绝对不要流汗等等。

不要“笑脸盈盈”

面试中过度微笑会被视作紧张和缺乏自信。笑容可掬的一个人看上去是虚假的，而这些很快会被面试官发现。相反，做一个有思想、令人愉快的人，在有东西值得笑时才去笑。先在镜子或朋友面前练习练习。

不要扯闲话

你的任务是对参加面试的单位有充分的了解。昨晚电视节目《星随舞动》的内容或你最喜爱的博客等话题都不会让你得到这份工作。绝对不要觉得自己非得在面试时不停地闲谈。要找到途径谈论和该行业或公司有关的话题。片刻间歇的沉默比用胡言乱语填充面试要更好。

不要流汗

衣服多穿了一点点或穿了件汗衫可能让你失去一份工作。手掌有汗,或额头上的汗珠不会给人留下好印象。你不是在申请个人运动教练。出汗将被看作是一个表示柔弱和紧张的迹象。穿着你的面试服装在朋友面前先实际演练一下。面试绝对不是你希望自己汗流浃背的场合。

不要做拦路石

面试官在寻求的是那些渴望接受有挑战性的项目和工作的人员。犹豫和拒绝的心态将会是赫然醒目的消极的信号。对于一些"你是否对某些任务或工作有兴趣"等会让你迟疑的问题,要练习说"是"。

不要琐碎

询问午餐房间或会议室在哪里是在暗示你缺乏准备和主动性。要做好准备,不要询问诸如:物品位置、你的办公隔间大小、公司对喝咖啡休息时间的政策等公司的常规事务或职能。

不要撒谎

研究表明,员工在职场上经常会撒谎。撒谎无法给你带来一份工作。在面试时,即便是一点的夸张都算撒谎。别那么做。不要夸大你的简历或美化你的成绩。和一位适度自信的人,以及和一位吹牛的人谈话是不一样的。一个谎言会破坏全部面试,有经验的面试官一定会发现那个谎言,让你离开。

不要成为糟糕的滑稽演员

幽默往往是十分主观的东西，虽然也许容易在你的面试时用一个幽默开始，但是，对你的笑料内容一定要小心。你可能对面试官的敏感度一无所知，更加不知道什么能博得他们大笑。可另一方面，没有什么会比一点点笑声更能缓解一次面试时的紧张，所以，“用今天真是面试的好天气！”这样的话，你能至少赢得一点礼貌的笑声。

不要太难伺候

如果你开始谈论理想中的办公室温度、你疼痛的后背适合的椅子、饮水机需要装进口矿泉水等问题，那么不论你的资格如何，可能你将被示以一个礼貌的微笑，还有送客的大门。如今任何招聘单位都不会寻找对他们办公地点的要求过分讲究的人。

不要浪费时间

每一次面试时，潜在雇员都会有提问的机会。让你的问题显得聪明一些，直截了当，同时通过观察对面的面试官来决定提问是否恰当。问太多不相干的问题，你会被认为是一个注定要用无足轻重和费时的事情来浪费公司资源的人。

不要出语伤人

一般来说，出语伤人者被看作一位背后捅刀子的人，通常会领别人工作的功劳。在面试时，这种人禁不住要说前雇主的“坏话”。如果你让你过去的工作地点看上去像是地球上的地狱，那么面试你的人也许会打电话给他们,看看谁才是真正的恶魔。

总之,主考官喜欢的面试者一定要具备以下要求:

(1)穿着干净利落。

(2)思维缜密,不会语无伦次,很明确地回答出我所提出的问题,而不是答非所问。

(3)可以很明确地说出自己对公司的要求,包括薪水或培训各方面。主考官最讨厌问期望薪水的时候,回答是随便或者都可以这类,只要听到这种答案,我统统归为没有自信或者对自己的定位不明确。

(4)准确地说出自己曾经的工作经历,讨厌夸夸其谈或者夸大自己工作经历的人,其实你有没有做过这些工作或者是不是做到这个职位,面试官完全可以看出来的。

(5)说自己前公司怎么怎么不好的人,主考官是一定不录取的。每一个公司都有他的可取之处,肯定能让你学到一些东西。全面地否定他人,相信你也必定没有可取之处。

对雇主最有利的事情之一就是你热爱自己的业务,面试之前要知道你最喜欢的工作是什么,它会给雇主带来什么利益。问到你的兴趣是想从侧面来了解你对工作和生活的热爱,不可忽视。

女性面试时怎样应对敏感问题

随着时代的开放与人们观念的革新，一般老板在面试时也会口无遮拦地抛出一些窥探个人隐私的敏感性问题，特别是面对一些年轻貌美的女应聘者时，往往对此类问题会特别的感兴趣。比如在招聘女秘书或者女助理等岗位时，招聘官们都喜欢问一些诸如“假如你的上司对你有非分之想，你该如何处理？”等既无聊、又无奈的问题。

说它无聊，是因为企业应该以应聘者的工作能力和为本企业所创造的经济价值为目标来选择相关人才，而一味地将这些问题作为判别应聘者能力的标准，实在有些无聊；说它无奈，是因为在当今严峻的就业形势下，特别对于广大女性就业者，更是面临着前所未有的竞争压力。在这种左右为难的情况下，对于一些敏感性的问题真的是很无奈。

所以，女性在面试时，常会碰到一些敏感的问题，总觉得如何回答都不妥，很难让自己和别人都满意。那么，究竟该如何应对这些让人感到尴尬的问题呢？

问题一，你认为家庭与事业之间存在着难以调和的矛盾吗？

这是一个老问题，也是一个难题。招聘单位自然非常希望你以事业为重，但也希望你拥有一个幸福美满的家庭。“后院不失火”，才会使人无后顾之忧，集中精力干工作，才能发挥出你的聪明才干。显然，直接回答事业与家庭之间存在难以调和的矛盾或根本不存在矛盾，都是不合适的。建议你这样回答：“我以为无论在工作上还是在家庭中，女性的最大目标都是要使自己活得有价值。虽然我是一个很想通过工作来证实自己的能力、体现活着的意义的人，但谁能说那些相夫教子培养出大学生、博士生的农家妇女就活得没有价值呢？”这样回答，能恰到好处地体现出女性特有的刚柔相济的特征。

问题二，你如何看待晚婚、晚育？

别以为这个问题与工作没有多大关联。你对此的回答是否得体，可能会直接关系到你的应聘能否通过。招聘者之所以提出这个问题，是想知道你在工作与生育的关系问题上持一种什么态度。女性求职为什么普遍比较难？这就是症结之一。为了工作晚结婚、晚生育，当然是用人单位所希望的，但如果真的这样做了，恐怕也会令人产生疑惑：一个连孩子都可以不要的人，如果再有其他利益驱动，会不会抛弃一切，包括她曾经为之自豪的工作呢？

“谁都希望鱼和熊掌能够兼得，当二者不能同时得到的时候，在一段时间内我会选择工作，因为拥有一份好的工作，将来培养孩子就会有更为坚实的经济基础。我想总会有合适的时候让我二者兼得。”这样回答，或许真的能提醒上司在你生孩子休息时仍把原来的位置给你留着，而不让别人取而代之。

问题三，面对上司的非分之想，你会怎么办？

招聘女秘书，往往会问及这类话题。回答此类问题，最好委婉一些：“你们提出这个问题，我非常感激，这说明贵单位的高层领导都是光明磊落的人。不瞒诸位说，我曾在一家公司干过一段时间，就是因为老板起了非分之念，我才愤而辞职的，而在当初他们招聘时恰恰没问到这个问题。两相比较，假若我能应聘进贵单位，就没有理由不去为事业殚精竭虑了。”这位女士的应答就堪称精妙，妙就妙在没有直接回答“该怎么办”，因为那是建立在上司“有”非分之想的基础之上的。而是通过一个事例来表明自己态度的坚决,又没让问话者难堪。即使新老板确有投石问路之意,日后也不会轻举妄动了。

问题四,你喜欢出差吗?

考官提出这个问题,并不是真的想知道你喜不喜欢出差,工作需要时,你不喜欢出差也得出,考官的目的是想通过此问了解你的家人或者你的恋人对你的工作持何种态度。不少刚工作的年轻女性面对这一问题可能会马上回答:“我现在年轻,在家里坐不住,特喜欢出差,一方面为公司办事,另一方面又可以领略到美妙的自然风光。”而有一位女士是这样回答的:“只要公司需要出差,我会义无反顾。这两年因忙于求学和谋职,几乎没出过远门,尽管家人不反对,男友也想陪我出去转转,但终未成行。出差很可能会成为我今后工作的一部分,这一点在我来应聘前,家人早就告诉我了。”两种回答都体现了不错的口才,但第一种回答在表达效果上要差一些,出差顺便逛逛风景名胜本在情理之中,可这样一表白,难免会让人对你产生将出差与游览主次颠倒的感觉;第二种回答妙在那位女士深知考官提问的目的,回答既切中了要害,又显现自己的大方诚恳。

一句话,在工作招录中,女性较之男性相对处于劣势地位已是不可否认的事实,要想弥补这一差距,女性朋友们必须发挥自己与生俱来的女性特质,让那些大多是男性的考官也为你喝彩,那你就一定会成功。

对大部分的雇主而言,交际的语言技巧十分有价值,是受过良好教养和有竞争力的标志。清楚你自己是如何交际的,并且配合其他人从你最好的方向努力去展现自己。

接听电话也是一门艺术

在日常生活里，被誉为“顺风耳”的电话早已成了现代人重要的、不可或缺的交际工具之一。即便在所有的现代联络手段中，它也不容置疑地位居排行榜之首。对于电话的好处，人们通常都心中有数。运用电话，不但可以及时、准确地向外界传递信息，而且还能够借以与交往对象沟通感情、维持友谊。

在“信息就是资本”、“联络创造效益”的今天，人们的生活中要是没有了电话会成为什么样子，简直难以设想。有一位科学家曾经说：“一个不会正确地利用电话的人，很难说他是一个符合现代社会需要的人。至少，他算不上是一个具有现代意识的人。”就电话的重要作用而言，他的上述观点绝非夸张。

正确地利用电话，并不是每一个会打电话的人都能做得到的。要正确地利用电话，不只是要熟练地掌握使用电话的技巧，更重要的是要自觉塑造并维护自己的“电话形象”。

电话形象的含义是：人们在使用电话时的种种表现。因为它是内在的反映，所以会使通话对象“如见其人”，能够给对方以及其他在场的人留下良好的、深刻的印象。一般认为，一个人的电话形象如何，主要由他使用电话时的语言、内容、态度、举止以及时间感等诸多方面构成。人们一般把这些看作个人形象的重要组成部分。

在人际交往中，我们应利用电话主动与人联系。

接打电话的礼仪：

1.有的放矢

一般来说，聊天没有什么明确的目的。但从微观角度来讲，闲聊未必就是聊“闲”，而是有信息和情感交流。带有一定的目的，你就能及时而又恰到好处地发问，调节聊天的内容。

2.选好对象

聊天要做到格调高雅，聊得有水平，善于选择聊友是重要的一环。一般来说，聊友的素质决定了聊天的质量。德国伟大作家歌德，几十年如一日，与其秘书爱克曼每天都要聊会儿天，那些天才的机智许多是从闲聊中诞生的。他嘲弄世俗，讥讽丑恶，以喷珠吐玉般的格言缀串成令后世惊叹不已的《歌德谈话录》。

3.接听电话

电话铃一响，应尽快接听电话，而不要置若罔闻，或有意延误时间，让对方久等。拖延时间不仅失礼，有时还会误事。

电话铃响之际，如果自己正与同事或客户交谈，可先与同事或客户打个招呼，再去接电话。拿起听筒后，先说“您好”，接着自报家门。听电话时应聚精会神，可以不时地“嗯”一声，或说“好”等，以表明自己正在倾听而不是心不在焉。不要在听电话时与身边的熟人打招呼，或小声谈论别的事情。

如果在会晤重要客人或举行会议期间有人打来电话，而且此刻的确不宜与其深谈，可向其略微说明原因，表示歉意，并再约一个具体时间，到时由自己主动打电话过去。若对方是长途的话，尤须注意别让对方再打过来。约好了时间，即须牢记并信守。在下次通话时，还要再次向对方致以歉意。

4.倾听很重要

倾听是理解对方的起点，善于倾听正是判断的基础。尤其是在电话交谈中，双方靠声音传递信息，倘若不认真听，就无法准确地交流信息、沟通感情。当然，静静地倾听，不随便打断对方的讲话，并不意味着完全沉默。在听的时候，应时而辅助简单的“嗯”、“是”、“好的”等短语作为呼应,让对方感觉你确实在认真听着,以示尊重。

5.文明不可丢

发话人在拨打电话时,在举止方面,应严格要求。不论是单独还是当众,这方面都要严于律己,不可视为儿戏。

发话人的表现如何,直接决定你的电话礼仪怎样。可以说,它是电话礼仪的最基本内容之一,万不可掉以轻心。所以这要求发话人在通话过程中,自始至终,都要待人以礼,表现得文明大度,要做个谦谦君子、翩翩绅士,这样才算尊重自己的通话对象。

发话人在通话时,除举止要“达标”外,在态度方面也要好自为之,不可草率。

对于受话人,即使是对下级,也不要厉声呵斥,态度粗蛮无理;即使是对领导,也不要低声下气,阿谀奉承。

电话若需要总机接转,勿忘对接线员(也称话务员)问候一声,并且还要加上“谢谢”。另外,“请”、“麻烦”、“劳驾”之类的词,该用的也一定要用。

谁都知道,随着生活节奏、工作效率的加快提高,电话已成为彼此联系感情和信息的重要工具。它具有传递迅速、使用方便、失真度小和效率高的优点,人们的许多交际活动是借助电话来完成的。

电话是一种非常奇特的沟通工具,是带来佳音的天使,也是送出噩耗的魔怪,能给人以惊讶,或给人以绝望,从严酷的个人批判到充满梦幻的爱语,由电话来传达的内容实在太广泛。

从现在起,我们一定要注重电话在积累人脉中的作用!

用完整的句子和实质性的内容回答问题。谨记你的主考人都想判断出你能为公司带来什么实质性的东西,不要只用“是的”或“不是”来回答问题。给出完整的答案让人知道你和公司的要求有什么联系,让他们知道你是什么样的人。

十二星座的面试法宝

白羊座:如果没有拿捏好分寸,爱冲、勇于表达意见的优点,反而会成为白羊座的致命伤,别人会认为他是个自大的家伙,因此也会成为团队工作中的大麻烦!

建议:在面试时,除了表达自己对工作积极进取、企图心旺盛的同时,切记也要保持自信但不自夸的态度。另外可以多表现白羊座不怕困难、愈挫愈勇的特质,因为耐挫、耐磨、心理够坚强的员工,绝对是所有老板的第一选择!

金牛座:因为思考速度太慢、个性又谨慎,所以在应对时会让人觉得金牛座自信心不足。再加上口才笨拙、反应不够敏捷,更难把自己的优点表达出来。

建议:金牛座临场反应不佳,切记事前必须做好充分准备。在面试时更要注意,说话应该简洁有力,语气坚定、有自信,避免思考太久。因为在现在一切求快的环境中,想太久未必代表思考谨慎,反而会让人觉得你像头大笨牛!

双子座:双子座有着三寸不烂之舌的功力,说起话来头头是道,但通常都没有经过深思就脱口而出,因此会让人觉得他们的思考不够周延。

建议:双子座不但机灵,而且个性主动、活泼又健谈,因此面试时通常都会让人留下良好的印象。此外,因为双子座擅长沟通,懂得如何随机应便,所以如果从事业务或公关方面的工作,必定能够一展长才而有不错的发展。

巨蟹座:害羞的个性,让巨蟹座在面试时往往不善于表现出自己的优点,因而影响到别人对你的评估。此外,也别因不佳的情绪来影响你的表现。

建议：巨蟹座在面试时，一定要克服害羞的个性，努力表现出对工作积极进取的一面及巨蟹座细心体贴的优点。毕竟在竞争激烈的职场中，如果不懂得表现自己，太过客气害羞反而会让机会白白流失。

狮子座：与生俱来的气魄和自信，会让狮子座脱颖而出。但过分膨胀也会造成自负、无法虚心受教的负面印象，将会成为最大的致命伤！

建议：狮子座的积极及自信，绝对会让主考官留下深刻的印象！但在表现自己的同时，切记要谦虚！如果当场得到赞美，不要太喜形于色！另外，要是有人在面试时对你提出批评，也要表现出王者的风范，千万不要当场变脸！

处女座：想得多、太小心，反而会造成自信不足，甚至反应慢的负面印象！凡事太注重细节的个性，也容易让人觉得他做事任性、难以配合！

建议：细心谨慎是处女座的大优点，不过在面试时，千万不要强调过头，以免让主考官认为你做事只看细节而容易忽略大方向！记得要放轻松，好好发挥你善于分析的长处。另外提出看法时不要太直，以免得罪人还不晓得！

天秤座：天秤座怕得罪人、怕破坏现场气氛，所以在面试时会想太多、太小心、又不敢明白说出自己的意见，会让人觉得他是没有想法的！

建议：多表现天秤座天生的亲和以及善于接受意见的优点，为自己的印象加分！不过思考能力和积极的态度，在评估时也需要仔细考量。要勇于表达自己的看法，因为做人虽然重要，但做事时要能独立思考更重要！

天蝎座：天生多疑、加上喜欢隐藏的个性，容易给人故作神秘状的印象。不过他在提出看法的时候又太尖锐直接，会让主考官当场难以招架！

建议：冷静深沉、判断力及洞察力敏锐是天蝎座的特质，任何蛛丝马迹都难逃他的法眼。不过天蝎座很注重稳私，不喜欢把想法说出来与人分享，再加上容易记仇的性格，会让人觉得阴险、心机重，成为大家的假想敌！

射手座：反应快、说话直，因此面试时常常连不该讲的话都会脱口而出，除了会让人有自夸的感觉外，而且还会有一时嘴快而得罪老板的可能。

建议：面试时切记谨言慎行，虽然反应快能给人聪明、灵活的印象，但千万不要逞一时之快，而错失大好机会！多表现射手座的创意和热情，因为在竞争激烈的职场中，点子多又能对工作全心投入的人，绝对能受到老板的青睐！

摩羯座：太严肃、反应慢的个性，会让摩羯座在面试时吃亏。在应对时，又会不经意地流露摩羯对成就的渴望，虽然实际却会教人感到太现实！

建议：表现自己思考严谨的长处是必要的，但千万不要想太多，因为机智反应一样重要。不妨大方地秀出自己的优点，例如：积极务实的态度、无人能及的苦干精神和自制力，但切记收敛你的企图心，以免让人对你心存戒心。

水瓶座：个人主义极强、凡事都讲求有自己作风的水瓶座，很有可能在面试当天因为语出惊人，或身着奇装异服，而吓坏了公司里的主管。

建议：虽然个人风格能加深主管对你的印象，不过在造型上还是不宜太夸张。此外，水瓶座聪明、想法新、勇于突破传统的特质，非常适合从事那些尖端或创新的行业，建议你不妨多留意相关的工作机会，好好把握！

双鱼座：双鱼座最大的致命伤，就是在面试时会因为太紧张，或者太在意面试主管的反应，让情绪大受影响，而没机会好好表现自己的实力！

建议：在面试时懂得察颜观色是一项优点，但不要因此而影响自己的表现！感性浪漫、想象力丰富是双鱼座的特质，不过切记也要适时表现出你理性的一面。建议你多留意有关创意和企划的工作，绝对能让你一展所长。

第三部分

最终的通关秘籍

Chapter 2

面试『面面观』

面试是双向选择的结果

求职,简单来说,是用人单位和应聘者双向选择的过程。“求”是申请,而非“哀求”、“请求”。求职者应做好自我定位,以自己的专业知识、能力与才华打动面试官,赢得岗位。

古人云:女怕嫁错郎,男怕入错行,是说选择行当特别重要。有的人在没有竞争的行业里,兢兢业业几十年,仍然地位依旧;而同时毕业的同学,如果进入政界或电信行业,不但薪金丰厚,而且前途似锦。这说明,进入充满发展机遇的朝阳行业与进入江河日下的夕阳行业,未来的发展前景会有很大的差异。

第一份工作怎样选?日本生涯学家高桥宪行建议:大学毕业生择业不妨依据企业的“生命周期”来考虑。

所谓“生命周期”,就是指一般企业的寿命大致可分为5个阶段:开发期、成长前期、成长后期、成熟期与衰退期。

处于“开发期”的企业,刚起步,晋升的机会通常较多,短时间内就可能升到较高的位置,但相对而言,由于企业基础尚不够稳固,所以势必要承受较大的经营风险。

处于“成长前期”的企业,晋升的机会也较多,但速度则略微缓慢一些。“成长后期”的企业,制度、体系都已上了轨道,想在短期内获得晋升或加薪恐怕比较困难。而一般的大企业多属于此阶段。

如果你打算选择“成熟期”的企业,那你可要有心理准备,因为你的工作生涯可能很漫长、辛苦,晋升的可能性也较小。

“衰退期”的企业,除非你具有超凡的能力,可以使濒临关门的企业起死回生,否则根本不需要考虑,因此你大可不必以自己的尚不成熟去应战。

大学毕业生如果不知道如何选择合适的企业，不妨考虑一下下面的这些问题：

工作性质是重要的决定因素

1.工作范围

工作范围是否很广泛？不同的职务之间是否有共同点，还是毫不相关？你是否要做一些根本不需要你这样资格的人担当的工作。

2.工作责任

你要负多少责任？会处于公司机构的哪个层次？你要向谁负责？你是否要参与决策并能做出重大的决定？

3.自主与创造性

工作是否有挑战性，还是要做很多刻板性的事务？上司是否开明，容许你发挥能力？公司内其他职员的素质如何？

4.挑战性

这份工作是很难运转起来呢，还是只求达到某种指定目标？你是否经常要与时间竞赛？与其他同事或同行业之间的竞争是否激烈？

5.多样性

工作性质是否多样化？你是否要接触公司的其他部门？是否要时常与其他行业的人往来？你是否有机会参加训练课程？被派到其他部门工作的可能性有多大？

6.个人兴趣

是不是你心中期待已久的工作？是否同你的理想相差甚远？也许你开始时可能没有打算做下去，但日复一日，这工作可能会成为你的终身职业。

7.满足感

工作是否能让你有满足感？个人发展机会、工作环境、报酬等与自己的志向、兴趣是否接近？

工作环境不同，人的选择也不同

1.工作节奏

有些老板特别重视劳动效率。所以，如果你不特别喜欢匆忙、快速的工作节奏，最好还是找一份悠闲一点的工作。如果你有精力，喜欢在压力下工作，则不妨找一份比较紧张的工作，好发挥你的这些长处。

2.实际环境

许多工作都是要外出的，例如：企业代表经常要冒着风雨四处奔走；新闻记者工作时间很不固定，另外有些工作经常要外出很长时间。这些都是要具体考虑的因素。

3.助手与设备

如果机构是新成立的，或是机构规模很小，可能只有很少的同事合作做事，什么都要亲自动手。在组织完备的大机构做事，往往有各式各样的办公设备和助手帮助工作。例如，秘书、助理、新式办公和通讯设备等，甚至公司还有车辆可供使用。

劳动报酬是求职的重要因素

劳动报酬指的是工资、奖金和福利。比如某些机构的固定薪酬可能不高，但他们却给予职员住房津贴，或者低息购房贷款，或提供专用汽车等。还应注意该职位的薪金与其他同类公司、同类职业的薪金差别。目前一般政府机构和事业单位起薪点都很低，而集体或私人机构的起薪点较高，晋升机会也较大。

有晋升的机会才有发展前途

该公司喜欢从外界招聘高级职员，还是爱提拔公司内有发展前途的人？求职者要多久才能升到较高的职位？要获得这些资料可以翻阅该公司招聘记录，看看三五年前加入公司的那些职员目前的状况如何，便可知了。

职业培训是培养工作能力的重要途径

现在企业大都很注重训练职员。这种训练大致可分为正式的和非正式的两种，时间长短不一，可能只有一个月，也可能长达数年，完全视工作性质和公司的规模而定。通常大机关的训练都集中在试用期内，训练期满，新雇员即变成长期雇员。而小机关的训练大都没有那么正规，大多数是一边干一边学。求职者应事先了解该公司的职员训练计划和政策：该公司有没有经验丰富的训练部门，负责提高职员的工作能力？该公司训练职员时，是否重视专家的意见和指导？他们会不会鼓励职员争取更高的学历？学历提升后是否会给职员带来升职机会和更大的福利？

单位状况对求职者尤为重要

1.机构的规模

机构大小各有其优点和缺点，如何选择就要视各人的兴趣和工作性质而定。比如你想进入电脑行业，不妨选择一家初具规模的企业。这样可以得到多方面的职业训练，见识复杂的仪器，接触各种顾客。

2.发展潜力

要估计该公司的发展机会，要了解它的发展政策和年报及内部刊物。最好先弄清楚它是独立公司还是分公司，或是附属其他机构的公司。

3.保障和安全

如果该机构有周全的晋升制度，雇员的职位和薪水会有机会稳步提升。如果你有意在该机构长远发展，更需要了解它的长远发展计划。如果是国际性的机构，就要弄清楚它会不会继续在本地区做生意和扩展业务。尤其是日本旧派作风的雇主，他们不希望雇员经常活动，且雇员升迁较慢，但其他福利可能会多一些，以尽量使工作有保障。

4.业务范围

越来越多的大机构有意将资源分散投资到不同的行业，因而出现了大量的附属公司。求职者加入这些大机构工作的最大好处是可以有很多机会随时被调到不同部门、不同地方工作，这对于爱好挑战的年轻人来说是非常有吸引力的。

5.人事管理政策

在没有进入该公司前，这方面的资料是很难掌握的。人事管理及升迁政策对你的前途有很大的影响。如果该公司每次都聘请大量职员，却只晋升其中很少的人到中高级职位，那么你升迁的机会就不大，雇主也不指望你会在这里长期服务。

6.企业声誉

公司声誉对职员非常重要。如果你曾经在一家规模宏大、声誉良好的机构工作，别人对你的评价自然会提高。当你需要调转工作或者另作安排时，肯定会比其他竞争者有优势。

通过多种渠道收集、了解就业信息，以求“知己知彼百战不殆”。由此看来，只要求职者善于搜集和分析用人单位的信息，就能通过交流技巧展现出自己的优势，把握住和用人单位见面的良好机会，得到我们所关心的信息，打动用人单位，迈出成功就业的第一步。

公众人物有很多舒缓压力的方法会帮助你进行面试，在面试临近时练习一下如何放松自己，譬如放慢语速，深呼吸以使自己冷静下来。你越放松越会觉得舒适自然，也会流露出更多的自信。

定准面试方向

劳动和社会保障部科研所开展的“第一次就业调查”的结果表明：33.2%的人是“先就业后择业”,1/3 以上的人把第一份工作当成职业跳板,而 16.3%的人“没有太多考虑”,是跟着感觉走选择了第一份工作。大学生就业后 1 年内,有一半的人换了工作;两年内,有近 3/4 的人跳了槽。而且，在寻找第一份工作时，有 24.6%的人完全没有考虑过职业规划问题,66.8%的人考虑过但不全面,只有 8.6%的人比较充分地考虑了职业规划问题。

许多人在失业、就业压力下,把“找到工作就行”作为最高指导原则,盲目就业。经过很长一段时间后,发现自己在学校所学的专业和正在从事的工作没有什么关联,而自己的兴趣和所学专业、正在从事的工作也没有关联。

为了找到真正适合自己的职业,需要进行未来职业规划,包括分析自身的性格、兴趣、知识结构和擅长等多方面的特点,弄清楚自己的兴趣和擅长之间的关系,还要区分自我期待、家庭期待和社会文化期待之间的关系。

中国人的学校社会化过程缺乏对个体在环境适应、社会交往、独立意识、自立能力等方面的足够训练,而社会的实际生活又对个体在这些方面的能力提出了较高的要求,这就难免使诸多刚刚步入社会的青年人遭遇社会适应困难。

在职业设计之前,首先要根据自身的能力与个性对自己进行综合评定:自己具有什么类型的能力,在什么条件下,以什么方式,并能多大程度地发挥自己的潜能。然后要细化自己的特长,使求职有个明确的方向。选择职业的关键是自身对未来的规划,以及判断自己是否真正适合打算选择的职业。

选择职业的标准是多样化的,主要包括:

1.与性格相符,即选择与个人性格特征相适合或接近的职业,使职业活动的性质与个人的性情保持一致,如喜欢冒险就选择容易遇到风险的职业;

2.与兴趣相符,即选择与个人的自身爱好相同或相近的职业;

3.与技能相符,即选择与自身具有的某些特定技能相适合的职业;

4.与潜能相符,即选择那些能使未意识到的潜在能力显现并发挥出来的职业。

5.与创造欲相符,即选择能进行创造并产生创造性成果的职业,以满足创造性的自我表现欲;

6.与物质欲求相符,即选择较高收入的职业。

应该分析你的工作经历,准确找出你的技能或经验的核心基础,而不是专注于你所从事的工作的详细职责。

例如,你曾是XYZ公司的分析员/管理员,而不是负责陈述环境监测部门的陌生报告的项目官员。

着重强调你的综合技能。这种方法有两个主要优势:

1.它有灵活性,这样你就能根据未来雇主的需求灵活控制。

2.它是独立的,与你以前的雇主脱离关系,让你面对下一次工作申请。作为面试负责人,他对你在上一份工作中的职责和责任不感兴趣,他关心的是你现在能为他做什么。以定量的方法描述成就中的具体例子请给出数据来证明你曾负责的事务、你的高效率工作、你曾给公司带来的变化、你控制的数量、你管理的人数、销售量或产出量的增加、你的预算大小以及你的职责范围。请利用一切恰当的衡量标准,可以从多个方面考虑,如企业、个人、客户等。

这些客观衡量标准比你所做的陈述更能说明你的能力和实际成就。只要有可能,就应该利用讲故事、叙述逸闻和个人实例的技巧。

人们只有经常处于多种信息的选择中,才可能在不断的失误中训练出选择能力、识别正确事物的眼光、良好的直觉和判断力。值得感叹的是,当美国的孩子在小学阶段就逐步具备职业选择意识,并为自己的未来目标开始做准备、打基础的时候,我国的大学生临毕业之际还对职场一无所知。

不同的个人有不同的特长,不同的行业也需要不同的能力,或者说,特定行业需要特定能力。选择是双向的,不仅是个人选择环境,还包括环境选择个人。

准备好几个和工作、雇主以及整个机构有关的问题,比如关于企业文化,部门之间的同事情况,企业发展的问题,他们对员工有哪些培训计划等。一方面可以发现企业的管理理念,另一方面,可以向面试者表明,你在某一领域有长期发展的打算,你有希望不断学习、不断提高自己的愿望。

面试前应该准备哪些资料

面试前资料和问题的准备充分与否将决定你面试的成败。

如果你想求职成功,就必须重视资料和问题的准备。

有个求职者在经过千辛万苦后获得了面试机会。他浏览了未来雇主的工作年报,搜集到了令招聘经理惊叹的公司基本信息,终于顺利通过面试。

这种在上世纪90年代晚期才有的“精灵”式求职故事在现在已经很少出现了。在雇主占主导地位的劳动力市场,求职者在准备面试的过程中越来越觉得有必要进行全方位的自我展示。但是,怎么知道招聘者需要什么样的信息?如何去了解面试官然后投其所好?这需要对职位、公司、行业乃至面试官的相关信息进行有深度和广度的搜罗。

幸运的是,有多种多样的资料来源,大多数在网上免费或者很便宜,并且随时可以提供。一定要舍得下苦功夫,让自己去获取这些竞争优势。

面试前应准备哪些资料?

求职者在面试过程中,为了证明自己所谈情况的真实性,需要出示有关的资料;用人单位也会向求职者索要有关资料。因此,面试前求职者必须做好资料的准备工作。

主要资料包括:推荐信(表),获奖证书,发表的文章或虽未发表但对求职者有价值的文章等等。准备的这些资料,一是要与求职者所谋求的工作相适应、相符合,二是要尽可能的简洁明了,装订成册,便于用人单位查阅。

准备资料可以先了解一下用人单位需要哪些资料。其次,要把自己的毕业证书、学位证书、自我介绍材料、导师推荐信、获奖证书、成绩单、专利或科技成果证书、辅修专业证书或短期进修班的结业证书、论文等复印好,随身携带以备查阅或留给对方参阅。材料要真实,切忌弄虚作假。

另外,应届毕业生在面试时大多与用人单位是初次接触,彼此了解少,况且在求职前尚未拿到毕业证书,这就需要毕业生通过具体的材料推荐自己,并向用人单位展示自己在校内外学习阶段的情况及其他情况。因此,在面试前要做好自荐材料的准备工作。自荐材料一般包括以下几个方面的内容:

①学习成绩材料。包括学习成绩单、英语和计算机等级证书等。

②荣誉证书。如三好学生、优秀学生干部、优秀团干部、优秀毕业生等证书,以及各种社会实践活动,各种竞赛活动的证书等。

③成果证明材料。如获得的发明专利证书和正在申请的专利材料,在报刊、杂志上发表的文章、论文、出版的专著,以及有一定价值的科研成果报告等。

④证明自己具备某方面素质或能力的其他材料。如汽车驾照、技能鉴定证书、大赛获奖证书等。

⑤个人简历、求职信、推荐书等。求职信是最重要的自荐材料,因为它概括了求职者的全面情况,而且又在一定程度上直接表现了求职者的个人素质。如文字的表达能力、书写水平等。

面试前应准备哪些问题?

一般面试之前,每个应聘者必须预测一下,招聘单位通常会提哪些问题,自己应该怎样回答?如能充分准备,面试回答时就会自然得体、应付自如。常见的提问有：

(1)你都学了哪些专业课程，哪些科目和你所应聘的工作有关？

回答这类问题时，只要把主要课程与工作有关的课程侧重介绍一下就可，不必面面俱到。

(2)你有哪些方面的特长，有什么兴趣爱好？

这类问题要慎重回答。考官们或许据此来判断你进一步发展的领域、你的文化素养，也可能以此来考察你是否能够同他们良好地相处。

如自己有特长的话，可如实汇报。若没有什么特长或兴趣，你可以说比较喜欢什么、爱好什么，千万不要编造。否则，一旦对方问你具体细节，就要出洋相了。

在做好自荐材料之后，必须将个人的有关情况，如个人简历、性格、能力、爱好、特长等，反复阅读，使之烂熟于心，以使自己在面对主试者时胸有成竹，信心十足。

在准备好个人资料的同时，掌握用人单位的有关资料。如单位性质、主要职能、人员结构、知识层次、规模和效益。用人单位对应聘人员的专业、能力、个性等的专门要求。如能了解到主试者的姓名、身份以及他的性格、特长、爱好、面试时间和地点就更好。根据掌握的这些资料，结合自身的条件，有的放矢地采取策略，做好准备，面试的成功率就会很高。

如果可能的话，求职者还应当对所应征的行业提出自己的见解。无论对现状的分析，还是对趋势的预言，都是向面试者表明你一直在关注这个行业，你是这个行业的专家。这些问题将能够帮助你获取有效的信息，同时表达出你对工作的兴趣和热情。

面试交谈技巧大搜罗

交谈的时候要考虑怎样使对方感兴趣，并根据对方的反应来调整自己的谈话方式，尽量做到对答如流。但在面试中，主考人员往往千方百计“设卡”，费尽心思发问，目的是提高面试的难度，从中选择优秀人才。面对这种情况，就必须掌握语言交谈的基本技巧，对于从不同角度、不同形式提出的问题要做到应答自如。

交谈要注意礼貌用语

应试者与考官交谈时应彬彬有礼，这样会使对方感到舒服、愉快，有利于融洽气氛。如果木然纳之，缺乏客套语言，对方就会认为你失礼，影响面试效果。当然，礼貌语言不仅仅是“谢谢！”“对不起！”“非常感激！”之类的客套话。还应做到恰当，让对方感到你通情达理，随和有诚意，从而尽心同你进行良好的交谈。否则，据理不让，使主考官难堪，下不了台，他不仅不会认错，反倒找另外更难以回答的问题发问，直至你认输为止。要恰当地恭维，不失时机地说一些对方爱听的话。其实每个人都有虚荣心，都喜欢别人赞同自己的观点。所以，恰当地恭维会使对方高兴，对你产生好感，有利于成功交谈。

语言要形象生动、富于情理

在面试交谈中，应试者每时每刻都应注意使自己的语言表现得形象生动和富于情趣。如果应试者谈话情理交融，将丰富的激情融入要表达的道理之中，使讲出的话带有感情渲染的意味，让人感到通情达理，你讲的话就会令其信服。如果应试者谈笑风声，语言充满幽默感，便会给对方留下一个精明强干，精力充沛，能力极强的良好印象。

沉着冷静、理智应对

在面试中，主考官有时可能会故意挑些古怪难答的问题让你回答，让你不明真相，似是而非，或故意提出不礼貌、令人难堪的问题，其目的要“重创”应试者，观察你在这种场合下如何应付，从而考察你的适应能力和处理随机问题的机敏性。此时，如果应试者缺乏修养，没有经验，转而反唇相讥，恶语中伤；或与主考官激烈地争论，就会大上其当，铸成大错。对于面试中的类似问题，首先要冷静，不动声色，以察其动机。明确对方意图后，再委婉应对。

语言表达简洁清晰

语言表达，是面试交谈中应十分注意的事情。应试者往往由于紧张等原因，使语言表达出现不应有的问题，这无疑是件憾事。比如，本来很简单的问题，由于你过分讲究和刻意加工，反倒可能冗长或令人乏味。本来可以简洁陈述的事情，经过你的口却令人感到费解；本来可以清楚表述的东西，越说反而越让人糊涂；本来用白话表达可以使人感到亲切，你却文绉绉地或运用抽象的语句去表达，反倒令人生厌。所以，应试者讲话和思想表达时应该做到简洁、直率、清晰、准确。简洁，就是要善于将语言组织得精练一些，使说出的话简明扼要，让对方容易理解你的意思。这样，你说得省力，他听得也省力，彼此都感到轻松。直率，就是要开门见山，有话直说，使语言通俗易懂。清晰，就是语调恰当，让主考官听懂。具体说来，每句话不宜拖得太长，中间要有停顿，这样可使主考官有表示意见的机会，有回味的余地，听起来也不吃力，便于接受。准确，就是切忌使用模棱两可的语言和模糊性语言，不卖弄学问，不转弯抹角。

先谈观点，再做论述

首先谈自己的观点，然后再做叙述和论证。否则，议论冗长，让人把握不住要点。一般情况下，面试时间较短，多余的话太多，可能反倒将主题忘却。回答问题要有独特见解，有主见，这样可显示出个性，获得好评。

从走进招聘面试的办公室起，就要留心了解对方，找到双方感兴趣的话题。开始的交谈主要是融洽气氛，为正式交谈打基础，但这同样有推荐作用。话题的选择也可以根据对方所从事的工作、职业等方面引出。有时招聘者对情况不熟悉，受时间和环境的限制又不便了解和思考，遇到这种情况可以试试以下几种方法。

中心开花式：在集体面试时，可选择大家关心的热点事件为题，围绕人们的注意中心引出议论。

投石问路法：巧妙地借此时、此地的某些材料、事件为题，借以引出问题，进一步了解对方的兴趣。

兴趣入题法：了解对方的兴趣或活动，顺利地引入所要谈的话题。

注意语言表达方式

应该注意的是，面试不同于当众演讲，它是一个相互应答的过程，自己的每一句话都应是对方上一句话的继续。

在语言沟通中，语言的内容往往不及语言的方式重要。也就是说，我们对某人发言的理解与印象，来自“他讲些什么话”方面较少，来自“他怎么样讲这些话”（表情、声音、语调、姿势、速度等）反应较多。

由此观之，在面试过程中，回答问题的内容固然重要，但表达的方式更不能忽略。

面试并不要求应试者表现高超的演讲技巧，除非招聘的是公关经理、营业代表之类。只要求能够讲清楚有条理，不疾不缓，透过表情、声音、语调的配合，传出热情、诚恳、乐观、合作的态度。一般人只要不太紧张，准备充足，都应该不难办到。

在交谈过程中，说话速度不要太快。这样，可以一边说、一边想，而且能给对方一种稳重可靠的感觉。用外语交谈时，不要为了显示口语流利而故意说得非常快。

语言切莫太随便。首先要注意用“敬语”，如“您”、“请”等等，这是有文化、有修养的表现，切不可将同学之间、同事之间、家庭成员之间、朋友之间随便使用的语言用于面试。市井街头常用的“俗语”更要尽量避免，以免给主考人留下油腔滑调的印象。

接到面试通知，如果不能或不想出席，都应该在前一至三天以电话婉转地通知对方。许多求职者可能会认为，反正我已决定不去这家公司上班，何必和对方有所接触？这绝对是错误的观念，留下恶意缺席的印象，对你日后要在这个行业中发展，一定有所影响。

面试流程全分析

名牌大学毕业的小周,从事了两年编辑,可每月工资才一千多元钱,他一直想找家工资高的好媒体。

于是,他把目光瞄向某中央大报,并认真研究这家报纸的特点和有关内部情况。

功夫不负有心人。

有一天,他发现这家报纸招聘编辑,他心里暗喜,半年的准备,终于派上了用场。

当他打电话咨询时,对方要他马上去面试。

他带上自己的全部资料,来到这家报社,把半年来自己对这张报纸的感受同主编做了一次长谈,主编对他非常赏识。

然后,他又拿出自己的作品和以前编辑的报纸,主编越看越高兴,当即通知他明天来上班。

小周成功了!

面试的态度

面试有两种:普通面试和特别面试。

普通面试意在建立和发展一个良好的开端。在某种情况下,你想让某人知道你能干、有水平、有能力。最后,这种接触使用人单位对你产生兴趣，雇用了你，这将是最好的结局。或者，你可能有这样的态度："我不希望你给我提供工作，而是想和你探讨一下，像我这样背景和技能的人可能对你们行业中的某人有用或者对你认识的对此感兴趣的某人有用。"

这种态度会立刻降低面试负责人的抵抗力。他不会把你拒之门外，你只是向他征求建议，希望他提供可能的线索。他不用面对拒绝雇用另一个优秀人才的问题。他被奉承为专家，这可是我们都喜欢的事。这还为让他聆听你对自己的技能和经验的率直描述开启了大门。

这种面试可能有两种结果：这成为一次真正的工作面试(他发现吸引你加入到他的队伍中是一件非常妙的事)；这也可能成为其他面试的一个良好开端。当然还有第三种可能：无疾而终，但那可能是你自己的过错。

面试前，如果用人单位已经阅读了你的自荐材料，你也应该对用人单位进行一下了解，如果你对该单位一无所知，不清楚该单位对你是否合适，那么就会存在很大的盲目性。因此，面试前对用人单位做一番调查工作是很有必要的。

了解求职单位的岗位要求

面试前，你应进一步深入了解如下问题：单位性质是国有还是集体，是外资还是合资，是研究设计公司还是制造销售公司等等。

该单位有哪些工作岗位与你相适应或可以胜任或可能胜任？该单位有哪些岗位尚有缺额或最需要人才？这些岗位对求职者的职业道德、知识结构、专业技能、心理素质等有何特殊要求？这些岗位在工作条件、福利待遇等方面有何利弊？对困难或不利的条件你是否能够接受，自己有没有办法克服或改变它？你对该单位有哪些要求？需要单位帮你解决哪些问题？

掌握人事干部的特点

一般情况下,面试是由用人单位的人事部门的人员来担任的。在人事问题上他们或许没有最终决定权,但却有最初淘汰权,而且在人员取舍上对领导者有很大的影响力。因此,你必须重视他们、了解他们、尊重他们,以便在面试一开始就博得他们的好感,激起他们的兴趣。

多数人事干部具有以下一些特点

正直、朴实、可靠。因此,你在面试或交谈时,服饰应庄重、大方,不宜花枝招展;言谈应朴实无华,不宜卖弄词藻;举止应礼貌稳重,不宜过于活跃甚至流于轻佻。

权力较大。人事部门通常由单位的第一、二把手分管,人事干部与领导者一般接触较多,关系密切,在人事问题上有一定的决定权和较大的影响力。因此,你在面试或交谈时应谦虚谨慎,充分体现出对这些同志的尊重。

对技术不甚了解。因此,你在面试或交谈时不宜过分炫耀专业知识,不宜过多地使用专业术语。要善于把专业知识用通俗、普通的语言表达出来。

德才并重。作为人事干部,对应聘者不仅注重学识、才能,往往更看重其政治表现、思想觉悟和道德品质等。换言之,不仅要看你是否用得上,还要看你是否靠得住。不少大学生往往对后者重视不够,应在面试或交谈时多加注意。

当然,每一位人事干部的观念、作风、性格、气质也不尽相同,因此还应因人而异。

了解单位领导的风格

每个单位的领导者都有自己不同的个性、思维方式与工作作风,并对该单位产生很大的影响。因此,求职者应对该单位主要领导者的情况有一些了解。

例如,一位本来单纯、正直的大学毕业生,听信了亲友“不送礼办不成事”的劝告,在拜访某单位领导者时,悄悄塞给领导300元钱。岂料这位领导者品质端正,对他的举动很不满,说:“一个刚出校门的大学生竟然学得如此世故,这种人断然要不得。”而另一位大学毕业生,则在事前打听到用人单位的经理是一位富有改革精神、作风果断、泼辣的女企业家,于是毅然抛去畏怯心理,直接去叩经理办公室的门,并热情爽快地谈了自己的情况与要求。这种举动使经理先喜欢三分。可见,事前对领导者的风格是一无所知还是略知一二,与求职的成败很有关系。

了解与招聘有关的情况

面试前还要了解招聘单位的性质、规模、经营品种、经济效益、岗位需求人数,拟聘职务所要求的学历、专业、用人意图,以及其他条件和要求。然后根据自己的条件,分析一下是否能胜任这份工作,是否有利于自己才能的施展。否则,盲目应聘就等于无的放矢。

了解求职单位的概况

需要了解的情况主要包括:用人单位的规模、主要产品、生产能力、历史状况、现实面貌、发展前景;职业队伍的年龄结构,专业技术队伍职称结构;单位的特点、优势和劣势;竞争的主要对手,竞争的态势;单位领导人的姓名等等。如果求职者对这些情况了解了,心里就有底了,这样,在面试中就不会说外行话。这些都有利于求职者赢得用人单位的好感。

此外,还应了解应聘的时间、地点、路线、车次以及用人单位的电话号码,以便面试和联系。

求职面试是用人单位通过当面交谈对应聘者进行考核挑选的一种方式,是应届生求职择业的必经阶段。面试在求职活动过程中,对于求职者而言,是压力最大的一个阶段。面试在求职活动过程中,对于求职者而言,是压力最大的一个阶段,因为能否成功就得先过面试这关,应届生想要在求职面试中应付自如,只有做好充分准备,努力提高求职面试技巧,最终才能走向成功。

面试时守时很重要。迟到是绝对不可原谅的行为,代表你对这家公司根本不重视。太早到也不好,主试者可能有别的事情,却要应付你的突然出现。

面试中你必须要知道的语言陷阱

用“激将法”遮蔽的语言陷阱，这是面试官用来淘汰大部分应聘者的惯用手法。采用这种手法的面试官，往往在提问之前就会用怀疑、尖锐、咄咄逼人的眼神逼视对方，先令对方心理防线步步溃退，然后冷不防用一个明显不友好的发问激怒对方。

如：“你经历太单纯，而我们需要的是社会经验丰富的人”，“你性格过于内向，这恐怕与我们的职业不合适”，“我们需要名牌院校的毕业生，你并非毕业于名牌院校”，“你的专业怎么与所申请的职位不对口？”面对这种咄咄逼人的发问，作为应聘者，首先要做到的就是无论如何不要被“激怒”，如果你被“激怒”了，那么你就已经输掉了。那么，面对这样的发问，如何接招儿呢？

例如：

□如果对方说：“你经历太单纯，而我们需要的是社会经验丰富的人。”

■你可以微笑着回答：“我确信如我有缘加盟贵公司，我将会很快成为社会经验丰富的人，我希望自己有这样一段经历。”

□如果对方说：“你性格过于内向，这恐怕与我们的职业不合适。”

■你可以微笑着回答：“据说内向的人往往具有专心致志、锲而不舍的品质，另外我善于倾听，因为我感到应把发言机会多多地留给别人。”

□如果对方说：“我们需要名牌院校的毕业生，你并非毕业于名牌院校。”

■你可以幽默地说:“听说比尔·盖茨也未毕业于哈佛大学。”

□如果对方说:“你的专业怎么与所申请的职位不对口?”

■你可以巧妙地回答:“据说,21世纪最抢手的就是复合型人才,而外行的灵感也许会超过内行,因为他们没有思维定势,没有条条框框。”

如果对方说:“你原单位这么好,你却要走,是不是在原单位混不下去只好挪个窝儿?”你若结结巴巴,无言以对,抑或怒形于色,据理力争,脸红脖粗,那就掉进了对方所设的圈套。应聘者碰到此种情况,要头脑冷静,明白对方在“做戏”,不必与他较劲。

挑战式的语言陷阱,这类提问的特点是,从求职者最薄弱的地方入手。

对于应届毕业生,面试官会设问:“你的相关工作经验比较欠缺,你怎么看?”对于女大学生,面试官也许会设问:“女性常常会对自己的能力缺乏自信,你怎么看?”如果回答:“不见得吧”、“我看未必”或“完全不是这么回事”,那么也许你已经掉进陷阱了,因为对方希望听到的是你对这个问题的看法,而不是简单、生硬的反驳。

对于这样的问题,你可以用“这样的说法未必全对”,“这样的看法值得探讨”,“这样的说法有一定的道理,但我恐怕不能完全接受”为开场白,然后婉转地表达自己的不同意见。

面试官有时还会哪壶不开偏提哪壶,提出让求职者尴尬的问题。如:“你的学习成绩并不很优秀,这是怎么回事?”“从简历看,大学期间你没有担任学生干部的经历,这会不会影响你的工作能力”等等。

碰到这样的问题,有的求职者常会不由自主地摆出防御姿态,甚至狠狠地反击对方。这样做,只会误入过分自信的陷阱,招致“狂妄自大”的评价。而最好的回答方式应该是,既不掩饰回避,也不要太直截了当,用明谈缺点实论优点的方式巧妙地绕过去。

比如说,当对方提出你的学习成绩不很优秀时,你可以坦然地承认这点,然后以分析原因的方式带出你另外的优点。如,在校期间学习成绩之所以不很优秀，是因为我担任社团负责人，投入到社团活动上的精力太多。虽然我花在社团的心血也带给我不少的收获，但是学习成绩不是最优秀，这一点一直让我耿耿于怀。当意识到这一点后，我一直在设法纠正自己的偏差。

在面试中屡战屡胜的小刘就有过一次这样的面试经历。小刘的学习成绩并不算顶尖，面试时，这便成了考官发起攻击的要害："你的成绩好像不太出众啊，你怎么证明自己的学习能力呢？"

小刘不慌不忙："除了学习，我还有其他活动。不是只有成绩才能反映人的学习能力的。其实我的专业课都相当不错，如果你有疑问，可以当场测试我的专业知识。"小刘巧妙地绕开了令人尴尬的问题，将考官的注意力引导到他最拿手的专业知识上。

诱导式的语言陷阱。这类问题的特点是，面试官往往设定一个特定的背景条件，诱导对方做出错误的回答，因为也许任何一种回答都不能让对方满意。这时候，你的回答就需要用模糊语言来表示。

如："依你现在的水平，恐怕能找到比我们企业更好的公司吧？"

如果你的答案是"YES"，那么说明你这个人也许脚踏两只船，"身在曹营心在汉"。如果你回答"NO"，又会说明你对自己缺少自信或者你的能力有问题。

对这类问题可以先用"不可一概而论"作为开头，然后回答："或许我能找到比贵公司更好的企业，但别的企业或许在人才培养方面不如贵公司重视，机会也不如贵公司多；或许我能找到更好的企业，我想，珍惜已有的最为重要。"

这样回答，你就把一个"模糊"的答案抛还给了面试官。

还有一种诱导式的语言陷阱是，对方的提问似乎是一道单项选择题，如果你选了，就会掉进陷阱。比如说，对方问："你认为金钱、名誉和事业哪个重要？"

对刚毕业的大学生来说，这三者当然都很重要。可是对方的提问却在误导你，让你认为"这三者是相互矛盾的，只能选其一"。这时候切不可中了对方的圈套，必须冷静分析，可以首先明确指出这个前提条件是不存在的，再解释三者对我们的重要性及其统一性。

你可以这样组织语言，“我认为这三者之间并不矛盾。作为一名受过高等教育的大学生，追求事业的成功当然是自己人生的主旋律。而社会对我们事业的肯定方式，有时表现为金钱，有时表现为名誉，有时二者均有。因此，我认为，我们应该在追求事业的过程中去获取金钱和名誉，三者对我们都很重要。”

与此相类似的还有一种误导式陷阱。面试官早有答案，却故意说出相反答案。若你一味地讨好，顺着面试官的错误答案往上爬，面试的结论一定是：此人无主见，缺乏创新精神。自然被列入淘汰之列。

还有一种测试式的语言陷阱。这类问题的特点是虚构一种情况，然后让求职者做出回答。

比如“今天参加面试的有近10位候选人，如何证明你是最优秀的？”这类问题往往是考察求职者随机应变的能力。无论你给自己列举多少优点，别人总有你也许没有的优点，因此正面回答这样的问题毫无意义。你可以从正面绕开，从侧面回答这个问题。

你可以回答说：“对于这一点，可能要因具体情况而论，比如贵公司现在所需要的是行政管理方面的人才，虽然前来应聘的都是这方面的对口人才，但我深信我在大学期间当学生干部和主持社团工作的经历已经为我打下了扎实的基础，这也是我自认为比较突出的一点。”

这样的回答可以说比较圆滑，很难让对方抓住把柄，再度反击。

有时，面试官还会提出这样的问题：“你对琐碎的工作是喜欢还是讨厌，为什么？”

这是个两难问题，若回答喜欢，似乎有悖现在知识青年的实际心理；若说讨厌，似乎每份工作都有琐碎之处。因此，按普遍心理，人们是不愿做琐碎工作的(除非特殊岗位，如家庭钟点工)，即考官明知故问，我们可以推测出其醉翁之意不在酒，而在“工作态度”。

我们可以这样表述自己的态度，“琐碎的事情在绝大多数工作岗位上都是不可避免的，如果我的工作中有琐碎事情需要做，我会认真、耐心、细致地把它做好。”

这句话既委婉地表达了大多数人的普遍心理——不喜欢琐碎工作，又强调了自己对琐碎事情的敬业精神——认真、耐心、细致。既真实可信,又符合对方的用人心理。

在各种语言陷阱中,最难提防、最具危险的,可能要算“引君入瓮”式的语言陷阱。

比如,你前去应聘的职位是一家公司的财务经理,面试官也许会突然问你:“你作为财务经理,如果我(总经理)要求你1年之内逃税100万元,那你会怎么做?”如果你当场抓耳挠腮地思考逃税计谋,或文思泉涌般地立即列出一大堆逃税方案,那么你就中了圈套,掉进了陷阱。因为抛出这个问题的面试官，正是以此来测试你的商业判断能力和商业道德。要记住,遵纪守法是员工行为的最基本要求。

比如,你正要从一家公司跳槽去另一家公司。面试官问你:“你们的老板是不是很难相处啊,要不然,你为什么跳槽?”也许他的猜测正是你要跳槽的原因,即使这样,你也切记不要被这种同情的语气所迷惑,更不要顺着杆子往上爬。如果你愤怒地抨击你的老板或者义愤填膺地控诉你所在的公司,那么你一定完了,因为这样不但暴露了你的不宽容,还暴露了你的狭隘。

面试官给你的忠告

就算你是一个毫无经验的社会新鲜人,对于应征职务的工作性质、内容,也应该有一些基本的认识与了解。企业当然可以容忍新鲜人缺乏经验,但是没有准备、一问三不知的人,似乎也意味着将来在工作中缺乏责任感。更现实的说法,企业可能要花两三倍的时间才能让你达到工作的要求。

外企的招聘程序

初出校门的张小姐一心想进外资企业工作。在人才市场出入几次后，她终于被一家外企告之可去面试。她满怀信心地去了，却沮丧地回来了。原因何在呢？面试程序太繁琐了。由于面试前没有充分准备，既紧张又激动，结果还是在第三关被筛下来。外企的招聘程序究竟如何呢？

下面，我们可以从以下几家外企招聘程序看看其中的门道。

日本花王公司的招聘程序

1.求职者需填写职位申请表格，提供有关文件及个人资料。

2.人办资源部员工会主持第一次面试。某类职位的求职者需接受笔试、工作取向测试等。花王公司不做IQ测试。挑选的准则是求职者的态度、性格、语言能力、教育背景、工作经验、接受的培训等。最后，根据所有有关资料综合衡量，决定是否给予第二次面试。

3.第二次面试。不同职位由不同人士主持。例如，一般员工由人力资源经理负责。个别部门员工由部门主管负责。主管级或以上的员工由副总经理负责。经理级或以上的员工由董事总经理负责。

4.若第二次面试仍未能做出最后决定，求职者必须接受第三次面试。

5.公司要求拟雇用的员工接受指定的身体检查。如求职者拒绝接受，将不符合雇用的资格。如身体检查结果符合工作要求，可获得雇用。

6.获聘后,员工需签署查核工作证明授权书,容许公司向其前任雇主查询及校对个人资料。

奥美广告公司的招聘程序

这里以招聘创意部职员为例介绍奥美广告公司的招聘方式。

1.筛选简历。由人事部门负责,选中的参加笔试。

2.笔试。笔试的目的是测试思维灵活度和广度,以及对广告的感受是否灵敏。

例如:A.你如何评价一个广告的好坏,试举例说明。B.最近看过的好广告有哪些。C.在三则广告中挑一个你认为可以做得更好的,并修改好它。

第一次面试。由创意总监主持。面试目的是为了解应聘者的工作热情有多大;事业心是否强;对自己的要求是否高;对广告的感受力如何。

第二次面试。由总经理主持。面试目的是为了解应聘者的为人和对公司的要求(如工资、福利等),以及应聘者的发展目标。

某外资银行招聘程序

第一次面试,由行长助理主持,主要考察应聘者的工作态度。如,问应聘者愿不愿意加班。如果应聘者不愿意加班,则不予考虑。

第二次面试,由部门经理主持,主要考专业知识。笔试,由部门经理主持,主要考专业知识和外语水平。时间约为20分钟。

第三次面试,由副行长主持,主要问有关专业问题,考察应聘者的专业基础、思维能力、知识广度、分析判断能力等。整个面试时间约为1小时。

相信看了以上程序的朋友们,一定对外企的面试流程有所了解了。我们可以给它归纳一下。

其实,正规外企的招聘程序大致由以下步骤构成,根据企业的具体情况有所变化。

第一步，为了确保在适当的时候，为适当的职位配备适当数量和类型的人员，外企的管理部门通常都要制定年度(或周期更长的)人力资源规划。通过这个规划，外企将其组织发展目标转化为需要通过哪些人来实现这个目标。在做规划前，通常由人力资源管理部门组织，其他生产、职能部门参与，对其现有的人力资源情况做一个科学的评价。根据这个评价，人力资源管理部门可以知道目前人力资源的短缺程度，包括数量和结构两个方面。

第二步，根据评价的结果，可以决定要招人员的数量和类型。通常，中层以下的职位由人力资源管理部门和需招聘人员的部门主管商榷后决定。招中层管理人员以上的职位由公司高层批准，有些公司还要报请总部或董事会批准。

第三步，人力资源管理部门开始寻找潜在的职位候选人。至于用哪种方式寻找，要根据当地的劳动力市场情况、工作职位的类型和层级以及组织的性质、行业、规模等来决定。比如要寻找入门职位的候选人，通常可以在学校或公共就业机构寻找，要寻找中高级的企业管理人员，通常需要猎头公司的服务。

第四步，为了确保最合适的候选人得到空缺职位，通常需要一个科学的甄选过程。几乎所有的组织都会要求候选人填一张申请表。这可能只是一份让应聘者填上姓名、地址、联系方式的简表，也可能是一份综合性的个人履历表，要求仔细填写个人简历、技能和成就。求职者对于后一种申请表要认真填写，因为其中有些硬性的、可证实的资料可以作为某些工作绩效的衡量标准，人力资源管理者很可能根据其中一些栏目反映的与所申请职位的相关程度进行加权评分，并依此决定哪些人有资格参加第一次考试。

第五步，第一次考试通常为笔试。笔试通常要考查候选人的能力、悟性、智商、专业知识，具体内容根据职位和公司文化而定。笔试作为一种有效的甄选手段而被广泛应用，一般的人力资源管理者都认为，一份设计妥当的笔试问卷可以大大减小决策错误的可能性。

第六步，通常为面试，面试是一种最为普遍使用的甄选手段。人力资源管理者在与求职者面谈之前，一般情况下都对面谈进行了很好的设计和安排，这是对获得正确甄选结果的一种保障。

第七步，人力资源管理者对候选人的申请资料进行核实，通常这是一些大公司的做法。有相当大比例的求职者对他们的就业日期、职务、过去的薪金和离职原因叙述不准。对这些硬性资料进行核对，是一种有意义的行为。

第八步，进行体格检查。一般情况下，体格检查是为进行健康保险而作的，管理者要减少对雇员在受雇前伤病的保险开支。

第九步，签订雇佣合同。签订雇佣合同应是在受雇者开始劳动之前，或开始劳动的一周之内。大型企业的劳动合同通常是一份由人力资源管理部门制定的规范合同，求职者一般没有什么讨价还价的余地。但如果是与管理不很规范的小公司签订合同，求职者就要小心维护自己的权利了。

面试代表的是一种对个人性格的主观判断，轻浮的言行、夸张的肢体动作，会令人有不信任的感觉。主试者最讨厌的是一副无所谓、可有可无的态度，如果你对这家公司没有兴趣，又何必来应征？

应届毕业生面试技巧

有关面试技巧的宝典、秘笈、攻略很多,有些攻略说得太玄,使得应届毕业生的面试者走进面试房间时看到地下有一片纸屑,就会忍不住猜测:会不会是面试官故意放在这里考验我的?其实,设下这样玄机的公司会有,但绝对是少之又少,多数公司的面试方式还是遵照常规进行的。

应届生毕业生在求职时应该掌握哪些面试技巧呢?需要注重什么礼仪呢?如何让自己在面试时脱颖而出呢?具体请参照以下所列出的应届毕业生面试技巧指南。

志向方面的问题

1.你为什么要应聘这个职位?你认为自己的经历适合干这个工作吗?

2.如果你被录用了,在这个职位上你准备怎样尽快进入角色?你期待自己的表现是怎样的?

3.刚考入大学之时,你的志向是干什么?为什么你要选择目前的专业?

4.在评价自己的成就时,你认为哪些个人因素最为重要?

5.哪些经历你觉得最满意?你认为自己最大的能力是什么?它对工作有何帮助?

6.你最不喜欢什么工作?最喜欢什么工作?为什么?

7.在私营企业工作和在国有企业工作是否有很大区别?你怎样看待

这个区别？

8.在未来几年，你的个人奋斗目标是什么？你将为此做出什么样的努力？

兴趣方面的问题

1.你喜欢阅读什么报纸、杂志？

2.最近你看过什么感兴趣的书籍？读后有什么感想？

3.你是否经常参加社交活动？是哪一类的？是跟家人还是跟朋友、同学一起？

4.你的双休日是怎样安排的？假期里喜欢参加什么运动？

5.在参加各种活动之后，你是否感到自己的性格发生了重大变化？体现在哪里？

韧性方面的问题

1.读书时你是否感受到学习上的压力？你是如何克服的？

2.到目前为止，你碰到的最难应付的问题是什么？怎样处理的？

3.你认为在参加工作后，可能遇到的最大困难是什么？你准备如何解决？

4.谈谈经过自己长期努力而终有收获的实例。你是否有过经充分努力但没有成功的经历，对此你怎样看待？

5.当有人拒绝接受你的职位申请时，你有什么想法？又将采取哪些措施？

6.如果客户对你吹毛求疵，你能忍耐多久？你将如何应付？

7.当你因某种不开心的事而情绪低落时，你怎样克服并很快恢复乐观情绪？

适应性方面的问题

1.在什么条件下,你的学习状态会处于最佳?

2.你考大学时,有什么特别的困难?

3.考入大学后你是否很快就开始喜欢新的学习环境?适应这种新的学习环境容易吗?

4.你认为什么课程是自己最不喜欢的?如何应付的?

5.你认为书本知识和社会实践经验哪个更重要?你的实践经验从何而来?

6.你认为有必要把上班时间未完成的工作带回家继续完成吗?为什么?

7.经过一天的劳累之后,你将如何安排休息?是不是能很快消除疲劳?

创造性方面的问题

1.在学习中,你认为自己所做的事情中最具有想像力和创造精神的是哪几件?

2.你是否碰到过一些难题,用老办法无法解决,而用新办法就迎刃而解了?

3.你的学习方法与其他人有什么不同之处?你曾经帮助同学解决了哪些问题?

4.为了有所作为,有时候必须屈从于你的反对者,你认为自己在迈向成功时是否有过违背原则的事例?

独立性方面的问题

1.你是如何准备这次面试的?你对自己充满信心吗?

2.学校对你的业余生活有什么限制？你能否超越这些限制？

3.你对教学中某些守旧过时的观点和方法提出过反对意见吗？叙述一下自己与老师意见不合的事例。

4.你对缺乏具体说明和明确指示的工作任务将如何完成？是请示上级还是凭自己的想法去解决问题。

5.在本公司罗列的招聘职位中,你认为自己最适合做什么？

6.在什么情况下,你会要求自己的上司帮助你做出决定？为什么？

计划性方面的问题

1.大学里你是如何安排日常生活的？你计划中的先后、缓急次序是根据什么理由来确定的？

2.你每年的学习目标都能达到吗？

3.你如何筹备假期活动？

4.假期过后,你是否会与其他同学一起商量下一个假期的活动？

5.如果你求职成功,你本年度的工作目标是什么？为此你将如何进行工作达到预期目标？

交际能力方面的问题

1.你同什么类型的人相处最和睦？

2.你最讨厌什么人,为什么？

3.哪门功课的老师对你的影响最大？你的同学对他的印象如何？

4.在大学里,你与小学、初中、高中时的同学有联系吗？为什么与他们联系？

5.你对本公司的情况知道多少？你是从什么地方得到这些信息的？

6.你的朋友之中,有没有在职人员？

表达能力方面的问题

1.简单谈谈你大学生活的全过程。

2.你在公共场合做过演讲或发言吗？如果有，目的是什么？是否取得了成功？

3.如果你与别人意见不一，你将用什么办法和措词表达自己的观点？

4.你碰到过难以说服对方的情况吗？谈谈那次经历，并略分析失败原因。

5.你写过建议书吗？它是在什么情况下提出来的？内容是什么？

6.你对自己的毕业论文感到满意吗？

决策能力方面的问题

1.你对哪方面问题可以很快做出决定？而对哪些问题就不那么果断？请举例。

2.你怎样才能做出足以影响自己前程的重要决定？

3.你是否有过决定做得太快的例子？请说明原因。

4.哪个决定是你花了最长时间才做出的？为什么要花这么长的时间？

5.你是否有冒险的决策？没有其他代替办法吗？事实证明冒险的决策正确吗？

判断能力方面的问题

1.你对母校的教学方法有何评价？请从正反两方面论述。

2.你判断学习成绩的好坏是用什么标准？考试成绩的高低能够代表学生素质高低吗？为什么？

3.叙述你三个老师的情况，并做出评价。

4.你能否预测一下××牌系列产品的销售前景？预测的根据是什么？

5.在分析市场动态时，你怎样准备参考资料？这些资料从何而来？

6.你认为下列哪种媒体信息对商家最有帮助：报纸、杂志、电视、电台、互联网。

这些都是应届毕业生将会遇到的问题，最后要针对找到的与职位的匹配点做好充分准备。因为在面试过程中，当你抛出了亮点之后，面试官一定会颇感兴趣，可能会针对这些方面重点提问，比如，假如你说自己曾参加过某个大型开发项目，对方很有可能会询问这个项目的详情，甚至包括诸多细节，比如项目的预算，项目经理是谁，你具体在其中做了些什么工作，项目开发过程中碰到了哪些问题，等等。

在这里，要说明的是，技巧是锦上添花的，包装的作用也是有限的，真实的实力才是真正的竞争力，所以，磨练实力是面试取胜的根本。

最后送大家一句话：机遇只给有准备的头脑！

面试官给你的忠告

自信和骄傲有时就在一线之间，尺寸的拿捏要小心掌握。没有自信的人会让人有学习力差、推诿塞责的联想，肯定不受企业欢迎；骄傲的人则令人生厌，没有团队合作的概念、不合群，企业可不想用一个单打独斗的独行侠。

上有政策，下有对策

一个求职者要想找到满意的职业，除了要进行适当的心理调整外，还应及时了解自己所愿意从事的职业的用人标准和要求。

只有这样，求职者才能不断地强化自己在此方面的技能，从而在应聘时获得较大的成功，以增加自己获得满意工作的几率。

一般来讲，企业按其性质不同可分为外资企业和国内企业两种类型。

外资企业的招聘要求

企业十分注重应聘者的实际操作能力，因为企业的成败关键在于人才资源的高素质和人才作用的发挥。

外企招聘人才的基本标准

具有良好的道德品质；注重团队精神；有吃苦耐劳的实干精神；有创新精神；较高的外语水平。

例如，摩托罗拉公司的用人标准就是：诚信、勤奋、富于创造性，有团队精神；朗讯科技要求：员工必须正直、坦率、诚实，具有强烈的社会责任感和个人责任感。

外企招聘人才的主要途径是在报纸上登广告、上网招聘、参加人才交流会等。

与外资企业不同,国内企业云集了众多中华精英,其用人的基本标准是:良好的思想政治素质,具备强烈的事业心和责任感;一专多能,全面发展;良好的外语、计算机技能,英语至少过四级,计算机要过二级;良好的心理素质和较强的适应能力;较强的社会工作经验和交际能力。

国内企业招聘的主要途径

参加各类人才招聘会;各级政府和学校推荐;与各高校直接联系,有目的性、有针对性地在应届毕业生中进行招聘。

下面我们就来列举几个有代表性单位的面试要求:

科研单位的招聘要求

1.学习成绩拔尖,专业基础扎实。因为科研部门站在本学科的最尖端,需要探求许多未知领域。

2.具有较好的外语基础。搞科学研究,外语是工具。目前我国在不少领域的研究还落后于世界先进不平,需要借鉴别人的东西很多。外语水平不行,则很难赶超世界先进水平。

3.善于收集和利用信息。在未知领域内开展研究是一项艰苦的工作,除了要不怕艰苦、具有开创能力以外,还必须具备文献检索、情报处理等知识,能够进行实验操作和数据处理等,并从中找出规律。

4.具有较强的应用开发能力。许多科研单位,不仅要求求职面试者具有较强的科研能力,而且要求具有较强的科研转化能力。因此对毕业设计与毕业论文较感兴趣,认为从这里可以考查一个人把知识应用于实际的生产能力。

5.具有严谨的治学态度。做学问是件苦差事,任何投机取巧、走捷径、弄虚作假都是不行的。

设计单位的招聘要求

设计单位要求求职者能够灵活运用所学知识,针对实际情况做出设计。

设计工作的要求是安全、实用、经济、美观。

所以，不耐心细致，不注意算小账、细账，做事粗手大脚，或干脆坐不住的人，设计单位是不欢迎的。

要求求职者在通晓专业的同时，还应该具有其他相关专业知识。

设计单位总是多人分工合作完成一项设计，如果不了解其他协作人员的某些专业要求，就不可能拿出最佳方案。

设计单位最忌讳的一件事是各专业互不通气，各自为政。

政府机关公务员的招聘要求

一般属于技术主管部门的机关都要求求职者通晓专业知识，并具有一定的交际能力、表达能力、独立工作能力和语言文字能力。

随着改革开放的推进，政府机关的技术引进等业务增加，一些机关还特别注意求职者的外语能力和其他能力。

国家机关除对求职者要求上述能力外，对求职者的政治素质有较高要求。

他们要求求职者坚持四项基本原则，关心国家命运，对改革充满信心，文明礼貌，遵纪守法等。

高校的招聘要求

1.具有广博扎实的专业基础知识的T型人才或H型人才；

2.品学兼优、性格较活泼，喜欢接触青年学生；

3.具有较强的口头表达能力与科研能力；

4.善于接受新事物，勇于进取，身体健康。

报社、出版社的招聘要求

1.具有较高的政治热情，热爱新闻事业，有全心全意为人民服务的精神；

2.具有较高的马列主义理论水平，能及时、全面、深刻地理解党的方针政策；

3.具有较强的事业心和正直的品格，深入实际，实事求是，敢于坚持原则，敢于同不良倾向做斗争；

4.不但有扎实的专业基础，而且有广博的知识，既是“专才”，又是“通才”；

5.记忆力强，反应快，有强健的体魄、充沛的精力和吃苦耐劳的精神；

6.善于跟各种人打交道，具有很强的社会活动能力；

7.精通新闻写作，具有较强的文字和口头表述能力；

8.善于捕捉新闻信息，有较强的新闻嗅觉和新闻敏感能力；

9.具有创新能力；

10.科技记者还要掌握比较广博的科技知识，特别是科技发展的前沿知识；

11.编辑还要求既有扎实的专业基础，又是知识面宽广的“杂家”。

正直、热情、尊重作者、不徇私情、惟才是求；有畅通的信息渠道，能迅速掌握新信息；能迅速和准确地选题、组稿、审稿；综合分析能力强，具有较强的文字加工能力和发现问题、解决问题的能力；具有较强的学术价值观和经济效益观念等。

涉外单位人员的招聘要求

1.热爱祖国，自尊自信。在对外交往中，每个涉外工作人员都应该时刻想到，自己的一言一行都关系到祖国的形象和声誉，要以自己的实际行为显示出中国人的风貌。

2.严守纪律，保守机密。涉外人员要有很强的组织纪律观念，对涉外问题要请示汇报，不可自行其是；不能利用职权做有损国格、人格、有损国家利益的事。

3.精通业务，知识广博。涉外人员的业务素质不仅关系到涉外工作的效果，而且往往会影响到祖国的声誉和国家的利益。具体要求是，首先要有较高的外语水平；其次要熟练掌握所从事的政治、经济、文化等具体涉外工作的业务；要有广博的知识面，涉猎古今中外、政治文史。

4.平等待人，不亢不卑。对于不同国家、民族、肤色、贫富与政治态度的外国人，要做到既不妄自菲薄，也不夜郎自大，要平等待人，不亢不卑。

5.热情服务,讲究礼貌,注意仪表。在对外交往中,要注意对外礼仪和社交礼节,熟悉并尊重各国人民的不同风俗习惯。衣着要整齐美观、朴素大方,给人以彬彬有礼、落落大方的良好印象。

公关人员的招聘要求

1.有良好的品德修养

有人说"广告是让人买我,公关是让人爱我"。

公关是"信"和"爱"的艺术展现,要想给人留下真诚、热情、可信赖的好感,靠骗术是不行的。

必须靠自己的人品去赢得社会公众的了解、支持与爱戴。同时,公关人员要善于把企业公司的形象恰到好处地表现出来,认识到自己的一言一行都会对企业的形象、声誉产生直接影响。

2.有思想头脑

公关人员决不是摇摇笔杆子、磨磨嘴皮子、只懂实务没有思想的人。必须善于学习、分析与判断,善于把握机遇,才能成为为领导提供高质量信息的参谋与助手。

3.有广泛的社交能力和干练的办事能力

公关工作最重要的特点是与各种各样的人打交道,善于交际、应酬各种场面,恰到好处地接待各种人。办事不拖沓、不模棱两可,是公关人员应具备的基本素质。

4.会说能写

公关人员要常与写作打交道,撰写产品广告,起草报告书,编写新闻稿、演讲稿,要常组织产品展销、接待消费者、参加项目论证或商业洽谈,这些都需要具备较强的口头与文字表达能力。

5.能随机应变

公关工作是在千变万化的环境中进行的,要想胜任这一项工作,必须勤于思考、善于分析,及时捕捉、鉴别和利用各种信息,从普通的资料和信息中看出趋势,从平静的表现中看出潜伏的危机,并以果断的措施应付各种危机和突变。

6.有不断创新的能力

公关人员应善于根据形势的变化寻求新的信息沟通方式和新的交往途径,展现出一种强烈的新奇感。

财务人员的招聘要求

1.熟练掌握所学的专业知识,熟悉与本职工作有关的政策、规章制度,还应掌握一定的法律、经济学以及营销学等方面的知识。

2.诚实可靠、保守机密、严守纪律、坚守原则。财会工作是一项纪律性很强的工作,严守财经纪律、保守财经机密,是财会人员应具备的素质。

3.要当好领导的参谋。财务部门掌握着一个单位的经济命脉,财务人员的一个重要任务就是在经营决策的重要关口当好领导的参谋。

4.有较强的社交能力。财务人员不仅要和本单位人员交往,而且要与银行、顾客、客房进行广泛联系,因此应有较强的社交能力。

经理人员的招聘要求

经理人员是企业中部门以上的管理人员,包括主管部门经理、总监及总经理。

对经理人员的要求:

1.有很强的行政领导能力。

2.有检查及处理问题的能力。

3.激励能力。

4.良好的沟通能力。

5.口头、文字表达能力。

6.平衡各部门之间关系的能力。

销售人员的招聘要求

1.较强的语言表达能力

良好的口才是做销售工作的前提,在简历中要突出“三说原则”,即敢说、能说、会说。

2.饱满的工作热情

销售人员要有饱满的工作热情,人的情绪直接影响人的工作结果。

3.克服困难的勇气和毅力

各种各样的困难会随时出现在销售工作当中，是前进，还是后退，每时每刻都在考验着营销人员的勇气和在困难面前能否坚持工作、能坚持多久的毅力。

4.创新思想

创新思想在销售工作中非常重要。所谓“销售无常法”。

5.工作总结

越善于总结越容易提高，后劲也越足。营销人员更需要这样。

技术类工程师的招聘要求

技术类工程师的岗位分为两大类：

第一，维护工程师

第二，新产品开发工程师

(一)维护工程师的招聘要求

1.现有工作的熟练程度

这里讲的是维护工程师对基本工作要相当熟练。其中，动手能力尤为重要。

2.处理日常工作问题的能力

也就是在最短的时间内，保质保量地处理日常问题的能力。

3.适应不同企业的企业文化

求职者能不能在企业中做好。其中，适应这个企业的企业文化很重要。

4.要谦虚一点，具有服务意识

谦虚使人进步。由于维护工程师的工作都是以服务别人为主，所以，要有良好的服务意识。

(二)新产品开发工程师的招聘要求

1.创新思想

创新思想是对新产品开发工程师的首要要求。

2.连续作战的精神

在新产品开发过程中，常常是连续作业。所以，连续作战能力要强。

这里也包括身体条件、工作毅力。

3.团队精神

现在搞新产品开发往往是集体协作。所以,作为新产品开发工程师要有很强的团队精神。

4.奉献精神

在新产品开发过程中,好多都是默默无闻的工作,一定要有奉献精神。

说话的逻辑概念,代表的是一个人的组织能力。天马行空可能是一种创意,却也代表着“只会说不会做”的言行失衡。企业应征社会新鲜人,多半是希望做好基层的执行工作,有创意当然是额外的红利,只动嘴不动手可不是新人该做的事。

最受大公司欢迎的简历，9大企业面试官帮您面试支招

萝卜青菜各有所爱，用人部门对于简历的筛选各有不同。在与人力资源经理交谈中会发现，内容的真实性是大家一致认定的标准之一；详实、不长篇累牍的简历比较让人认可；那些精心设计、贴着艺术照和写真照的简历，鲜有用人单位投赞成票。

投放简历，是求职者找工作的第一步，而简历也就成了求职的敲门砖。是否有机会参加下一步的考核赢来工作的机会，全看这敲门砖好不好。各大公司、企业又是如何筛选简历的呢？他们衡量简历的标准是什么呢？

先看专业再挑学校背景

支招面试官：中国移动通信集团公司人力资源部高级项目经理刘灵心先生

中国移动采取多种方式招聘，招聘会、报纸杂志、猎头等，用得最多的是网络招聘；同时还会针对招聘项目，进行校园招聘、社会招聘和内部竞聘。移动已经将很多工作外包给专业人才网站，因此在筛选简历、笔试和面试时都遵循着一个既定的程序和标准。一个优秀人才应聘移动，需要经过以下几个程序：软件系统筛选简历→人工筛选简历→第一轮面

试→笔试→第二轮面试。自动软件系统会通过考查五个方面来挑选简历:学校和专业、学习成绩、班级排名、英语能力和项目经验都会是你应聘中国移动的五大拦路虎。中国移动青睐来自于重点院校、专业对口的大学生,而名校背景、突出的英语能力、担任过班长、学生会干部、社团组织者的经历,都会成为应聘中国移动的加分亮点。

言简意赅的简历最受欢迎

支招面试官:ABB(中国)有限责任公司人力资源经理唐炜女士

ABB 是根据每个职位的岗位描述和招聘需求来筛选简历的,之后,人力资源经理把选中的简历发到对应的业务部门进行第二轮筛选,在业务部门经理和人力资源经理沟通、协商好之后,产生面试名单。

干净整洁、言简意赅的简历是最受 ABB 欢迎的,长度在 2~3 页纸比较合适。个人信息、工作经验的叙述和招聘职位的要求越接近越容易赢得入围机会;那些越精美或者越花里胡哨的简历并不见得就越受欢迎。简历的真实内容才是考核重点。

对于应届毕业生的简历,ABB 会比较注重对方的相关社会经历,比如参加过哪些社会活动、是否为学生干部等。而招聘社会人员时,对方的工作经验是最受关注的。ABB 集团的销售人员,也需要严格的专业教育背景和行业工作经验。

从简历判断求职者的思维特点

支招面试官:北京松下电子产品有限公司人事科长张裕才先生

对于市面上蜂拥而现的大贴艺术照和写真照的简历,张科长表示自己不赞成,他强调企业用人是根据岗位需求和个人情况来选择的,简历再漂亮也起不到决定性的作用,尤其是应届毕业生更不该如此制作简历。

在谈到筛选简历的根据时，张科长说，针对不同岗位的需求，会有不同的考察侧重点。比如招聘技术型人才时，看应届毕业生的简历会比较注重其专业成绩，在校是否有过相关作品；如果招聘的是管理型人才，除了看所学专业和学习成绩外，还会注重他在校时担任的学生会工作、参加的社会活动等。看社会人员的简历时，除了硬件必须符合招聘岗位需求之外，主要看他的工作经历。

张科长认为，简历行文里透漏出来的信息其实很重要。对方表述自己的语言、行文方式、简历撰写的层次性、逻辑性、流畅性、重点性，都能流露出作者的思维特征。

细节考查职业诚信

支招面试官：朗讯科技（中国）有限公司人力资源部专员毋誉蓉小姐

很多人发来简历只表示希望来朗讯，却没有说明申请的职位。如果应聘者连简历都写不完整，我会觉得不是他能力有问题就是太过粗心，这都不是朗讯的首选人才。还有的简历在性别栏中不写男女，用染色体XY来表示，让人哭笑不得。简历版面干净、符合规范、清晰明了是最好的，我们通常不在意照片，但也不要太简单。

朗讯非常在意职业道德和职业诚信，通常会注意查看简历内容的完整性、真实性，应聘者工作的连续性和稳定性。朗讯并不在意应聘者有其他方面的工作经历、不够良好的教育背景和中断的工作时间，但隐瞒和欺骗就会使公司对你个人的诚信和职业道德有所怀疑。

为此，HR会关注简历细节的描述是否冲突。朗讯会保存每份投来的简历，建立简历档案。有一次我看到两份投递时间不同，但内容几乎完全相同的简历，但是前一份简历中有做教师的工作经历，后一份简历却完全是做销售的经验。我猜他无非是想强调销售方面的经验和背景，增加职位竞争力。

很多人为没有受到很好的大学教育而感到遗憾，所以会在简历中把教育背景模糊掉。其实他不写反而令人猜想更多。此外,很多应聘者也知道企业非常关注职业的连续性,有些人可能有一段时间没有工作,但在简历中会把时间归到某段工作中,这些都会在做背景调查时被查出来。

用数字体现个人业绩

介绍工作经历的时候,在某公司工作的时间,应该精确到月而不是年。要有公司的全称(也可对公司做简要介绍),担任的职位名称及所在部门名称、主要工作职责、主要工作业绩等。也可以简要介绍上下级关系,比如直接上司的职位,所辖下属的人数等。

我们更习惯于用数字说话,“非常出色”、“做出很大的贡献” 这些用词都是不合适的。最好能够改成“我完成了多少销售业绩,联系了多少家公司”,如果数字过于敏感不适宜表达,可以用百分比,或者用企业的表彰来表达,还可以写上获得的证书。

有些不像销售部门那么容易量化的部门,比如行政部门,可以通过办公设备的维护和采购、降低成本、客户满意度、如何及时维修等方面做出说明;HR部门可以通过客户满意度、招聘周期、人岗的匹配、离职率等来体现。

挤出简历中的“水分”有高招

支招面试官:北京住总房地产开发有限责任公司人力资源经理姜水女士

说到简历的筛选,姜经理说此程序有两道。先是普通筛选,主要根据性别、专业、年龄淘汰;接着细选,主要是看工作经历、技术水平。在条件同等、多选一的时候,学历占优势。

每次人才招聘中,住总地产招的应届毕业生人数占招聘总人数的10%~20%。看应届毕业生的求职简历时,主要看专业是否对口、在校的成绩、参加的社会活动、担任的社会工作等。

作为积累了丰富经验的人力资源经理，在谈到如何慧眼辨别真假“美猴王”时，姜经理透露了几点小玄机。

首先把求职者担任的职位和发挥的作用对应起来考核。比如，对方原来担任的只是一个大公司的普通人事主管，那么，公司的人力资源发展规划、薪酬设计等重要决策性工作，是不可能由他来独立完成的。所以，如果对方在这一点上夸大业绩，就会露出破绽。

其次，是如何分辨求职者的原薪酬真伪。根据对方原来的职位、行业背景、所在公司的背景等，来判断求职者提供的原薪数目是否真实。如果原来其所处的就是一个微利行业的普通职位，求职者硬要夸大自己的年薪收入，其心可见一斑。

乐百氏挑选简历的三道工序

支招面试官：乐百氏（广东）桶装水发展有限公司唐凌先生

乐百氏有自己独特而鲜明的选才理念——求同存异。所谓求同，就是要求与乐百氏企业文化相融，即开放的心态、热忱向上、亲和信赖，渴望与乐百氏共同发展。招聘官初次浏览一份简历的时间平均在1分钟左右，主要针对一些硬性指标进行筛选。因此，招聘官不会对长篇大论的简历感兴趣，最好是简洁、条理清晰、有实在内容的简历。

第一道程序，对硬性指标如年龄、工作年限、学历、专业、相关职业背景、期望待遇水平、选择工作地域等信息进行快速筛选淘汰，同时根据不同的岗位进行分类。

第二道程序，将初选的资料传送到相关的用人部门，由用人部门对候选者的具体岗位经历、工作的内容、业绩进行筛选，确定可面试者，将名单交人力资源部跟进。

第三道程序，由人力资源部向面试者发出邀约，进行笔试、面试和实操。经过这三个步骤筛选后，确定最终候选人员，人力资源部将会同用人部门，对候选者进行评价，人力资源部门享有建议权，最终录用权归属用人部门。

青睐擅长学习的人

仅仅对自己过往的学习和工作经历以流水账形式书写的简历，乐百氏一般不予考虑。乐百氏看重应聘者过去学习过什么、做过什么，但更看重他现在实际掌握了什么、在过去做出过什么业绩。希望简历中有具体的事迹来证明应聘者具备胜任该岗位所需要的特质、能力或经验，所以应聘者写简历时应该有针对性地重点推销自己的优势，最好还能提到期望加入本企业的原因。

乐百氏不迷信名牌大学，但对有技术要求的岗位，需要从正规院校毕业生中挑选。另外也看重他毕业后的在职进修、培训经历，是否获得相关职业资格证书或更高的学历，乐百氏需要具备较强学习能力、吸收能力和持续学习热情的人才。

要外表美也要内在美

支招面试官：首信股份有限公司人力资源经理尤文勇先生

尤经理说，好的简历应体现个人的实力，所以工作经验、成果、技能与知识，这些内容应在简历中最显眼的位置标明，并且用简洁流畅的语言表述出来。简历的格式应简洁、布局清晰，让人一目了然。别出心裁的简历也代表着创意，代表着突破思维惯性的精神，企业并不反对。但企业更注重实际的内容而不是外表。如果应聘公关及礼仪方面的职位，可以附上照片。尤经理说，简历中可以反映出的内容是很有限的，企业招聘时应结合岗位要求，重点考察与工作相关的内容及学习经历。这是简历中比较实在的部分。公司在招聘部门骨干人员时，希望他能够独当一面，并取得显著的成果。所以他们的工作经历与工作成果是面试中最重要的方面。从岗位所需要的成果(对公司的贡献)出发,从知识结构、工作技能、办事打交道的能力、与人打交道的能力四个方面来考察。

分辨真假简历有七项注意

支招面试官:中国冶金建设集团人力资源部黄长路副部长

黄长路副部长说,中冶集团所需岗位的岗位说明是根据实际情况来制定的,由业务部门根据岗位说明书的标准提出用人的岗位需求,集团人事部门规范岗位说明。人力资源部对应聘者填写的各种应聘申请表格进行审查,淘汰那些不符合要求的应聘者(比例一般为6:1左右)。针对简历所提供信息的准确性问题,黄部长总结了7个需要特别注意的方面:

1.学历、经验和技能水平适合岗位需求。

2.职业生涯的发展趋势,主要预计求职者任职的稳定性,比如,其在一定时间内跳槽或转岗的频率。

3.履历的事实依据,要看写得是否实事求是,内容是否具有行为描述的特征。比如,当时的情境是什么?面对的任务是什么?采取了什么行动?结果如何?

4.自我评价的适度性,适度的评价能够反映求职者的素质和自我认知的客观性。

5.推荐人的资格审定及内容的事实依据。主要看推荐人是否可靠、客观,提供的事实是否有说服力。

6.书写格式的规范化,这能体现求职者的基本训练和素质,必要时,可以要求提供手写的简历或信件。

7.联系方式及求职者的自由度,求职者的这些要求应当得到尊重。

北电网络的择才标准

支招面试官:北电网络中国有限公司人力资源部招聘经理张鸿伟先生

通讯行业是一个发展变化很快的行业，要求员工有良好的适应变革甚至是欢迎变革的心态，并且要有持续的学习能力才能保证不落伍。企业希望员工能够有很强的工作主动性和对工作的驱动能力以完成设定的工作目标。诚信办事、尽职尽责、团队协作、开拓创新都是企业非常看重的。

名校和名企背景并没有太大帮助

北电网络招聘时，看简历的着眼点主要是与职位相关的工作经历、项目经历、实习经历等。如果是研发类职位，教育背景也是很重要的。如果是应届毕业生的简历，第一眼看他的教育背景和专业背景，考察内容更偏重专业背景、成绩排位、社会活动等。而对资深人员的简历，会浏览其全部内容之后再做出评估，考察内容更偏重实际的工作经历。应届毕业生的名校背景和资深人员的名企背景肯定会是一个优势因素，从简历来看确实会更显眼，但面试的时候名校和名企就没有太大帮助了。

面试官给你的忠告

在作自我简介时，眼睛千万不要东张西望，四处游离，显得漫不经心的样子，这会给人做事随便、注意力不集中的感觉。眼睛最好要多注视面试考官，但也不能长久注视目不转睛。再就是尽量少加一些手的辅助动作，因为这毕竟不是在作演讲，保持一种得体的姿态也是很重要的。

世界五百强的英语面试题

每次去公司面试，无论是什么形式的企业，考官发问的第一句话几乎都是让应聘者做一个简短的自我介绍。在所有的面试中，这似乎成为了一道主餐前必备的“开胃菜”，出现率高达95%。可不要小看这短短的自我介绍，由于如今的面试大多采用全英文的交流方式，因此，很多考官把这段介绍作为衡量求职者英文和口语水平的重要指标。标准的发音、沉稳的节奏再加上适当的措辞，很可能一开始就给考官留下一个很好的印象。

分析判断能力：

1.分析能力

1)请给出一个事例，表明你在面对情况非常复杂的局面的时候是如何分析和评估的。

Tell me about a complex situation which you have had to analyze and assess.

2)当你面对一个有矛盾冲突的问题时，你会怎么做？

When you have been faced with conflicting information about a problem,what have you done?

3)请列举一个你在工作中面对一种微妙而又困难的局面时，能够成功地保持客观的分析能力的例子。

Tell me about an occasion where you successfully maintained your objectivity in addressing a sensitive and difficult situation at work.

2.市场敏感度

1)请给出一个你满足消费者或客户需求变化的例子。

Tell me about a time when you have addressed a change in consumers' or customers' needs.

2)你最近的一次创新活动是什么?

What is the most recent initiative you have involved?

3) 是否曾经将一些想法或实践方法从外部世界中带入到你的工作或学习中去?

What ideas or practices have you brought into your work/study from the external world?

3.创造力

1)请给出一个你用创造性的方案解决企业问题的例子。

Tell me about creative solutions to business problems that you have come up with.

2)请描述一下你最近创新或新开发的事物。

Describe a recent innovation or new development that you have introduced.

3) 是否可以给出一个你提供给其他同事的不同的方式方法或看待问题的角度的例子?

Can you give me an example of when you had a different approach or business perspective to your colleagues?

4.清晰的目的性

1)请给出一个你成功地解决一件非常复杂的工作的事例,并说明你是如何确定哪些工作是需要完成的。

Tell me about a time when you successfully tacked complex work issue and how you worked out what needed to be done.

2)什么时候你处理过一个在最终期限前你无法完成的项目?

When have you worked on a project where the deadline couldn't be met?

3)请给出一个你必须在同一时间完成很多项任务的事例。

Tell me about a time when you have had to manage a large number of activities at the same time.

5.学习能力

1)请给出一个最近你从别人的错误中有所学习的例子。

Tell me about the last time you learned from someone else's mistake.

2)请给出一个最近你从事的项目或任务的例子,在该项目或任务中(最起码刚开始)的表现不尽如人意。

Please describe a recent task or project in which,at least initially,your performance was less than satisfactory.

3)你认为你最需要的专业发展的方面是什么?

What do you believe are the areas in which you require the most professional development?

6.结构化的思维能力

1)某快速消费品公司最近遇到了利润下降的问题,请你分析一下可能的原因。

The profit of a FMCG company decreases recently.Please analyze possible reasons of the profit decrease.

2)某美国地铁公司希望投资中国地铁,希望五年可收回投资,请你做一个可行性分析。

A certain US based Subway Company planed to invest on Subway of China,and they hope the investment can be returned in five years.Please conduct a feasibility analysis.

人际交往能力:

1.领导能力

1)请给出一个你必须展示你的领导能力的例子。

Tell me of an occasion where you had to demonstrate business leadership.

2)什么情况下,你会不得不出面对职责进行进一步的界定或解决团队的问题,以保持绩效水平?

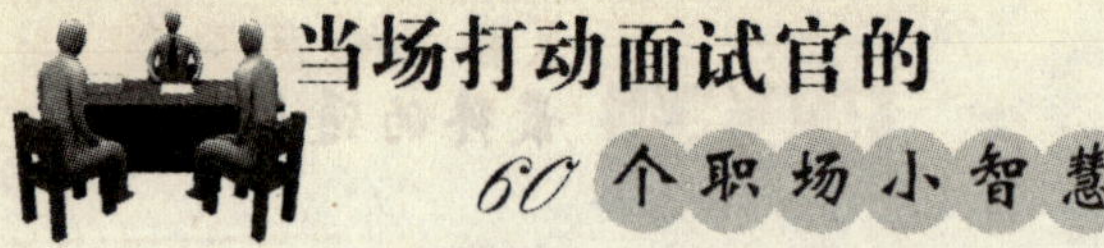

When have you had to intervene to clarify roles or resolve team issues to obtain performance?

3)你怎样运用目标和目的来驱动团队达到卓越的绩效?

How have you used targets or goals to drive outstanding performance?

2.沟通影响力

1)请给出一个最近你培训和指导他人的例子。

Tell me of a recent occasion when you contributed to the training or education of another person.

2)你具备哪些辅导或给予他人反馈的经验?

What experience in coaching and giving feedback have you had?

3)你为下属创造过什么样的学习或发展机会?

What development or learning opportunities have you created?

3.团队合作能力

1)在与你最为亲密的同事相处时,为了确保团队目标能够完成,你在其中扮演什么角色?

Amongst your immediate colleagues,what part do you play in ensuring that the team meets its objectives?

2)请给出一个你在非常有效的团队内工作的例子。

Tell me about a time when you worked in a really effective team.

3)什么时候你的目标和你的团队的目标不是很吻合?

When have your objectives been at odds with those of the team?

4.客户服务能力

1)请给出一个你主动了解客户需求,从而提供服务并获得认可的例子。

Give me a case that you proactively worked out customers' needs and your service finally gained customers' recognition.

2)请给出一个你虽然遇到困难但仍然有效为客户解决问题的事例。

Tell me about a case that you effectively solved customers' problem although you met difficulties when solving the problem.

工作态度:

1.开拓能力

1)请给出一个你面对非常具有挑战性的目标,但是仍然通过个人的努力最终达成目标的例子。

Give me a case that you got a very challenging target and you finally achieved the target through your hard work.

2)请给出一个你改进现有工作方法或流程的事例。

Tell me about a case that you improved the current work process.

2.诚信正直

1)请给出一个你坚持你认为正确的事情的例子。

Tell me about a time when you stood up for what you believedwas the right thing to do.

2)你是怎样理解职业道德标准的?

What do you understand by business ethics?

3)你是否在某种情况下有理由挑战你的老板,甚至老板的老板?

Have you ever had course to challenge your bosses or bosses' boss?

3.职业化的行为

1)请给出一个你与客户发生冲突的例子,你是如何处理的?

Tell a case that you have conflicts with clients,how did you deal with it?

2)请给出一个你认为你的客户或同事的想法不值一提的例子。

Please describe an example that you feel that your colleagues or clients' thinking doesn't make any sense.

3)在什么情况下,你会愿意改变你的想法?

In what kind of situation will you decide to change your mind?

4.高效的工作能力

1) 如果某件事情预计需要三天的时间,而其实只需要一天就能完成,你会如何处理?

What arrangement will you make if you have 3 days to do something while you only need 1 day to complete it?

2)请给出一个你管理项目的例子。

Please describe an example that you manage a project.

5.计划与自我管理能力

1)请给出一个你同时面临几项工作，但经过合理规划最终有效完成的事例。

Tell me about a case that you handled several projects in the same time but you successfully completed all your work through effective planning.

2)你在工作中拥有哪些资源？你怎样合理规划利用这些资源？

What kind of resources do you have in your work? How do you effectively plan and utilize these resources?

6.充满工作激情

1)请给出一个最近你运用创新的方法来改善工作绩效的事例。

Tell me about your recent initiatives to improve work results.

2)你在工作中遇到过什么样的挫折？

What have you faced a major setback in your work?

3)你上一次在工作中进行的一个权衡利弊后冒的风险是什么？

What was the last calculated risk you took at work?

第三部分

最终的通关秘籍

Chapter 3 面试稳赢终极大绝招

——面试官有可能问到的问题

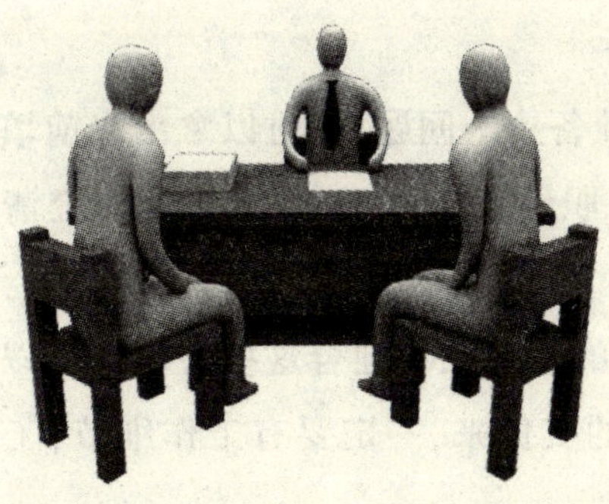

为什么这些问题被许多面试官青睐

其实，许多面试考官都把它当做是一艘破冰船，只要面试官让你“谈谈”，你就将不得不唱上几分钟的独角戏。而在这个过程中，面试官们会通过你的陈述，窥视到你的内心世界，准确地对你的内在素质做出评估。

如果你已经做好了充分的准备，这将是你证明自己的一个难得的机会。告诉他，你是如何的聪明、自信、独立而又如何地对工作充满激情的，这是大多数面试官所期望得到的回答。

作为一个职员，你有哪些强项

为了帮助自己更好地准备这个问题，你可以拿出先前填写好的个人数据信息，把你将要应聘的职位特点写下来，这会帮你澄清一下这份工作对你的要求。

在面试中，你只需让你的个人强项迎合这些要求就可以了。要尽量举出一些在你工作经历中的实例来，一定要有工作细节，工作细节是证明你工作经验的具体体现。

求职面试者只有这样做才能引起面试官的注意！

你最好的朋友(大学室友、最欣赏的导师、最欣赏的上司、妈妈)如何评价你

面试官想通过这个问题知道别人对求职面试者的评价,从而核实面试官对你的判断。

就笔者个人来讲,如果我是面试官,我会更倾向于问你,最好的朋友怎样评价你,因为他才是最了解你的人。如果你仅仅为我提供了一幅关于你自己残缺不全的图画的话,我可能会转而问你类似这样的问题,从而更好地了解你。也有一些面试考官们倾向于让你评价一下你最好的朋友,并且说说你们俩在哪些方面有所不同。如果你们是“最好”的朋友,你们必然在很多方面有着相似之处。由于你是在评价你的朋友,而不是你自己,你可能会不经意地道出一些自己曾经深藏不露的东西。

成功对你来说意味着什么

对于这个问题,你应该给出一个相对均衡的答案——在事业上与在个人利益上。

如果你所有对于成功的看法都和工作息息相关,面试官就会怀疑你是否拥有正常人的业余生活。但是如果你喋喋不休地谈论你的个人物质追求和个人成就感的话,可能又会显得在工作上太没追求。

失败对你来说意味着什么

这个问题倒是给经验老道的面试官们提供了一个深入探究你的错误的机会。

面试官期待诚实,期待你对自己的过错勇敢地承认(也稍稍地带有一点考验你是否有承担那些不是由你造成的过错的勇气的意思),期待你对自己过错的客观分析,期待你改正它的决心或者它已经被改正了的事实。

例如:失败对我来讲,就是在我有办法完成工作的情况下,却没能按时完成它。比如有一次,我接到了一个非常大的项目。我本应该从一开始就意识到我没有足够的时间去完成它,但我当时一定是按照每天4~8小时计算了。而且,当时的我也不具备完成它所需的必要的专项技术。而我却没有请教部门内的其他同事,一错再错下去。我想我不会让类似的事情再次发生了。

你在读大学时期都参加过哪些课外活动

面试官总是在寻找那种勤勤恳恳的求职面试者,而不是那种近乎苦行憎型的蛮干者。

他们需要的是有激情、自信、独立、诚实和充沛精力的人,需要一个能够独立分析问题、解决问题的人,一个有着良好团队精神的人,一个愿意用勤勤恳恳的工作去换取成功的人。因此,在回答问题时,要尽可能地列举出那些与工作有关的例子。

例如：我真的很遗憾在大学时没有更多的时间向学校投递稿件。只要我课程稍稍轻松一点，我就会找一份兼职工作，也算是为家里减轻一点经济负担吧。但渐渐的，我从这些工作中也学到了不少东西，比如：如何才能够和周围的同事们更高效率地合作。

你大学时哪门功课的成绩最差？什么原因？你觉得这会影响你在未来工作中的表现吗

如果你是一个应届毕业生没有任何工作经历的话，绝大部分的公司会要求你在简历中提供大学期间的校方成绩单，并以此作为评价你的参考。

如果你没有任何让你难堪的记录，那当然最好。而如果你的某一门选修课程不及格的话，你可以试着向面试官解释说，这是由于你在必修课上面花了较多时间的缘故。

其实，面试官们并没有期望每一位求职面试者的学分都能超过 90 分，而你也不必因为自己有过几门 60 多分的课程而羞于启齿。

如果你的专业课也有不及格的记录，那就要更多地强调一下你在社会工作和课外活动中花费的精力和取得的成果，而且要尽量说服面试官，你在这些活动中的受益，要远比在一门课程中拿到 90 分要多。

请谈谈你最近做过的一份工作，再谈谈你的上司和你的同事

这是在考察你的归纳总结能力：

如何将你三年、五年甚至十年的工作经历，在短时间内归纳成一段简短而又连贯的叙述。也有一部分面试官是为了让你补充一下简历中的不完整之处，或者是打算从中发现一些不一致的地方，寻找下一步提问的根据，也有可能是为了考察一下你将你的工作经历与目前申请的职位联系起来的能力。

因此，要认识到和你所申请的这个职位相关的工作能力的重要性，同时要尽量简短、连贯而又积极地描述一下你在相关领域内的工作能力。

如果可能的话，加进去一些关于你如何在这些工作中取得进步、得到认可和提升等等类似事件的描述。

能谈谈你所遇到的最优秀或是最没水平的上司吗

如果面试官让你谈一下你认为最棒的上司的话，最聪明的做法恐怕就是准确地描述一下你对面面试官的优点。

如果面试官让你谈谈你所谓的最差的上司，你该怎样做答呢？千万不要对这类上司做出恶意的谴责甚至诽谤。这只会让面试官觉得你缺乏与上司交流的能力。

这个问题实际上是为你提供了一个突出自己工作经验、工作成就和优秀品质的良机。

确实,在公司中会有一些糟糕透顶的上司,但是一个聪明的求职面试者应该能够将这位上司的失败之处,用一种正面的语言来描述,而不是一味地贬低和诽谤。

如果你是上司,你能很好地管理你的下属吗

有过管理经验的求职面试者,总是会让人觉得更加成熟一些,无论他的下属们是否认为他是一个好上司。

因此,对于这个问题,一定要首先给出一个肯定的回答,即使在你的职业生涯中,你从来就没有真正地管理过其他职员。如果你确实有过相关的管理经验的话,就要尽量举出一些实例来说服面试官。

此外,你也可以表达一下你对某种管理方法的赞许,这样,即使你从来没有过任何的管理经历,你也可以让面试官了解到你大体的管理思想。

你一般是怎样做出重大决定的

面试进行到现在,你应该对这个公司的企业文化有了比较清楚的了解。你的回答只要能符合这种企业文化,就是比较成功的了。

要仔细地考虑面试官在关心你哪方面的特点。

他是希望你有很强的逻辑分析能力,还是希望你有很强的想像力和

创造力。

如果你在竞争一个经理职位，你就应该尽力去说服面试官，是哪些相关的能力，是什么样的办事风格，使得你在以往的管理工作中取得了这么多成绩。

例如：当我有一个十分重要的决定要去做的时候，我往往会向其他人请教，尽量把所有可能发生的情况都考虑进去。但是，还是需要找一个人来最后敲定。

你是怎么解决工作压力的呢

显然，任何一名求职面试者都会回答“当然能了”。

但是，还是那句老话，如果能够举出一些具体的例子来，是再好不过的了。但要记住，一定要回避那些会暴露你其他方面缺点的事例。比如说，这种压力是由于你自己的拖拉或者是对后果估计不充分造成的。

你是喜欢自己单枪匹马工作，还是更愿意和同事们合作

这里，你所申请的职位，决定了你该怎样去回答这个问题。

例如：你申请一家公司在边远地区的销售代表职务，这意味着你将独自去面对无边无际的大草原，单独面对那里的每一个用户。在这种情况下，你就没有必要一味地强调你的团队合作精神了。

一个成功的回答,应该本着"因人而异"的态度,然后举出一两个具体的事例。

一个思想浅薄的求职面试者会认为,所有的职员都可以用相同的东西或者相同的办法来激励,正所谓"放之四海而皆准"。比较聪明的做法,是不急于回答,而是先了解一下这个公司究竟有着怎样的企业文化。

你的上司往往对你的哪些方面表现不太满意?能谈谈你最大的缺点吗?能谈谈你工作经历中最大的一次失败吗?你的上司会怎样评价你?

通过反复不断地对同一个话题提出不同的问题,面试官们总是希望能从你的回答中找到一些不一致的地方。

因此,保证前后回答的一致性是首要的。

此外,你应该随时和你的前任上司们保持联系,能够随时了解他们究竟对你有什么样的评价,以保证你的答案和你上司的评价保持一致。

而且,你是否可以谈一下自己在更早工作中的某些不足,自己怎样从中吸取经验教训,使得以后的上司再也没有因为相同的原因对你发过脾气之类的事情。

你曾经解雇过你的职员吗

即使你有再好的理由,"解雇"二字听起来也是那么让人不舒服。

因此,如果你有过这样的经历的话,就试着把它加工一下,不要显得自己是一个消极意义上的人,更不要让人觉得你感情用事,甚至有时候想拆散整个公司。

你应该对被你解雇的职员们,抱有一定的理解和同情,要告诉面试官,有些时候由于公司的需要,解雇是必须的,而这一切都是为了使公司能够更好地运转。

你为什么要考虑离开你现在的工作呢

显然,没有人愿意离开令他非常满意的工作。

但是对你先前的工作或者公司大加抱怨也不是一种聪明的做法。

这样面试官会自然而然地认为如果公司解雇了你,你也会到你的下一个老板面前说他们公司的坏话。因此,即使你真的对前一份工作有极大的情绪,也要小心处理一下你的不满,而且越是不满,越要压制。

你可以转而谈谈你对自己下一步工作前景的展望,同时把你的良好展望和目前申请的职位联系起来。

能谈谈你通常都是怎样度过你的工作日吗?你每天打电话需要多长时间?开会、聊天各需要多长时间?独立工作与同事们合作各用多少时间?

他们其实还是在寻找一些细节性的东西,在你之前回答的基础上,去进一步搜索你的个人信息,或者看看你以前是否有过没有诚意的或者是过分夸大的回答。

现在有哪些公司已经决定聘用你了?什么职位?薪水多少

对这个问题,可千万要实话实说。如果说了谎,你会后悔的。

因为任何一家公司对他们在市场上的竞争对手的情况,都可以说了如指掌。对方在哪些位置上需要什么样的人才,他们都非常了解。

如果你不小心说错了话,面试官会一下子识破,毫不犹豫地将你列入淘汰名单中。

所以,还是老老实实地讲实话为好,虽然吹嘘有众多公司已经向你抛出了橄榄枝可以暂时提升你的价值,但最终往往会使你自讨苦吃。

你的同事们怎样形容你

当然要告诉面试官，他们会毫不犹豫地说你是一个很容易相处的人,而且具有良好的团队精神。

同时也要对你的个人观点做一下阐述,告诉面试官你非常明白“众人拾柴火焰高”的道理,同时在平时的工作中也非常愿意从集体中获得启发和力量。

能举出一些关于你为公司增加销售额、节省开支和提高工作效率等方面的具体事例吗

这个问题和在此之前的关于你在财政方面的能力与部门组织形式的问题,有许多相似之处。

而且,你实际上应该喜欢面试官这种兜来兜去的提问方式,这其实为你节省了不少精力,不用再对付更加晦涩的问题。

如果你成了这次面试的优胜者,在你未来的职位上,你将每天和许

多接受过良好教育和集中培训的公司精英们打交道。你觉得为了和他们更好地打成一片，自己该做些什么呢？

你的答案应该表现出你的一种渴望，一种作为公司的一个新面孔，想从未来的同事身上不断地学习知识以补充自己不足的渴望。

不要对他们将对你做何反响而有所顾忌。因此，告诉面试官，在你为公司带来一些新技术、新气象之余，你也深刻地认识到自己还有许多方面要向自己的同事们学习。

即使你在自己的内心深处认为他们在某些方面并不见得比你高明。

你还有什么不清楚的地方吗

大多数情况下，这个问题总是在面试官觉得需要结束这次面试的时候，才会问你。你可以毫不犹豫地据此判断面试即将结束。

再次强调，永远也不要向你的面试官说“NO”。

如果你连想多了解一点公司情况的愿望都没有的话，怎么会让面试官相信你会全心全意地为公司努力工作呢？

而且，从你自己的角度来讲，难道不进一步了解公司其他一些具体情况，你就随随便便地做出了这次人生意义如此重大的决定吗？

即使在有些时候，你已经基本确定你即将成为竞争这个职位的成功者，你也要提出一些具体的问题，否则面试官觉得你似乎已经对这个职位不感兴趣了，从而将你彻底地从备选人员名单上划掉。

我们公司比你以前工作的公司规模大/小了许多，你怎么看待这种现象

如果这家公司确实比较大，毫无疑问，你的答案就应该是你在寻找更好的发展机会，你在找更能发挥聪明才智的新领域。

如果这家公司规模比较小，那就告诉面试官，你一直在找寻一个机构精巧的公司，因为在这里，决策做出和传达的速度都会比大公司快许多，同时也没有那种结构复杂、人员繁多的大型机构，公司的整体效率相比大公司会有更大的提高。

你打算在我们公司呆多久？类似“只要我还在成长，还在学习，就能为公司继续服务”的回答是让人听起来舒服的答案。

你怎样平衡事业与家庭的关系

这的确是一个合情合理的问题，但是它却使得你无法将家庭这个话题排除在面试之外。

如果你对类似的问题接触多了，你也就会明白，其实关于家庭，面试官有着许多不成文的规定。

比如说单亲家庭情况的职员不可以在出差频率比较高的职位上工作。如果你是单亲家庭，那么对于低出差频率的工作，他们也会把你排除在外。

在你的业余时间里，哪些东西最能提起你的兴趣

许多雇主都信奉一条古训：如果你有事要做，就把它交给那些大忙人。因此，你应该在面试官面前尽量地表现出你是一个精力充沛的人，无论是在公司内还是在公司外。也可以利用这个好机会炫耀一下自己在社交活动中是一个多么有人缘的人。

你最近读过哪些书

物以类聚，人以群分，从一个人的读书倾向中，就可以很容易地看出对方的为人。

但在你说出你最近的读书状况之前，还要审慎地考虑一下。面试官们都比较倾向于认为，那些喜欢读一些现实类书籍的人，要比那些整天沉溺于小说中试图逃离现实的人，要更加热爱生活。

因此，相比兴高采烈地描述自己是如何对一本恐怖故事集爱不释手，谈一下最近在读一些管理类丛书的感触，会对你的面试更有帮助。

你愿意到一个需要经常出差的职位上工作吗

面试官当然希望听到你愿意的回答了。

例如:是的,我当然愿意。我的家人能够理解我的职业需要,所以当我不得不离家外出的时候,他们都非常支持我。

其实即使你这样回答了,也并不意味着你会时不时地外出三四周。因此,除非你实在是不喜欢出门在外的感觉,否则的话,就不要因为这个问题回答不当而阻碍了你原本顺利的求职之路。

实际上,这个工作越是需要经常性地出门在外,面试官会越早地提出这个问题,以便尽快地排除那些不符合条件的求职面试者。

我可以和你现在的老板联系吗

首先要思考一下,面试官为什么会问这个问题。一般来讲,面对这个问题你可能会说:

“当然可以,但是得在我真正获得这份工作之后。不然他会知道我在找新的工作,您知道,我会陷入难堪的。”

下面的回答可能会更好一些:

“在我们达成最后协议之后,您当然可以去联系他。我想他如果知道我有了新的工作,一定会非常高兴。”

对于这份工作,你希望你的年薪是多少

在回答这个问题之前,你自己首先要对该行业的平均收入水平有一个大致的了解。

如果你还不十分了解类似职位的最高和最低收入水平,在面试之前应尽量做一下调查,同时要注意所调查的工资数额仅仅是工资现金,这还包含了其他诸如医疗保险、福利项目等等。

如果你是女士的话,还要了解一下在同样的职位上,男职员的收入大概是多少。毋庸置疑,你肯定会发现这里的不平等,因此你要尽量争取与男士相同的待遇,而不要再去考虑同样职位上女职员的平均收入水平。

你最大的优点是什么

这是一个不大好回答的问题,你说自己是最优秀的,会被认为是夜郎自大,而你说自己不是最优秀的,又会被认为是缺乏自信心,你回避不答,则可能被认为是没有考虑或是对面试官不够尊重。

回答这个问题的要点:

1.求职面试者应客观地分析自己,避免抽象地陈述,应以具体的体验增添吸引力。除了这个优点以外,还要注意说话的礼貌,这也会列入评分项目之内。

2.最好加入"朋友都这样说"等此类周围人对自己的看法。

你是否能说出你过去上司的几个弱点

这是一个危险的问题。你也许中了圈套,说出你的老板或上司品德不佳、言行不一、过于严厉、经常食言、沉溺于酒色、挥金如土、好事多疑、乖张暴戾、自以为是、好大喜功、玩忽职守等等,可简单设想一下,谁会要一个动不动就爱对上司飞短流长的下属呢?此时切忌评论你以前的上司。

你最大的成就是什么

这个问题要求求职面试者在求职前准备一两个成功的小故事。

求职者打入用人单位最有力的武器是应聘者的成功记录,所以求职面试者把以前的成绩摆在面试官面前比任何手段都有效。

回答这个问题的要点:

1.如果应聘者以前的经历与应聘工作相关,只需要把最成功的事例讲出来就可以了。

2.如果成就与应聘岗位无太大的联系,就要找出经历中与应聘工作之间的联系点,加以说明。

你的薪酬要求是什么

除非你是对方急需的人才，一般地，让你去“面试”的单位是不会与你在薪酬上有太大的谈判余地，也就是说，你只能按照他们的薪酬标准行事。

回答这个问题的要点：

1.本事越大，要价越高。

2.根据求职面试者的年龄、经验、能力谈薪酬。

3.根据用人单位性质谈薪酬。

4.根据用人单位所在行业谈薪酬。

你对我们公司了解多少

这是公司想测试求职面试者对公司的兴趣和进公司工作的意愿有多大，如果回答“完全不了解”，那就没必要再说下去了。

回答这个问题的要点：

1.按照招聘广告的内容回答问题。

2.答出一部分公司简介内容。

3.同招聘单位的员工交流一下，做到知己知彼，那样效果更好。

你想有一个什么样的上司

求职面试者一定要记住，你的上司并不是你能选择的，这点你一定要记住。

那么，既然你不能选择上司，你在回答这样的问题时也就只能从原则上讲了。

回答这个问题的要点：

1.希望上司具有专业水准。

2.希望上司业务能力强。

3.希望上司是一个教练，能使自己学到更多的本事。

你认为这个行业的现状怎么样

这个问题主要是了解求职者对产业现状的理解及展望。

针对无经验者，是试探他对本工作的意愿与关心程度。由于是刚从学校毕业，对这方面的知识仅停留在书本上，就不必在人事经理面前装内行。针对有经验者，考察他对这个行业的了解程度。一般来讲，责任心越强的人了解的程度越深，职位越高的人了解的程度越深。

回答这个问题的要点：

1.如果求职面试者心里有底，尽可能发挥，大谈特谈，这正是表现你自己的机会。

2.如果求职者心里没底,没有必要陈述独创的见解,只要正确地传递你的意见就可以了。

你如何评价过去所在的单位

注意,这是一道非常危险的题目。一方面,这可能是有意在考查你是不是爱在背后说三道四议论人非的那种人,没有哪个单位会欢迎这样的人。

另一方面,这是用人单位在考察求职面试者对过去所在的单位是否忠诚,因为面试官相信求职面试者对过去的单位忠诚,也会对未来服务的单位忠诚。

回答这个问题的要点:

1.回答过去所在单位的基本情况。

2.不要回答过去单位的商业机密。

能谈谈你的管理思想吗

这是作为管理人员必须回答的问题,面试官这是在考察求职面试者的工作能力。即:

1.求职面试者在以前单位的工作水平。

2.求职者的能力符不符合面试单位所在的行业习惯。

3.求职者的工作能力符不符合面试单位的要求。

回答这个问题的要点:

1.根据面试官的表情反馈来回答，面试官如果认可求职面试者，求职面试者就要多回答一些，否者就要少回答一些。

2.求职面试者以往的工作经验只能代表过去，在回答问题过程当中求职面试者一定要结合所聘岗位的岗位要求来有选择地回答。

3.回答问题是不是专业，是不是行家。关键是在回答问题的细节上，细述工作中的细节就会为回答问题添光加彩。

例如：在我个人看来，管理不过是一种借助于他人力量去完成工作的策略，而管理者的工作则是为手下的职员提供资源和环境，以便他们能够更高效率地工作。

你有什么业余爱好

求职面试者在遇到这样的问题时，千万不要实话实说，要有保留地回答。面试官这是在测验求职面试者的综合能力。因为面试官相信与工作岗位相近的爱好会促进工作。而与工作岗位要求相反的爱好多数却会影响工作。所以求职面试者在回答这类问题时一定要把握分寸。

回答这个问题的要点：

1.求职面试者的爱好与岗位越接近要谈得越多一点。反之，要少一点。

2.求职面试者在面试过程中如果感觉不是太好，不回答这个问题也没关系。